D1918981

schöbel

Buchhandlung & Antiquariat Schöbel

GUIDO AST

MAN NANNTE MICH BWANA SOKO

BIOGRAFISCHE NOTIZEN EINES ARCHITEKTEN
UND STADTENTWICKLUNGSPLANERS

1. Auflage 2014

©2014, Buchhandlung & Antiquariat Schöbel, www.schoebel-buch.de
Alle Rechte vorbehalten.
Projektmanagement: Thilo Ross, www.thiloross.de
Co-Autorin: Sabrina Lieb, www.sabrinalieb.de
Lektorat: Heike Link, Neustadt a.d Weinstraße
Umschlaggestaltung, Layout & Satz: Barbara Grobe, www.grobegrafik.de
Druck & Bindung: Werbedruck GmbH Horst Schreckhase, Spangenberg
Alle Bilder von Guido Ast.
Umschlagmotiv, Abb. 4.1, 5.14.1 - 3 von Thilo Ross

ISBN 978-3-9816366-3-5

FÜR INGE, CLIO & SIMON

INHALTSVERZEICHNIS

VORWEG

Algerien, Haiti, Dominikanische Republik, Jemen und Kenia: 35 Jahre Leben zwischen den Welten brachten viele Heimaten mit sich. 30 Umzüge rund um den Globus zu Arbeitseinsätzen der Entwicklungszusammenarbeit schenkten Begegnungen mit Menschen unterschiedlicher Kulturen und Religionen, ließen Freundschaften zwischen Kontinenten wachsen, kleine und große Projekte gedeihen, bescherten friedliche Einigungen und ärgerliche Konflikte.

Meine Frau und Tochter waren viele Jahre mit dabei. Auch beim Wechselbad der Gefühle zwischen Momenten der Freude und des Glücks, aber auch in Situationen von Verzweiflung und Angst. Den Kontakt zu unserem Zuhause in Heidelberg ließen wir dabei nie abbrechen. Arbeiten wo andere ihre Ferien verbringen: Für die Nachbarschaft waren wir immer nur im Urlaub. Wer glaubte damals schon, dass es unter kenianischen Palmen auch Büros gibt?

Der Grat zwischen Erfolg und Scheitern kann manchmal sehr schmal sein. Gerade in der Entwicklungszusammenarbeit. Durch die vielen Mitentscheider, sowohl im Gastland als auch in unseren deutschen Institutionen, wäre es ein Wunder, wenn sich alle bedingungslos verstehen und lieben.

Entwickeln heißt verändern. Manchmal muss dabei auch einer gehen. Die Engländer sagen: „If you cut somebody's job, you cut your own throat", was so viel bedeutet wie: Wenn jemand weichen muss, bleiben negative Konsequenzen meist nicht aus. Vielleicht ist der Fahrer, der erst kürzlich das Dienstfahrzeug zweckentfremdet hat und nun entlassen werden soll, ein Verwandter des Ministers?

Die vorliegenden biografischen Notizen sind eine Sammlung von persönlichen Erinnerungen. Aber auch von Erfahrungen innerhalb 30-jähriger Entwicklungszusammenarbeit - mit Erfolgen und Fehlschlägen - die künftigen Helfern Impulse liefern können. Ein Exkurs zur Entwicklungszusammenarbeit mit Afrika vermittelt praktische Erfahrungen, wirft Fragen auf und liefert Diskussionsgrundlage. Wir brauchen weder in alten Fettnäpfchen zu verweilen, noch auf abgetretenen Bananenschalen ausrutschen.

Was kann ein Leben Lesenswertes hinterlassen? Meine Antwort befindet sich zwischen diesen beiden Buchdeckeln.

KARLSRUHE, BERLIN, LONDON (1961– 1968)

1961 – 1964	Technische Hochschule Karlsruhe Architektur (Vordiplom)
1964 – 1967	Technische Universität Berlin Architektur und Städtebau (Hauptdiplom)
1967 – 1968	Architectural Association School of Architecture London Tropical Studies (Postgraduierung) mit Schwerpunkt Planen und Bauen in tropischen Entwicklungsländern

Anekdoten

Ehrenrunde
Palästinensische Pflanzmoral
Das Architektenidol Egon Eiermann
Voyeuristische WG-Mitbewohner
Vier Studenten für einen „Oldie"
Wohnungsnöte
Eine Tasse Tee und ein Rosinenbrötchen, bitte
Drei „ehrenvolle" Aufgaben

1961

Studienbeginn

Eigentlich möchte ich ja Kunst studieren. Am liebsten freie Malerei. Schon in der Schule nutze ich jede Gelegenheit, um zu malen oder zu zeichnen. Im Grunde ist längst klar, was ich mir wünsche: Ich möchte gestalten.

Mein Vater hingegen will einen bodenständigen Apotheker aus mir machen. Da verdiene man schließlich gutes Geld. Künstler hingegen nagen doch ohnehin nur am Hungertuch. Ich bin im Zwiespalt. Ich möchte weder eklatant gegen den Willen meines Vaters verstoßen, noch auf die gestalterischen Elemente verzichten.

Wie sieht es also bei den Architekten aus? Ich habe zwar keine Ahnung von Architektur, bin aber zuversichtlich, dass meine Chancen für ein Studium gut stehen. Eine meiner besten Zeichnungen aus dem Kunstunterricht brachte mir zum Abitur einen Kunstpreis ein. Das macht sich sicherlich gut in der Mappe.

Die Berufsberatung auf dem Heidelberger Arbeitsamt klärt mich schließlich über die aktuelle Lage auf: Architekten brauche man zurzeit nicht.

1961 – 1964

Technische Hochschule Karlsruhe

Mit dem Oktoberwind kommt der Studienbeginn an der Technischen Hochschule (TH) in Karlsruhe. Einer von sechzig Architekturstudenten, auserwählt aus 480 Bewerbern - das macht schon ein wenig stolz. Vor mir liegt ein neuer Lebensabschnitt.

Am ersten Tag sitzt die Truppe aus deutschen, griechischen, türkischen und ungarischen Studis gespannt auf ihren Bänken und lauscht den Begrüßungsworten von Prof. Rolf Lederbogen. Der jüngste Professor an der TH ist eigentlich Designer und bekannt für seine Entwürfe für Briefmarken und Münzen. Lederbogen unterrichtet Grundlagen der Architektur. Wir lernen die Basics, nehmen erste Entwürfe unter die Lupe. Meinen kritischen Kommentaren zum Trotz, rekrutiert er mich nach dem zweiten Semester zum Hilfsassistenten. Fortan darf ich die Studienarbeiten der nachrückenden Semester korrigieren. Die 500 DM monatlich sind ein sattes Salär.

Ehrenrunde

Die Zulassungsvoraussetzungen zum Architekturstudium schreckten mich zunächst ab. Der Numerus Clausus war hoch. Der Studiengang war beliebt, ich wusste, dass von mehreren hundert Bewerbern gerade mal eine Handvoll aufgenommen wurde.

Neben mir wollte noch ein weiterer Schüler aus meiner Klasse Architektur in Karlsruhe studieren. Er war sich siegessicher, schon bald die Studienbank drücken zu dürfen. Mich hingegen versuchte er zu entmutigen: „Guido vergiss es. Du hast null Chancen", waren seine Worte. Dort käme nur rein, wer gute Beziehungen hat. Und die habe schließlich er, nicht ich.

Nach dem Abitur verloren wir uns zunächst aus den Augen. 1962, ich war bereits ein Jahr lang an der Hochschule, sah ich ihn dann zufällig auf dem Flur. Auf die Frage, wo er denn so lange gewesen sei, gab er zerknirscht zu, beim Abitur eine Ehrenrunde gedreht zu haben.

„Hier können wir bleiben"

Mit dem Studium kommt auch der Versuch, auf eigenen Beinen zu stehen. Ich weiß, nun beginnt ein neues Lebenskapitel. Schnell wird klar, dass mir meine elterliche Bleibe hierfür zu wenig Freiheit verspricht.

Die erste Studentenbude ist ein kleines Zimmerchen mit Dachschräge im alten Dorfkern „Karlsruher Dörfle". Nur das Nötigste passt hier rein, jeder Quadratzentimeter wird bestens ausgenutzt. Das komplette Haus ist mit Studenten besetzt und ich bin in guter Gesellschaft. Meine Zimmernachbarn sind der Musikfan Louis und der Sportwagen-Freak Franz. Beide sind sie große Träumer. Der eine schwärmt von der Karriere auf der Bühne, der andere von seinem Scirocco. Später kommt noch ein dritter Traumtänzer hinzu: Hanno ist immer abgehoben und schwebt meist einen Meter über dem Boden der Realität. Zusammen bilden wir ein bunt gemischtes Quartett. Gemeinsam wird gelernt, Ideen geschmiedet und so manch verrücktes Hirngespinst in die Tat umgesetzt.

Eines Tages begeben sich Louis und ich auf Studienexkursion. Eine private Tramp-Tour führt uns ins romantische, gotische Burgund. Hier soll es guten Wein und gutes Essen geben. Auch steht dort die bekannte Abtei von Cluny. Sie gilt als der Ausgangspunkt von bedeutenden Klosterreformen und war zeitweise das größte Gotteshaus des Christentums.

Unser knappes Studentenbudget erlaubt uns nur die billigsten Unterkünfte. Nach langer Suche finden wir in Paray-el-Monial schließlich ein Nachtlager, das zumindest dem Großteil unserer Ansprüche gerecht wird: Absolut ruhig, abgeschiedene Lage, kein Straßenlärm, wenig Publikumsverkehr. Schlafen auf dem Friedhof? „Hier können wir bleiben." Wir breiten unsere Decken auf den großen steinigen Gruften aus und schlummern ein.

Palästinensische Pflanzmoral

Im dritten Semester wurde ich Fachschaftsvertreter und durfte mit der internationalen Bildungsorganisation World University Service (WUS) in ein Studentencamp nach Wadi el Natrun (Ägypten) reisen. Die Sketische Wüste, ein Ausläufer der Sahara, ist bekannt für seine Jahrtausend alten Klöster. Häufig kommt es in der Gegend auch zu starken Sandverwehungen.

Neben mir waren noch zehn weitere deutsche Studenten sowie hunderte palästinensische und ägyptische Studenten im Camp. Unsere Mission: Kasuarinen pflanzen. Die Bäume können bis zu 20 Meter hoch werden. Ihre Blätter erinnern an Schachtelhalme. Dicht aneinander gepflanzt, umgeben sie die Gegend wie ein Windschutzgürtel. Löcher ausheben, Bäume einsetzen, mit Sand auffüllen, bewässern und mit Nilschlamm abdecken. In der glutheißen Sahara pflanzten wir einen Baum nach dem anderen.

Die Leitung des Studentencamps machte aus der Pflanzaktion einen regelrechten Wettbewerb unter den Studierenden. Jeden Abend gab es sogenannte Social Events, in denen die Gruppen verkünden mussten, was sie den Tag über geschafft hatte. Während es unsere deutsche Gruppe auf rund hundert Bäume pro Tag brachte, protzten die palästinensischen Studenten mit mehreren tausend.

Wir waren skeptisch. Das konnte nur gelogen sein. Also legten wir uns eines Morgens hinter eine Düne und beobachteten die vermeintlichen Rekordarbeiter. Wir sahen nichts außer Schall und Rauch. Die mühseligen Buddelarbeiten wurden gekonnt umgangen, die Wurzeln der Bäumchen einfach abgehakt und die dünnen Stämme in den Sand gesteckt. Damit das ganze zumindest den Anschein nach Bewässerung erweckte, öffneten die Herren ihre Hosen und nutzten ihr eigenes „Wässerchen".

Abb. 1. 1 Wadi el Natrun

Abb. 1. 1 und 1. 2 Wadi el Natrun, Ägypten 1962 – im Militäroutfit zum Bäume pflanzen

Architektonische Verschandelung

Prof. Büchner lehrt Baukonstruktion und wird im Unterricht tatkräftig von seinem Assistenten Cronjäger unterstützt. Letzterer ist im wahrsten Sinne des Wortes ein Urtyp eines hemdsärmeligen Architekten. Ein Anpacker, bei dem man meinen kann, er sei vom Orang-Utan zum Menschen mutiert. Mit hängenden Schultern stampft er durch die Gänge, ist gefühlt breiter als lang, wirkt fast steinzeitlich.

Neben seiner Dozententätigkeit arbeitet Cronjäger noch als freier Architekt und beschäftigt sich derzeit mit der Planung von zwei Doppelhaushälften in Grünwettersbach. Während die eine Haushälfte bereits errichtet wurde, soll er die andere Hälfte nach eigenem Gusto gestalten. Anstelle eines Honorars bietet ihm der Bauherr darin drei Jahre lang mietfreies Wohnen an. Kein Wunder also, dass Cronjäger bei den Entwürfen alles gibt. Innen ist das Haus offen und lichtdurchflutet gestaltet. Außen wird es mit dunklen Baumschwartenbrettern verkleidet.

Seine Planung wird eine architektonische Glanzleistung. Das Wohnmagazin „Schöner Wohnen“ kürt ihn sogar und bringt einen großen Beitrag über die gelungene Konzeption. Wir Stundeten staunen nicht schlecht und bewundern sein Werk.

Nicht ganz so glücklich zeigt sich der Besitzer der anderen Doppelhaushälfte. Zu Cronjägers modernem Architektenwerk wirkt sein brav verputztes, zitronengelbes Häuschen wie ein spießiges Kontrastprogramm. Er beschwert sich, tituliert die Glanzleistung als „Architektonische Verschandelung“ seiner Haushälfte und als Zerstörung des gesamten Ortsbildes. Weil Cronjägers Werk angeblich einen erheblichen Wertverlust seines Heims nach sich ziehen soll, klagt er schließlich bei Gericht auf Schadensersatz.

Das Architektenidol Egon Eiermann

Die TH Karlsruhe schmückte sich gerne mit Egon Eiermann. Das Architektenidol war einer der ersten Protagonisten des modernen Bauens ins Deutschland. Sein berühmtestes Werk ist die Kaiser-Wilhelm-Gedächtniskirche Lippenstift und Puderdose, die später zum Wahrzeichen Berlins wurde.

Zu meiner Studienzeit war Egon Eiermann leider bereits schwer erkrankt und zeigte sich uns Studenten nur noch sporadisch. Von seinen seltenen Auftritten erinnere ich mich noch ganz besonders an die erste Begegnung mit ihm. Der Mann mit Glatze und markantem Gesicht hatte glasklare, blaue Augen und war im klassischen Gentleman-Style gekleidet. Er trug eine graue Flanellhose und einen dunkelblauen Blazer. Die roten, ledernen Schuhe mit Messingabsätzen und die rote Krawatte gaben seiner Erscheinung einen abgerundeten Rahmen.

Eiermann war ein Mann voller Witz und Lebensweisheit. Zwei seiner Botschaften waren für mich die prägendsten: „Kinder lernt Sprachen“ und „Wenn euch nichts besseres einfällt, dann kopiert etwas Gutes“.

1964 – 1967

Technische Universität Berlin

Nach dem Vordiplom kommt der Wechsel an die Technische Universität in Berlin. Im Gegensatz zum überschaubaren Karlsruhe und der idyllischen Provinzstadt Heidelberg hat die zerbombte Hauptstadt schon fast etwas Gespenstisches.

Mit Louis ziehe ich in eine typische Berliner Studentenbude. Das Haus in der Steglitzer Jägerstraße trägt noch deutlich die Zeichen des Krieges. Ein Teil des Hauses wurde zerbombt. Im Hauseingang riecht es nach frischem Farbanstrich. Bei der Besichtigung trägt der Vermieter einen riesigen Schlüsselbund für die unzähligen Zimmer im Haus mit sich. Er ist ein Nervenbündel, kann sich die Namen seiner vielen Mieter nicht merken. Neben mir und Louis wohnen noch weitere Studenten mit im Haus. Lejeune sticht dabei besonders hervor. Den Architekturstudenten riecht man schon von weitem: Er raucht stinkende Brasil-Zigarren.

Voyeuristische WG-Mitbewohner

Der Start an der TU brachte zeitraubende Pendeleien zwischen meinem Studienort in Berlin, Püppis Arbeitsplatz in Köln und unserer Heimat in Heidelberg mit sich. 1965 zog meine Frau dann nach und wir mieteten uns zwei Zimmer in einer Berliner Hinterhof-Bude. Die Wohnung in der Niebuhrstraße war groß; schon bald wurden wir von unserer Vermieterin mit drei weiteren Personen zur WG vereint. Einer davon war der Regieassistent Manfred. Er wollte als Schriftsteller Fuß fassen und schrieb bevorzugt nachts. Manfred war äußerst lärmempfindlich. In seinen kreativen Phasen störte ihn schon der kleinste Mucks. Er wollte stets seine Ruhe haben, zog sich häufig in sein Zimmer zurück. Eines Abends, Püppi und ich lagen gerade in der Badewanne, entdeckten wir zwischen den Fliesen ein kleines Loch. Wohin das wohl führte? Manfreds Zimmer grenzte an das Badezimmer. Ist er ein Voyeur? Wir warteten ab, bis er das Haus verließ und gingen dann auf Entdeckungstour. In seinem Zimmer brauchten wir nicht lange zu suchen. Manfred hatte sich so lange durch den Putz geschabt, bis er schließlich zum Bad vorgedrungen war. Für das kleine Guckloch am anderen Ende musste das alte bröckelige Berliner Gemäuer gehörig dran glauben.

Abb. 1. 3 Das Haus in der Niebuhrstraße

Junges Gemüse

Architekturstudierende haben die freie Wahl zu entscheiden, an welchem Lehrstuhl sie lernen möchten. In den ersten Tagen habe ich damit erst einmal die Qual der Wahl: Wohin möchte ich? Alles was ich zur Orientierung finde, sind eine Hand voll ausgestellte Studienarbeiten, die als Referenz vor den Büros der Professoren hängen. Vor dem Lehrstuhl von Prof. Ungers bleibe ich schließlich hängen. Oswald Mathias Ungers ist ein bekannter deutscher Architekt, der sich insbesondere durch den Bau des Deutschen Architekturmuseums in Frankfurt und das Bürohochhaus mit dem großen Loch an der Frankfurter Messe gemacht hat.

Im seinem Seminarraum treffe ich auf die bisherigen Studierenden des Lehrstuhls. Die Frauen und Männer im Zeichenkittel mögen teilweise schon das 22. Semester überschritten haben. Ich bin geschockt. Ich möchte hier bleiben, ja. Aber so lange dann doch nicht.

Die „Oldies" zeigen sich wenig interessiert an den Neuankömmlingen. Mit jungem Gemüse wollen sie nichts zu tun haben. Mehr noch: Neuankömmlinge werden gezielt blockiert. Das beginnt bereits bei der Belegung der Zeichentische. Ich will mir einen Arbeitsplatz suchen, frage die älteren Semester, ob dieser frei sei. Obwohl an zwei Dritteln der Zeichentische ganz offensichtlich niemand sitzt, erhalte ich auf Nachfrage stets ein Kopfschütteln zur Antwort. Angeblich sind alle belegt.

Irgendwann bin ich der Absagen überdrüssig und helfe mir selbst. Ich gehe in die nächste Etage und schnappe mir zwei Zeichentische aus einem der anderen Seminarräume. Die Böcke und Platten transportiere ich auf dem Rücken das Treppenhaus hinab. Als ich mit den beiden im Schlepptau zurück in meinem Seminarraum bin, schauen sie mich mit großen Augen an. Das ist wohl eine Ordnungswidrigkeit?

Im Seminar von Prof. Ungers lernen wir entwerfen. Für das Hauptdiplom muss ein Architekturstudent mindestens vier große Entwürfe einreichen. Auf meinen ersten Entwurf einer Botschaft kommt der ermutigende Kommentar des wissenschaftlichen Assistenten Uhl: „Sieht aus wie mit dem Schweißbrenner erhärtete Kamelscheisse"

Vier Studenten für einen Oldie

In meinem Seminar gab es viele „Oldies". Zu einem dieser gehörte auch Kazim. Mein persischer Kommilitone hatte bereits 24 Semester auf dem Buckel. Kazim war nur zum Studieren nach Deutschland gekommen und sollte anschließend wieder nach Persien zurückkehren. Dafür gefiel es ihm jedoch zu gut in Berlin. Er hatte mittlerweile geheiratet und hatte auch ein Kind. Kazim kam aus einer wohlhabenden Familie und wohnte in einer kleinen Villa in Dahlem, die ihm sein Vater angemietet hatte.

Kazim hatte also keinerlei Ambitionen, sein Studium je abzuschließen. Sehr zum Ärgernis seines Vaters, der eines Tages einen Schlussstrich zog und seinem Studentendasein ein Ende bereitete. Er heuerte vier Studenten an, die seinem Sohn bei der Diplomarbeit helfen sollten. Einer davon war ich. Für 5 DM Stundenlohn brütete ich mit Kazim Tag für Tag über seinen Arbeiten. Für die bestandenen Prüfungen gab es noch eine Erfolgsbeteiligung oben drauf: eine Goldmünze. Und Kazim wanderte zurück in den Iran.

„Der eine liest Zeitung"

Im sechsten Semester werde ich studentischer Mitarbeiter im Architektenbüro von Prof. Ungers. Das Büro liegt in seiner Privatvilla, deren oberen Etagen er mit seiner Frau und seinen drei Kindern bewohnt. Nach den kläglichen Gehaltsverhandlungen schlage ich immerhin 450 DM monatlich raus.

Wenn Prof. Ungers unterwegs ist, werden die Mitarbeiter von seiner Frau überwacht. Dafür nutzt sie auch schon mal ihre Kinder. Der jüngste Sohn Simon kommt zum Spionieren nach unten und melde nach oben: „Der eine liest Zeitung".

Neben mir gibt es noch zwei weitere studentische Mitarbeiter. Einer davon ist Uli Flemming. Mit ihm arbeite ich an einem Wettbewerb für den Bau einer Grundschule in Ungers Heimatort Mayen. Die Entwurfunterlagen sollen wir in der 600 Kilometer entfernten Stadt persönlich abgeben und fahren eines Nachmittags mit meinem weißen VW-Cabrio los. Auf unserer Spritztour ereignet sich nachts ein heftiger Sturm. Das zerfetztes Dach bleibt dann wohl mein Problem?

Nachwuchs

Inge erwartet ein Baby. Noch Student und schon Vater? Die Studienfreunde drücken ihr Beileid aus. Wir jedoch sind zuversichtlich. Irgendwie wird es schon gehen! Seit acht Jahren fanden wir immer wieder zusammen, jetzt wird geheiratet.

Passend dazu ist gerade in Berlin die richtige Zeit angebrochen: Der Senat gewährt „Ja-Sagern“ ein Ehegründungs-Darlehen in Höhe von 3.000 DM, das junge Menschen zum Heiraten und zum Kinderkriegen motivieren soll.

Aus zwei mach drei. Am 13. Oktober 1966 freuen wir uns über die Geburt unserer gesunden Clio Ernestine. Die Wahl ihres Namens ruft bei den Krankenschwestern Unverständnis hervor: „Sind Sie sicher, dass Sie ihrem Kind das antun möchten?“

Nach der Entbindung muss Püppi schon bald wieder arbeiten gehen. Ich hingegen stecke in den Endzügen meines Studiums. Ein Jahr lang bin ich Hausmann und jobbender Diplomand. Die Diplomarbeit entsteht zwischen Nachtmaloche, Babypflege und Partys. Mitte 1967 naht das Ende der Studienzeit. Und nun?

Abb. 1. 4 Hochzeit in Berlin-Dahlem in der Dorfkirche 1966

Abb. 1. 5

Abb. 1. 5 und 1.6 Studenteneltern mit der Neugeborenen Clio 1966

1967 – 1968

Architectural Association School of Architecture London

Im Krisenjahr 1967 gehen arbeitslose Diplomanden beim Arbeitsamt „stempeln". Fast mein kompletter Jahrgang ist ohne Beschäftigung und quält sich durch aussichtslose Bewerbungen. Für mich als junger Vater sind diese Aussichten fatal.

Um die drohende Arbeitslosigkeit zu umgehen, bewerbe ich mich bei der Architectural Association School of Architecture London für das Postgraduiertenstudium „Tropical Studies". Mit dem Studium will ich mich auf das Planen und Bauen in tropischen Entwicklungsländern spezialisieren. Dabei möchte ich mich insbesondere mit dem Wohnungsbau beschäftigen.

Die internationale Elite-Schule wurde 1847 von Englands Architektenverein gegründet und steht seither unter dem Leitspruch: „Design in Beauty - Build in Truth". Nach nur einem Jahr kann ich dort ein zweites Diplom erlangen. Das hat allerdings auch seinen Preis. Die Studiengebühren kosten das doppelte als an staatlichen Universitäten.

An der Universität lehren hochrangige Persönlichkeiten. Dr. Otto Königsberger leitet die School of Tropical Studies und führt mit mir das Bewerbungsgespräch. Der emigrierte Jude hatte einst in Berlin promoviert und war anschließend Staatssekretär für Stadtentwicklung innerhalb der britischen Kolonialregierung in Indien. Bei unserem ersten Gespräch geht es gleich in die Materie; Wir sprechen über die globale Urbanisierungsflut in Entwicklungsländern und den Mangel an qualifizierten Planern.

Das Studium in London reizt mich, aus eigener Tasche allerdings unbezahlbar. Ich bewerbe mich für ein DAAD-Stipendium. Das scheint allerdings zunächst aussichtslos zu sein. Die Bewerbungsfrist ist bereits abgelaufen. Auch wird behauptet, dass der Mittelrahmen für mein Bewerbungsjahr ausgeschöpft sei. Ich probiere trotzdem mein Glück und werde zum Bewerbungsgespräch an den Hauptsitz des DAAD nach Bad Godesberg eingeladen. Die Büro-Atmosphäre ist nicht nur hoch akademisch, sondern auch geradezu aristokratisch. Bei der Vergabe der Stipendien qualifizieren sich vornehmlich adelige Herrschaften.

Im Bewerbungsgespräch werde ich genau unter die Lupe genommen. Ob der Ast geeignet ist? Ich male wir wenig Chancen aus und fliege mit einem unguten Gefühl zurück nach Berlin. Nach ein paar Wochen des Bangens dann die freudige Überraschung: Der Vergabebescheid ist da! Wer hätte das gedacht. Für mich als junger Vater öffnet sich damit der unerwartete Weg zu neuen Horizonten.

Nun muss alles schnell gehen. Der Studienstart im „Swinging London" der Beatles und Rolling Stones steht kurz bevor.

Abb. 1.7 Gebäude der Architectural Association School of Architecture, London

Abb. 1. 8 Gebäude der School for Tropical Studies, London

Wohnungsnöte

Nach der Zusage flog ich umgehend London. Nun galt es, sich vorab in der Metropole zu orientieren und die Wohnungssuche für unsere junge Familie einzuleiten. Clio war zu diesem Zeitpunkt gerade mal knapp ein Jahr alt. Ich war ratlos, wie ich im sündhaft teuren London so schnell eine zentrumsnahe Unterkunft finden sollte.

Die erste Nacht verbrachte ich in einer Jugendherberge in Kensington. Ich kann mich noch gut an den nächsten Morgen erinnern, bei dem ich durch das Pressluft-Gehämmer in Herrgottsfrühe fast aus dem Stockbett gefallen wäre.

Bei der Wohnungssuche wurde mir als erste Anlaufstelle ein großen Anschlagbrett in der U-Bahn-Station Earls Court empfohlen worden. In der Tat gab es hier Hunderte von Angeboten an möblierten Zimmern, sogenannten bed-sitters. Bis ich mir etwas Größeres leisten könnte, würde das sicherlich erst einmal reichen. Beim Anruf zögerte ich. Ich hatte Angst, mich mit meinen bescheidenen Englisch-Kenntnissen am Telefon zu verheddern. Während ich so noch eine Weile vor den Aushängen herum druckste, beobachtete ich zwei Perser, die gerade dabei waren, einer jungen Dame ein Zimmer aufzuschwätzen. Das schien ihr ganz offensichtlich nicht zu behagen. Ich packte die Gelegenheit beim Schopf und erklärte mein Interesse an der Bude. Aber erst einmal anschauen.

Die Wohnung lag unweit der U-Bahn Station im sogenannten Kangaroo-Town. Der Stadtteil verdankt seinen Namen den vielen Australiern, die dort leben. Das vermeintlich komfortable Zimmer entpuppte sich als ein fensterloser und müffelnder Kellerraum, der ausschließlich über ein paar eingelassene Lüftungssteine im darüber gelegen Trottoir Luft erhielt. Hier bleiben? Auf gar keinen Fall. Die Perser versicherten, dass in Kürze ein besseres Zimmer frei werden würde.

Ich war gutgläubig, ließ mich überreden zu bleiben. Nach zwei Tagen Wartezeit, ich saß noch immer in dem Loch, drohte ich mit dem Auszug. Sie boten mir vorübergehend das Sofa im Wohnzimmer an. Das Telefon klingelte Tag und Nacht. Nach vier Tagen reichte es mir. Ich wollte weder in einem stinkenden Keller, noch auf einem unbequemen Sofa schlafen und alle paar Minuten von einem Dauerklingeln geweckt werden. Ich wollte nur noch ausziehen.

Alle guten Dinge sind drei. Einer der beiden Perser schlug mir zuletzt noch vor, bei ihm im Zimmer zu schlafen. Dort habe er ein großes Doppelbett, das auch für zwei reiche. Kaum war ich am Einschlafen, fühlte ich an meinem Hintern seine Annäherungsversuche. Ich packte wütend mein Zeug und wanderte zurück auf die Couch.

Umzug nach London

Nach der ernüchternden Wohnungssuche ziehe ich mit Püppi für's Erste ins Home for Exotic Diplomats. Clio bleibt bis auf Weiteres in der Obhut meiner Eltern in Karlsruhe. Im Gebäude, eine Art Boarding House, sind hauptsächlich Inder untergebracht. Im Hausflur riecht es kräftig nach Curry. Wir freunden uns schnell an, morgens gehe ich in den Hydepark und sammle Champignons. Ordentlich englisches Omelette erfordert schließlich auch Mushrooms.

Neben uns wohnen noch die beiden Stipendiaten Bettina und Michael mit im Zimmer. Während die Frauen in den Betten schlafen, machen es sich die Männer auf den Bettvorlegern bequem. In London ist es schwierig, einzelne Zimmer zu finden und so begeben wir uns auf die Suche nach einer gemeinsamen Wohnung. Viele Wochen ziehen ins Land, bis Michael und ich eine Bleibe in der St. Johns Wood Stockleigh Hall finden. Die 3-Zimmer-Wohnung wird nur einem Anspruch gerecht: Wir haben ein Dach über dem Kopf.

Ich miete die Wohnung allein. Dass Bettina und Michael mit einziehen werden, verschweige ich den Vermietern aus Angst vor einer Absage. Püppi weint beim Anblick unseres neuen Zuhauses. Die Wohnung ist eine einzige Ruine. Abgerissene Türklinken, zerstörte Armaturen, eingeschlagene Fenster. Der Boden mit den unzähligen Nägeln gleicht einem Fakir-Brett. Alles ist versifft und verdreckt. Dabei sieht das Gebäude von außen eigentlich sehr fein aus: Vor jedem Eingang steht ein rot-livrierter Porter. Auf der Straße parken schwarze Bentleys. Die Damen im Haus sind meist reiche Witwen. Sie sind stark gepudert, einige haben einen Pudel. Als sie uns sehen, sind sie entsetzt. Was will das komische Gemüse aus Germany hier?

Zwei Wochen lang renovieren wir, was das Zeug hält. Dann ist die Wohnung endlich auch Babytauglich und Püppi holt Clio ab. Samstags gehen wir mit dem Kinderwagen zum Portobello Market und nach Chelsea in die Kings Road. In Kensington schlendern wir durch die BIBA. In der sündhaft teuren Boutique können wir uns zwar nichts leisten, aber träumen darf man ja noch.

Eine Tasse Tee und ein Rosinenbrötchen, bitte

Während Püppi einen Crash-Kurs in Englisch absolvierte, entdeckte ich die Gitarre wieder für mich. Zum üben traf ich mich mit dem Kunst-Stipendiaten Jockel Walz. Die ersten Stücke studierten wir in unserer Küche ein. In der U-Bahn folgte dann schließlich die Premiere vor Publikum. Wir spielten Beatles-Songs, bei den Klassikern „A day in the life" und „Fool on the hill" wippten die Fahrgäste mit den Füßen. Mit den gesammelten Pennys kehrten wir in den Lyons Teashop ein und gönnten uns unser Abendessen: Eine Tasse Tee und ein Rosinenbrötchen für jeweils 6 Pennys.

Abb. 1. 9 Roundhouse Campton Town

Abschied vom Studentenleben

Neben meiner Diplomarbeit über den Niedrigkosten-Wohnbau in Ghana nehme ich mit meinem Kommilitonen Peter Vollmer an einem Ideen-Wettbewerb teil. Sechs Wochen lang sitzen wir an der Ausarbeitung der Münchener-Freiheit, einem Zentrumsplatz in Schwabing. Der Ankauf durch die Stadt München bringt uns ein Preisgeld von 5.000 DM.

Dann zieht Peter einen Studentenjob an Land. Ein Kölner Architektenbüro plant einen Betriebsausflug nach London. Hierfür wird ein Student mit Ortskenntnis gesucht, der die Gruppe zu den Highlights der moderner Architektur in London führt. Kurz vor Schluss sagt Peter ab und bittet mich, ihn zu vertreten.

Der Studentenjob erweist sich als ein Wink des Schicksals. Nach der Stadtführung rekrutiert mich der Inhaber des Büros für eine Stelle in Köln. Jetzt heißt es endgültig Abschied nehmen vom Studentenleben. Ein Jahr Weltmetropole, vier Umzüge zwischen Earls Court, Lancaster Gate, St. Johns Wood, Hampstead, Bloomsbury und geschätzte 6.000 km Fußweg quer durch die Stadt liegen nun hinter uns. Wir sind wehmütig.

Auf uns wartet nun ein Kontrastprogramm in Nordrhein-Westfalen. Immerhin läuft hier schon mal die Wohnungssuche besser und ich finde schnell etwas passendes in der Aachener Straße. Weil die Wohnung so nah zum Büro liegt, sage ich sofort zu. Ein Fehler wie sich später herausstellen sollte. 20.000 Autos schieben täglich an unseren Fenstern vorbei. Wir wohnen an der längsten Ausfallstraße von Köln. Wir bringen Matratzen zum Lärmschutz im Fenster an, mein Bett wird kurzerhand in die innenliegende, ruhigere Badewanne verlegt. Der Start ins Berufsleben beginnt mit jede Menge Lärm.

Abb. 1. 10 Peter Vollmer (2.v.l.)

Drei „ehrenvolle" Aufgaben

Nach der Trennung von Bettina und Michael löste sich unsere Vierer-WG auf. Danach war ein Kommen und Gehen. Immer wieder zogen Freunde ein und aus, bis die Wohnung schließlich komplett an ein Ehepaar weiter vermietet wurde. Er Franzose, sie Italienerin, übernahmen schöne vier Wände, bei denen in der Zwischenzeit nichts mehr an die einstige Bruchbude erinnerte.

Nachdem wir nun gefühlt fast jeden Quadratzentimeter renoviert hatten, zogen wir wieder aus und kamen bei einem Freund unter. Während er für ein Aufbaustudium in die USA zog, bot er uns eine kostenlose Bleibe. Er hatte drei Kinder. Zwei davon zogen mit ihm in die USA. Sein jüngstes ließ er uns samt Kindermädchen in der Wohnung. Inge hatte die ehrenvolle Aufgabe, Mutter, Ersatzmutter und Aufpasserin gleichzeitig zu spielen.

Technische Universität Berlin

Lehrstuhl für Entwerfen VI

o. Prof. Dipl.-Ing. O. M. Ungers Architekt

1 Berlin 12 Hardenbergstraße 34 Telefon 31 07 81 - 33 06

28.2.67

Diplomaufgabe für Herrn cand. ing. Guido AST

Auf dem im Lageplan bezeichneten Grundstück "KREUZBERG"

ist eine Grosswohneinheit mit ca. 500 bis 1000 Wohnungen zu errichten. Dabei ist das beigegebene Grundprogramm zugrunde zu legen (Anlage I). Aus der besonderen Lage des Grundstückes und seiner Beziehung zur Umgebung ist ein Spezielles Programm zu entwickeln. Dabei sind die in Anlage II aufgeführten Einrichtungen der Öffentlichkeit, der Versorgung, des Gewerbes und des Verkehrs auf ihre spezielle Eignung zu prüfen und gegebenenfalls in das an der Situation zu entwickelnde Raumprogramm aufzunehmen.

Die Aufteilung der Wohnungsgrössen soll nach folgendem Schema erfolgen (auf 100 bezogen):

	Typ	WF	BGF	Σ WF	Σ BGF	Σ Räume Ohne Kü.
15 %	1 Zi.	40	53	600	795	15
35 %	2 Zi.	58	77	2030	2695	70
35 %	2 1/2 Zi.	68	90	2380	3150	105
10 %	2 2/2 Zi.	85	112	850	1120	40
5 %	3 Zi.	80	106	400	530	15
100 %				6260	8290	245
	Ø WoE			62,6	82,9	2,45

Belegungszahl pro Wohnung = 82,9 : 30 = 2,8 Pers./W.

Bei der Planung der Wohnungen sind die geltenden Richtlinien der Berliner Bauordnung zu beachten. Die für das Planungsgebiet geforderte Geschossflächenzahl kann überschritten werden.

Geforderte Leistungen:

1) Raumprogramm (spezielles Programm)
2) Grundrisse, Schnitte und Ansichten i.M. 1 : 500
3) Typengrundrisse der Wohnungen oder der Sondereinrichtungen i.M. 1 : 200
4) Lageplan i.M. 1 : 500
5) Modell i.M. 1 : 500
6) Kurzgefasster Erläuterungsbericht (1 Schreibmaschinenseite)
7) Isometrie evtl. als Schnitt

1. V. Ploetz

(Ploetz, wiss. Assistent)

Diplomaufgabe ausgegeben am: 28.2.1967
Diplomarbeit abzugeben am: 31.5.1967

Abb. 1. 11, 1.12, 1.13, 1.14 Auszüge aus der Diplomarbeit – damals natürlich alles Handarbeit

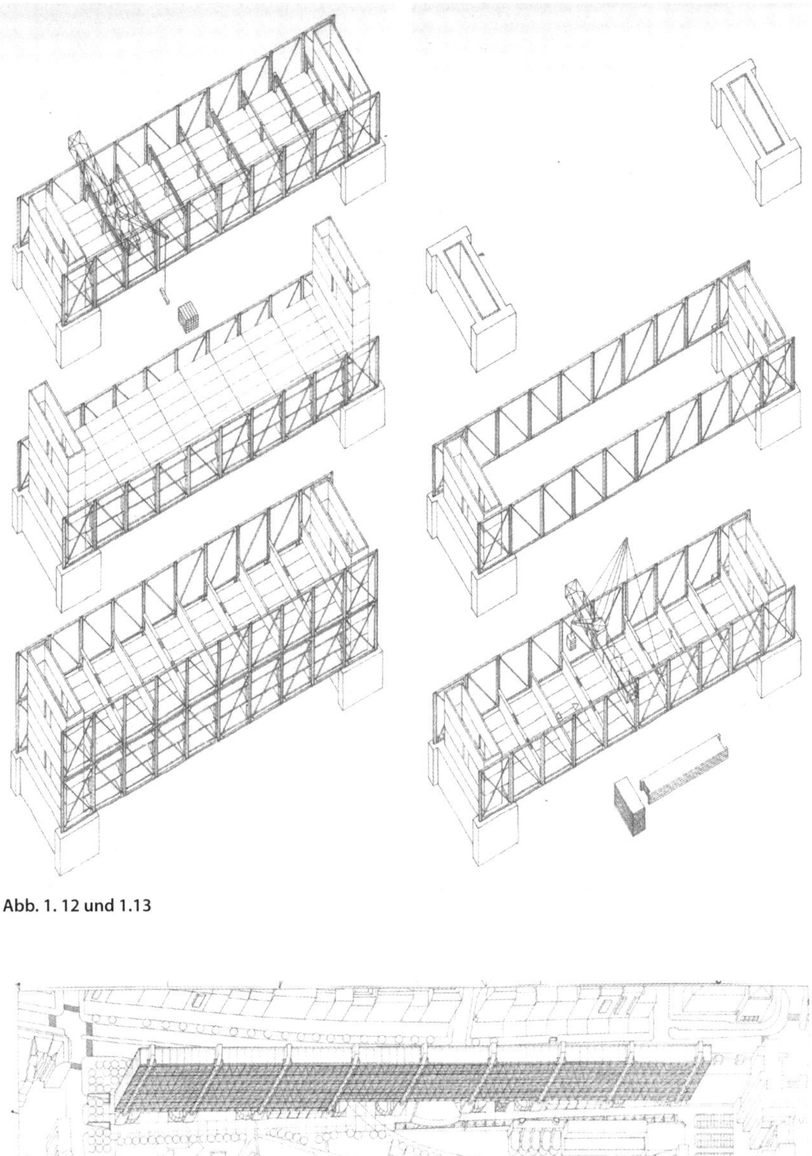

Abb. 1. 12 und 1.13

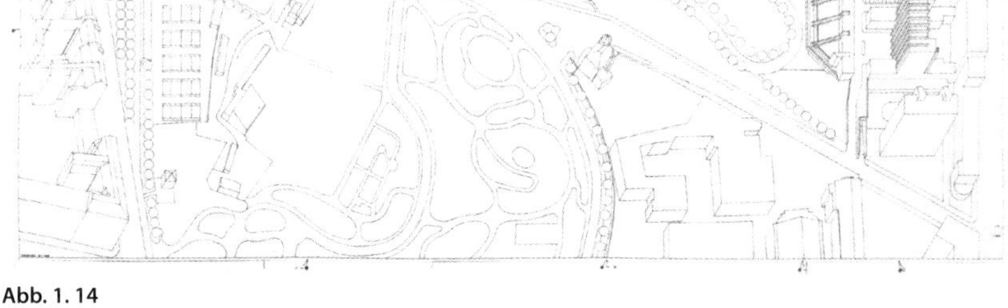

Abb. 1. 14

ALGERIEN (1968 – 1976)

Projekte und berufliche Stationen

1968 - 1969	Africa Bureau Cologne - Gesellschaft für Entwicklungsplanung e.V. Erstellung einer Studie zur Tourismusentwicklung in Hoggar/Tamanrasset und Tassili N'Ajjer/Djanet (Zentralsahara) Bearbeitung von drei Gutachten zur Tourismusentwicklung in Mauretanien, Niger und Zentralafrikanische Republik (ZAR)
1970 - 1971	Bureau d'Architecture et d'Urbanisme Dipl.-Ing. Guido Ast Planung und Bau der SIOLA Brillenfabrik in Sétif Planung von 30 Wohnhäusern in Tichy Planung eines Forschungs- und Verwaltungszentrums für die Société Nationale des Matériaux de Construction (SNMC)
1971 - 1972	Deutsches Institut für Entwicklungspolitik (DIE) Berlin Studium der Entwicklungspolitik mit Arbeitsaufenthalt in Bolivien
1972	Bundesstelle für Entwicklungshilfe (BfE) Frankfurt Fachberater; Konzeption des deutschen Beitrags zur Vorbereitung auf ein Stadtentwicklungsprojekt in Algier
1973 - 1976	Gesellschaft für technische Zusammenarbeit (GTZ) Sachverständiger für Wohnungsbau und Stadtentwicklung; Entsendet zum Stadtentwicklungsprojekt COMEDOR nach Algier
1975 - 1976	Planung des Parc National Zoologique et de Loisirs in Ben Aknoun

Anekdoten

Bokassas blutiges Dinnerjacket
Zahltag in der Diamanten-Schleiferei von Bangui
Au bout du monde: Fischfang mit Unterhosen
Ankunft in einer neuen Welt
Abschied von Sétif
Kita-Sozialismus auf Berliner Art
Jobsuche in Marokko
Auch Tiere kennen Wohnungsnot

1968

Start ins Berufsleben

Ich halte mein Diplom in den Händen. Die Urkunde mit großem roten Siegel und vier Unterschriften macht sich gut in den Bewerbungsunterlagen. Hinter meinen Dipl.-Ing. darf ich Dip Trop AA hinzufügen.

Architektur in Karlsruhe und Berlin, Tropische Studien in London - sieben Jahre Studium liegen hinter mir. Dazwischen unzählige Projekte und Reisen in fremde Welten. Adieu Studentenleben. Nun ist Schluss mit lustig. Das Stipendium läuft aus, die Eltern drehen den Geldhahn zu. Als Ehemann und junger Vater muss ich ab sofort unseren Lebensunterhalt verdienen.

Ich entscheide mich für das Jobangebot eines großen Architekturbüros in Köln, bei dem ich als freier Mitarbeiter in ein neu gegründetes Africa Bureau Cologne - Gesellschaft für Entwicklungsplanung e.V. an einsteigen soll. Das Beratungsbüro ist Mitglied der UNIPLAN Gruppe, in der Ingenieurfirmen gemeinsame Akquisition für Aufträge in Afrika betreiben.

Ingendaay lernte ich bereits vor meinem Studienabschluss kennen: Ich hatte gerade mit meinem Studienfreund Peter Vollmer einen Ideenwettbewerb gewonnen, als er mich auf einen Aushang am Schwarzen Brett hinwies. Darin suchte Ingendaay einen Stadtführer für einen dreitägigen Betriebsausfluges in London. Peter sagte erst zu, dann wieder ab. Kurz vor Schluss bat er mich, für ihn einzuspringen. Nach der Stadtführung stellte mir Werner Ingendaay umgehend eine Stelle nach Studienabschluss in Aussicht.

1968 – 1969

Studie zur Tourismusentwicklung der Regionen Hoggar/Tamanrasset und Tassili N'Ajjer/Djanet (Zentralsahara)

Ein Wettbewerb bringt mich erstmals nach Algerien. Ende 1968 lädt das algerische Tourismus-Ministerium ein Dutzend europäischer Entwicklungsplaner in die Zentralsahara ein. Innerhalb von sechs Wochen sollen sie untersuchen, wie sich Tourismus und der Schutz der prähistorischer Felsmalereien in den Gebirgen des Hoggar und Tassili N'Ajjer miteinander vereinbaren lassen. Safari-Abenteurer hatten bereits ihr Unwesen getrieben und Teile des Weltkulturerbes als private Souvenirs abtransportiert.

Im November fliege ich mit Otmar Kaschig nach Algier. Der Geschäftsführer des Kölner Büros arbeitete ursprünglich in einer französischen Beratungsgesellschaft in Paris und verfügt über jahrelange Erfahrung in der Industrieentwicklung Westafrikas.

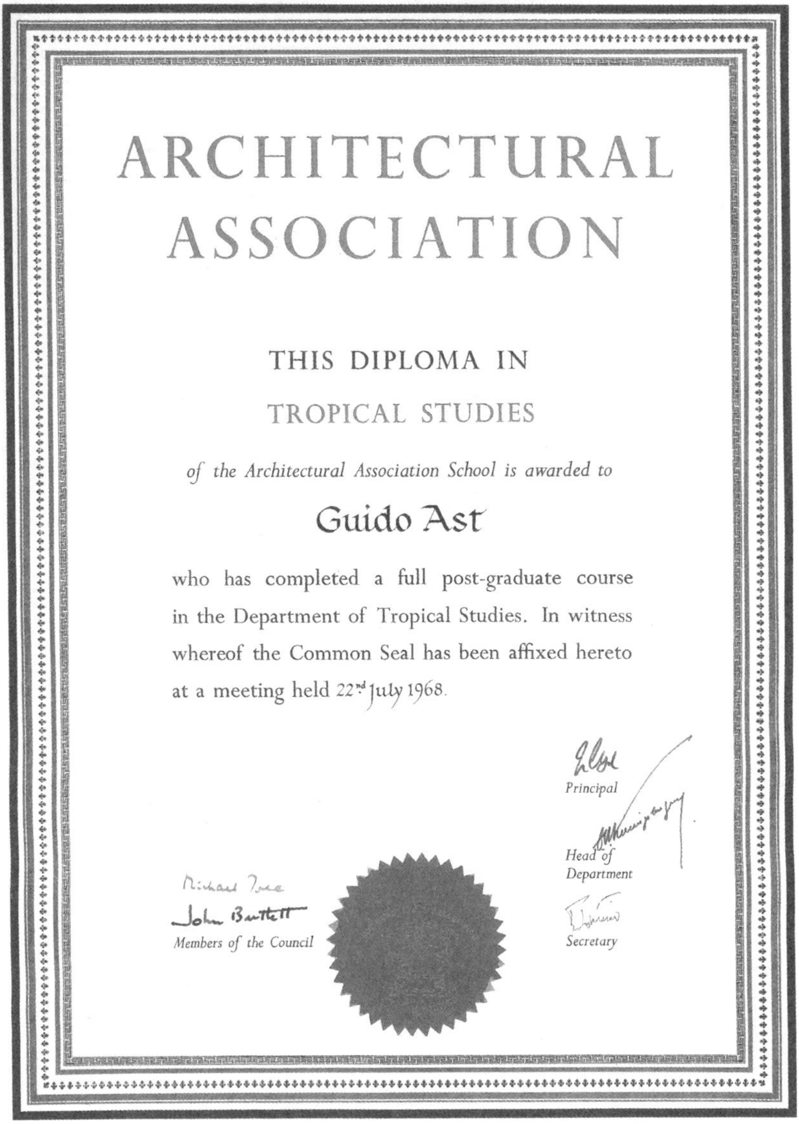
ARCHITECTURAL ASSOCIATION

THIS DIPLOMA IN

TROPICAL STUDIES

of the Architectural Association School is awarded to

Guido Ast

who has completed a full post-graduate course in the Department of Tropical Studies. In witness whereof the Common Seal has been affixed hereto at a meeting held 22nd July 1968.

Principal

Head of Department

Members of the Council

Secretary

Abb. 2.1 Diplomurkunde der AA-School, London, 22. Juli 1968

Wir sind das einzige deutsche Team und konkurrieren mit Franzosen, Engländern, Belgiern, Holländern und Finnen. Ein kurzer Zwischenstopp am Plage Moretti, dann geht es mit einer kleinen Propeller-Maschine weiter nach Hassi Messaoud. Die Stadt ist Teil der Provinz Ouargla und gilt als das Zentrum der algerischen Öl- und Gasindustrie. Wir landen auf einer einfachen Sandpiste inmitten der flachen Sahara. Die heiße Mittagssonne knallt auf die unzähligen Kerosin-Fässer, die ungeschützt der sengenden Hitze ausgesetzt sind.

Am Rande der Start- und Landebahn haben sich Beduinen-Familien niedergelassen. In Schuhkartons haben sie ihr Vermögen verstaut. Sie warten auf den nächsten Flieger, der auch unserer sein soll.

Nach einer gefühlten Ewigkeit landet schließlich eine betagte viermotorige DC-4. Vertrauenswürdig sieht anders aus. Sie rollt langsam neben die Kerosinfässer und wird dort mit Hilfe dicker Schläuche betankt. Dann ist die Maschine zum Einstieg bereit. Die Beduinen dürfen zuerst rein. Sie werden von zwei Stewards an den Armen und Beinen gepackt und ins Flugzeug gehievt. Dort setzen sich die nomadischen Wüstenbewohner sofort auf den Boden. Wozu Sitze in der Sahara?

Auf Anordnung des Piloten werden zunächst die Insassen geprüft. Angeblich sind zu viele Passagiere und zu viel Gepäck an Bord. Die Überlast muss entladen werden. Vom Fenster aus sehen wir, wie unsere Zelte wieder ausgeladen werden. Dann hebt sich die DC-4 schleppend in die Lüfte. Wir atmen tief durch.

Ein Zwischenstopp im Gebirgstal von Tassili N'Ajjer beschert uns eine atemberaubende Landung bei untergehender Sonne. Nervenaufreibend wird es anschließend in Tamanrasset. Es ist bereits mitten in der Nacht. Vor der Landung kreist das Flugzeug mehrere Runden in totaler Finsternis. So lange, bis die per Funk angeforderten Petromax-Laternen entlang der Piste aufgestellt sind. An Bord kursiert derweilen das Gerücht, dass hier vor einigen Monaten eine Maschine abgestürzt sei. Die Landung treibt einigen die Schweißperlen auf die Stirn. Erschöpft steuern wir die einzige Herberge Mouflon d'Or an, zu Deutsch „Zum güldenen Schaf".

Unsere Touren durch die Hochgebirge leitet der berühmte Franzose Henri Lohte (1903-1991). Der Reiseleiter, Ex-Kriegspilot, Hobby-Archäologe, Forschungsreisender, Schriftsteller und Autodidakt hilft uns bei der Erkundung und Dokumentation der Sahara-Felsmalereien. Ein Kettenraucher, der unermüdlich für die Erhaltung dieses Kulturschatzes kämpft. Alle anderen touristischen Themen wie Flugplatzausbau, Hotelinfrastruktur und Ausbildung der Reiseleiter, interessieren ihn nicht.

Auf mühseligen Trekking-Touren geht es ins Hochgebirge des Hoggar. Eine viertägige Eselstour ab Djanet führt uns durch das bergige Tassili N'Ajjer. Zum Abendessen bekommen wir zwei Becher Wasser gereicht. Hammel werden vor unseren Augen geschlachtet und über dem Lagerfeuer gegrillt.

Abb. 2. 2 Otmar Kaschig (l.) und Herr Sauer (r.)

Abb. 2. 3 Henri Lothe, 1969 (2.v.l.)

Abb. 2. 4 Tuareg in Tamanrasset

Abb. 2. 5 Hoggar Gebirge

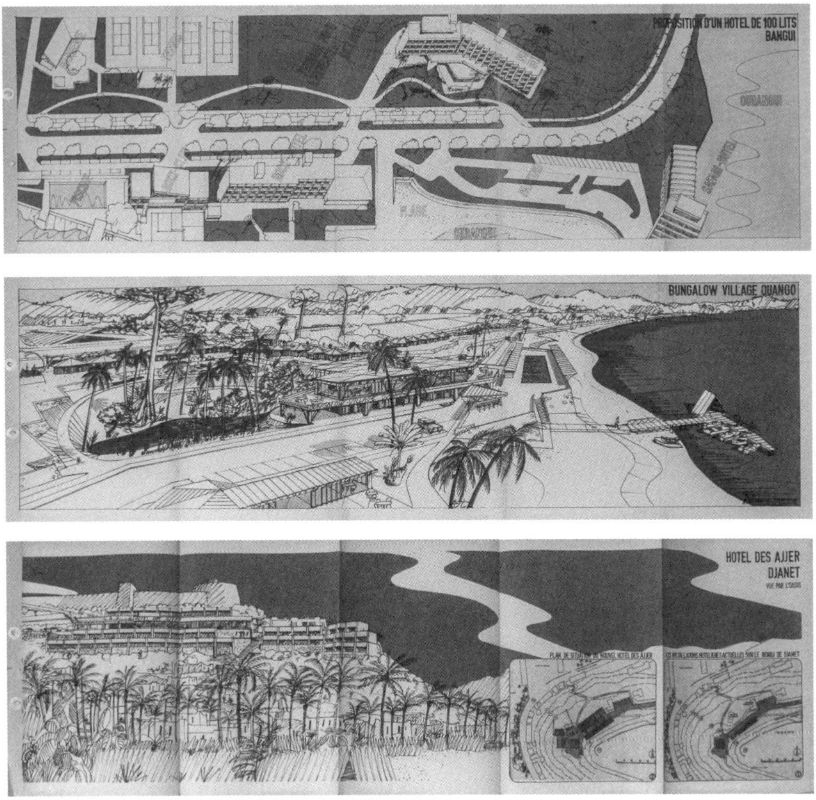

Abb. 2. 6 Vorentwürfe für Bangui, Ouango und Djanet

Mit vielen Eindrücken, Skizzen und Fotos kehre ich wieder zurück nach Köln und beginne meine eigentliche Arbeit. Für die beiden Orte Tamanrasset und Djanet entwerfe ich Pläne für Erweiterungen und Neubauten von Hotels, erarbeite Vorschläge für einfache Unterkünfte aus Felsbrocken oder Zelten und schätze die Kosten für den Ausbau von Wegenetzen und Flugplätzen. Ich analysiere die Klimadaten, um die optimale Reisezeit zu ermitteln. Im Anschluss werden noch die Reiseveranstalter zu ihrer Einschätzung befragt. Wie groß könnte die Nachfrage eines Reiseangebots für die Zentralsahara sein?

Insgesamt sechs Monate Arbeit fließen in die Ausarbeitung des Gutachtens, bevor es termingerecht an das algerische Tourismus-Ministerium versendet wird. Dann folgt Stille. Wir erhalten weder Rückmeldung noch eine Info zu den Preisträgern des Wettbewerbs. Unsere Mitstreiter hören ebenfalls nichts. Ein Flop wie es scheint, der die „Vertragstreue" des neuen, unabhängigen Algeriens offenbart.

Drei Gutachten zur Tourismusentwicklung in Mauretanien, Niger und Zentralafrikanische Republik (ZAR)

Über das Bundesministerium für wirtschaftliche Zusammenarbeit und Entwicklung (BMZ) erhalten wir drei Aufträge zur Ermittlung der touristischen Entwicklungs-möglichkeiten in Mauretanien, Niger und Zentralafrikanische Republik (ZAR). Die Gutachten sind für das Africa Bureau Cologne e.V. eine wichtige Referenz. Der Grund: In Afrika wächst das Bewusstsein für einen nachhaltigen Tourismus. Die Branche belebt die Wirtschaft, hat volkswirtschaftliche Multiplikator-Effekte und schafft Zugang zu Devisen.

Die ersten beiden Gutachten zu Mauretanien und Niger erarbeite ich auf Grundlage von Felderkundungen meines Chefs Otmar Kaschig. Zur letzten Feldarbeit darf ich endlich mitreisen, und so machen wir uns 1969 auf nach Bangui, in die Hauptstadt der Zentralafrikanischen Republik. Wir landen mit klitschnass beschlagenen Flugzeugfenstern. Der wilde Ubangi verwandelt die Gegend in ein tropisches Dampfbad. In der Luft liegt der Duft von moderndem Holz, unzählige Schwärme bunter Schmetterlinge zeigen ein farbenprächtiges Schauspiel. Diamanten und Uran, die Bodenschätze der Republik, locken große Geldbosse an. Ein anderer Besuchermagnet ist die Jagd auf die Big Five: Löwen, Leoparden, Elefanten, Nashörner und Büffel.

Am Flughafen empfängt uns schließlich ein kleinwüchsiger, korsischer Tourismusdirektor. Der Mann mit ausgeprägt südfranzösischem Akzent begleitet uns ins 5-Sterne-Hotel Eden Rock. Die Terrassen grenzen auf der einen Seite an den reißenden Ubangi-Fluss, auf der anderen an den Rock-Club. An den Pools und auf den Tennisplätzen trifft sich vorwiegend die französische Ausländergemeinde von Bangui. Unter Palmen werden kühle Drinks serviert. An einem der Tische genießt gerade ein distinguierter, weißhaariger Franzose frische Austern, die allmorgendlich aus Paris eingeflogen werden. Um ihn herum stehen Leibwächter mit sowjetrussischen Sturmgewehren. Das Personal lässt uns wissen, dass es sich bei dem Herrn um den Direktor einer Diamantenmine handelt. Er hat angeblich Schulden beim Staat. Bis zu deren Begleichung genießt er hier VIP-Behandlung.

In den Laubengängen des Hotels sind Soldaten mit Maschinengewehren postiert. Ein wenig Bedrohlichkeit liegt in der Luft. An der Hotelrezeption treffen wir zufällig Dr. Georg Lippsmeier. Der deutsche Tropenarchitekt soll im Rahmen der deutschen Entwicklungszusammenarbeit einen Schlachthof für Bangui planen. Bekannt wurde er unter anderem durch die Gründung eines Instituts für tropisches Bauen in Starnberg und durch die Veröffentlichung seines Buches Tropenbau – Building in the Tropics, das ich zu Studienzeiten gelesen habe. Der Mann ist ein Unikat in diesem Berufszweig und muss sich nicht um Aufträge sorgen.

Unsere erste Aufgabe ist es, die Tourismus-Infrastruktur zu bewerten: die bisherigen Marketingaktivitäten, die vorhandenen Gast- und Beherbergungsbetriebe sowie das Straßen- und Wegenetz zu den wichtigen Besichtigungs- und Erlebniszonen der

Region. Anschließend entwickeln wir zusammen mit Branchenexperten und Unternehmern Ideen für Projekte und die Vermarktung, damit der zentralafrikanische Tourismus sein Potenzial besser ausschöpfen kann. Für den Fall, dass die Zentralafrikanische Republik als Urlaubsziel nicht attraktiv genug ist, untersuchen wir bei der Gelegenheit auch die Möglichkeit eines Drei-Länder-Programms. In Betracht kommen Kamerun und der Tschad; beide Länder besuchen wir im Anschluss.

Nach unseren Vor-Ort-Recherchen und getaner Arbeit suche ich in N'Djamena, der Hauptstadt des Tschad, noch ein Mitbringsel für meine Frau. Auf einem Markt entdecke ich meterlange Pythonhäute und kaufe drei Stück davon, aus denen sich Inge nach meiner Heimkehr eine schicke Lederjacke näht.

Abb. 2.7 Inge mit Clio im algerischen Schnee, mit Pythonjacke

Bokassas blutiges Dinnerjacket

Die Jagd auf Großwild ist eine beliebte Freizeitbeschäftigung unter den besser betuchten Touristen. In der Zentralafrikanischen Republik werden deshalb ganze Jagdgebiete verpachtet. Das beschert dem Land hohe Einkünfte, die meist wieder in den Ausbau der Wegenetze oder in den Bau von einfachen Unterkünften investiert werden.

Einer dieser Pächter war ein Kölner Architekt namens Kleinjäger. Auf Wunsch des Tourismusdirektors sollten wir seine Jagddomäne unter die Lupe nehmen und so verabredeten wir uns eines Abends mit ihm an der Hotelbar. Kleinjäger war bereits leicht alkoholisiert, begrüßte uns gelangweilt: „Tja, de Kölsche Jong dreibe sisch bis in det diefe Afrika rum".

Unweit der Hotelbar war ein kleiner Teich, der mit bunten, tropischen Pflanzen dekoriert war. Auf den ersten Blick nichts Besonderes. Bei genauerem Hinsehen konnten wir schließlich zwei kleine ruhende Krokodile erkennen. Um auf unser Kennenlernen anzustoßen, ließ uns Kleinjäger Whiskey einschenken. In seinem Übermut kippte er den Rest der Flasche in den Teich. Seinen Ausschank an die Baby-Krokodile wiederholte er noch zwei Mal. Wenn schon, dann richtig. Die trägen Krokodile reagierten wie elektrisiert. In echter Kölner Fröhlichkeit fing er schließlich an, mit den alkoholisierten Baby-Krokodilen zu spielen. Als er schließlich seinen nackten Unterarm ausstreckte, biss eines der beiden kraftig zu. Der Teich färbte sich rot und Kleinjäger begann zu fluchen. In seiner Wut beschimpfte er die wilden Tiere, Afrika, die Schwarzen und überhaupt alles, was ihm gerade so in den Sinn kam.

Just in diesem Augenblick betrat Bokassa, der Präsident und Kaiser der Zentralafrikanischen Republik, das Hotel. Er war auf dem Weg zu einem Empfang. Kleinjäger sprang auf, erkannte den hohen Gast, rief „Cher Ami l'Empereur", stürzte sich auf Bokassa und umarmte seinen vermeintlich guten Freund. Dabei verschmierte er das blütenweiße Jackett seiner Exzellenz. Bokassa explodierte förmlich, brüllte erst Kleinjäger an, dann folgte der Befehl an seine Eskorte. „Au Prison!", ab ins Gefängnis.

Zahltag in der Diamantenschleiferei von Bangui

Eines Abends bot sich uns ein Spektakel der Extraklasse. Vor einer großen Werkhalle an der Uferpromenade des Ubangi-Flusses hatte sich eine Menschenmenge eingefunden. Die Leute drängten vor das Gebäude, es lag spürbar Aufregung in der Luft. Auf unsere Nachfrage hin erfuhren wir, dass es sich bei dem Haus um eine Diamantenschleiferei handelte. Heute war Zahltag. Nacheinander bekamen die Arbeiter ihre Lohntüte ausgehändigt. Vor dem Gebäude hatte sich auch die Verwandtschaft eingefunden. Wie Geier lauerten sie darauf, ihren Anteil am Lohn zu erhaschen. Zur Not auch mit Gewalt. Um sich das Verdiente nicht gleich wieder aus den Händen reißen zu lassen, suchten die Arbeiter umgehend das Weite und rasten mit ihren Lohntüten die Uferpromenade hinab. Die Verwandtschaft im Affentempo hinterher. Je nach Ausdauer der Verfolger und Verfolgten, gab es entweder Entkommen oder Gerangel. Und für manch einen hieß es am Ende auch: Wie gewonnen, so zerronnen.

Au bout du monde: Fischfang mit Unterhosen

Durch unsere langen Reisen lernten wir auch jene Teile eines Landes kennen, die einem typischen Tourist verborgen blieben. Und so fuhren wir einmal auch über die Route Nationale zu den Jagddomänen in den Nordosten der Zentralafrikanischen Republik. Auf unserer mehrtägigen Anreise kehrten wir für die erste Übernachtung in ein kleines Dörfchen namens Bria ein. Schon als wir ankamen merkten wir, dass mit dieser Gegend etwas nicht stimmte. Die Menschen auf der Straße hatten Zuckungen, anderen wiederum fehlten Gliedmaßen. Die gesamte Bevölkerung war behindert. Der Pastor erklärte uns den Grund: Lybische Sklavenhändler hatten während einer Sklavenjagd alle Gesunden in Richtung Hafen verschleppt. Nur die Behinderten ließen sie zurück.

Als wir am nächsten Tag weiterfuhren, verengte sich die Route Nationale in einen schmalen Feldweg. Nachdem wir einige hundert Kilometer auf den Wegen entlang geholpert waren, erreichten wir die sudanesische Grenze. Weil es hier keine Straßen, geschweige denn Zivilisation gibt, wird die Gegend unter den Einheimischen auch Au bout du monde genannt. Vor unseren Augen rauschten kristallklare Wasserfälle in mehreren Kaskaden in die Tiefe. Wir konnten nicht widerstehen und stürzten uns inmitten der Dorfjugend in das erfrischende Nass. Das Wasser war reich gefüllt. Schwärme von kleinen, silbern glänzenden Fischen streiften unsere Beine. Wir nutzen kurzerhand unsere Unterhosen als Netze. Der Fang landete wenig später gegrillt in unseren Bäuchen.

1970 - 1971

Bureau d'Architecture et d'Urbanisme Sétif Dipl.-Ing. Guido Ast

Nach vier Tourismusgutachten für Algerien, Mauretanien, Niger und die Zentralafrikanische Republik brauche ich eine Horizonterweiterung. Die Ausschreibung eines Stipendiums durch das Deutsche Institut für Entwicklungspolitik (DIE) kommt da gerade zum richtigen Moment. Eine Kommission hat ermittelt, dass an den Deutschen Botschaften in Entwicklungsländern technische Anfragen häufig deshalb nicht bearbeitet werden können, weil im Auswärtigen Amt vorwiegend Nicht-Techniker beschäftigt sind. Um diese Lücke zu schließen, wurde das DIE angewiesen, auch Stadtplaner, Architekten, Straßenbauer, Physiker, Chemiker sowie Bau-, Wasser- und Elektroingenieure in entwicklungspolitische Aufgaben einzuarbeiten.

Ich bewerbe mich für das Stipendium und werde unter hunderten Bewerbern zum Vorstellungsgespräch nach Berlin eingeladen. Dank meiner bisherigen Arbeitseinsätze in Entwicklungsländern habe ich gute Karten und erhalte tatsächlich den begehrten Stipendien-Platz. Ein unerwarteter Anruf durchkreuzt jedoch meine Pläne. Otmar Kaschig ist am Telefon. Er brauche sofort Unterlagen für meine Registrierung in der algerischen Architektenkammer. Zwei Krankenhäuser in der Region Setif müssten geplant werden. Das solle ich übernehmen. Krankenhäuser? Davon verstehe ich nicht viel. Aber mein Studienfreund Bolle (Heinrich Böll), Neffe des bekannten Literatur-Nobelpreisträgers, habe gerade das Büro seines Vaters übernommen, das sich auf die Planung von Krankenhäusern spezialisiert hat. Otmar sagt okay und Bolle stimmt zu.

Umgehend registriere ich mich für die algerischen Architektenliste, beschaffe ein Visum und sitze zusammen mit Bolle und Otmar schon bald im Flugzeug nach Dar-el-Beida. Von dort aus geht es mit der Eisenbahn 330 Kilometer weiter nach Setif. Wir fahren durch die gebirgige Kabylei hinauf zum grau-kahlen Hochplateau. Kein Strauch und Baum weit und breit. Unterwegs sehen wir frierende Männer in ihren grau-braunen Burnus. Ich schaue Bolle an. Bolle schaut mich an. Zusammen schauen wir Otmar an. Hier bleiben und arbeiten? Niemals! Otmar hingegen macht gute Miene zum bösen Spiel: „Los, Kinder. Das schaffen wir schon!"

Acht Stunden später sitzen wir endlich im Büro eines smart gekleideten Algeriers: Monsieur Benchikou ist in etwa so alt wie Bolle und ich und schon Chef-Ingenieur der regionalen Bauverwaltung. Otmar stellt uns vor: „Voilà, nos architectes allemands." Der Algerier greift nach dem Telefon, verlangt vom Bauministerium in der Hauptstadt Algier grünes Licht für unsere Beauftragung. Dann verdunkelt sich sein Gesicht; seine Stirn legt sich in Falten. „Wie? Was? Das geht doch nicht!", raunt er. Der Auftrag zum Bau der Krankenhäuser wurde bereits an einen französischen Architekten vergeben.

Ich bin irritiert, Otmar ist verärgert: „Wir haben uns quergelegt und keine Kosten gescheut, um hier in der Pampa Nordafrikas anzutreten. Und jetzt ein Flop!" Benchikou versucht uns aufzumuntern. Seine Region habe unzählige Möglichkeiten für Architekten, wir würden sicherlich sofort Aufträge finden. Dann ruft er eine junge deutsche Architektin in sein Büro. Frau Merbah soll uns bei der Auftragssuche unterstützen und uns morgen im Dienstwagen der Bauverwaltung begleiten. Otmars Mine hellt sich schlagartig wieder auf: „Seht ihr, alles halb so schlimm. Wir kommen ins Geschäft!" Mit Sicherheit könne er uns schon morgen zu unseren ersten Aufträgen gratulieren. Otmar, der geborene Optimist!

Und so beziehen wir unsere Zimmer im Hotel de France, dem nach wie vor besten Etablissement in den Arkaden der Hauptstraße von Setif. Am nächsten Tag bringt uns Frau Merbah ins Rathaus, wo wir den jungen Stadtarchitekten Bekhacem treffen. Er ist hocherfreut, uns kennen zu lernen und will uns umgehend in seinem dringlichsten Projekt einsetzen. Im neuen Industriegebiet von Setif soll eine Brillenfabrik, die Société Industrielle d'Optique et de Lunetterie Algérienne (SIOLA), entstehen. Die Errichtung und Inbetriebnahme ist mit Partnern aus dem baden-württembergischen Pforzheim vorgesehen. Bauherr des Projekts ist eine GmbH, die von Sétifer Geschäftsleuten gegründet wurde, und die zur Hälfte von der staatlichen Entwicklungsbank La caisse algérienne d'aménagement du territoire (CADAT) finanziert werden soll. Ein junger algerischer Optiker-Meister ist bereits nach Pforzheim gereist, wo er für seine künftigen Aufgaben geschult wird. Wir sollen ihm schon bald folgen und von dort aus alles Weitere planen.

Nächste Station unserer Akquisefahrt ist Bordj Bou Arreridj. Das Städtchen liegt rund 60 Kilometer auf der Hochebene westlich von Sétif. Fast jeder Lkw-Fahrer kennt den Ort an der Route Nationale. Er ist vor allem wegen seiner hochklassigen Metzger bekannt, die täglich hunderte von frisch geschlachteten Hammeln verkaufen. Im Rathaus treffen wir den Bürgermeister, der uns bei einer Tasse Tee herzlich willkommen heißt und gleich zur Sache kommt. Er möchte eine Raststätte mit angegliedertem Jugend-Sportzentrum und Schwimmbad bauen und gibt uns sofort den Planungsauftrag. Das Projekt erweist sich allerdings schnell als Flop und wird aufgrund fehlender Finanzierungsmöglichkeiten bereits nach der Vorplanung eingestellt.

Weiter geht es über Oued Soumam und Bejaja nach Tichy. Dort wartet bereits der nächste Auftrag: die Planung von 30 Wohnhäusern. Bolle schmunzelt und wünscht mir herzliches Beileid. Das könne ich ohne ihn erledigen. Otmar gratuliert derweilen telefonisch. Benchikou schließt sich an und sichert mir für meinen Arbeitseinsatz sechs Monate lang eine Hochhausetage zu, die ich kostenlos als Büro und Wohnung nutzen kann. Ich rufe Püppi an. Sie freut sich, unser ungeliebtes Domizil in Köln bald verlassen zu dürfen. Sie beginnt sofort mit Packen.

Im April 1970 ziehen wir nach Sétif. Sechs Monate lang wohnen wir in einer Hochhaus-Wohnung, bis wir im Privathaus des stadtbekannten Bäckers Rahmani eine dauerhafte Unterkunft finden. Auf die Rückseite eines zweckentfremdeten Autokennzeichens schreibe ich eigenhändig in blauer Schablonenschrift Bureau d'Architecture et d'Urbansime Dipl.-Ing. Guido Ast.

29 Jahre alt, ein eigenes Büro in einer 150.000 Einwohner-Stadt und einziger Architekt für einen Einzugsbereich von 1,5 Millionen Menschen – ich bin stolz. Da lobt selbst mein kritischer Vater: „Guido, du bist ein Pionier!"

Abb. 2. 8 Heinrich "Bolle" Böll im Hotel de France, Sétif, 1970

Abb. 2. 9 Heinrich "Bolle" Böll in Sétif, 1970

Abb. 2. 10 Die Hauptstraße von Sétif, 1970

Abb. 2. 11 Unser Dienstgebäude und Wohnung für die ersten 6 Monate in Sétif, 1970

Abb. 2. 12 Baustelle SIOLA, Sétif, 1970 - mit Bauherr und Bauleiter

Abb. 2. 13 Baustelle SIOLA, Sétif, 1970 - Spatenstich mit Bulldozer

Abb. 2. 14 Baustelle SIOLA, Sétif, 1970 - der Rohbau steht

Ankunft in einer neuen Welt

Während der Auflösung unserer Kölner Wohnung beschäftigte uns auch die Frage: Wie kommen wir und unsere Habe nach Sétif? Ein Auto musste her. Das Budget war begrenzt, mehr als 2.000 Mark waren nicht drin. Bei einem Gebrauchtwagen-Händler unweit der französischen Grenze wurde ich schließlich fündig: ein lindgrüner mittelalterlicher Peugeot 404 Break passt genau ins Budget. Damit sollte der gesamte Umzug über die Bühne gehen. Für uns drei bedeutete das, nur das Allernötigstes einzupacken.

Während der ersten drei Monate meines Arbeitseinsatzes sollte mich der französischsprachige Roger Gielson unterstützen. Nach seiner missglückten Karriere als Disk-Jockey begann er im Ingendaay-Büro eine Lehre als Bauzeichner. Gemeinsam mit ihm und seiner Frau, einer Friseuse mit breitem Köllschen Dialekt, sollte es eines Samstag Nachmittags losgehen. Wir waren gerade auf dem Weg zur Fähre Marseille-Algier, als wir in der Nähe der Grenze zum Elsass einen lauten Knall hörten. Es folgte ein ohrenbetäubendes Röhren. Wir hatten den Auspuff verloren. Von den 800 km hatten wir gerade mal 100 zurückgelegt. Toller Start in eine neue Welt.

Hilfe gab es an einer nahe gelegenen Raststätte. Ein Tankwart montierte uns einen Ersatzauspuff, den er sich zuvor von einer anderen Schrottmühle besorgt hatte. In Marseille angekommen, fuhren wir direkt zum Hafen und erblickten schon von weitem eine riesige Banderole: „CGTM- Grève Générale STREIK". Bis auf Weiteres waren keine Überfahrten nach Algier möglich. Eine Übernachtung in Marseille erschien uns zu riskant. Mit unseren voll bepackten Autos befürchteten wir, ausgeraubt zu werden. Wir entschieden uns für die kleine französische Gemeinde Cassis.

Die unerwarteten Ausgaben erschöpften unser Budget, unser Bargeld drohte zur Neige zu gehen. Für die Weiterreise überwies uns Otmar nochmals 2.000 Mark. Dann ging es nach fünf Tagen Wartezeit endlich wieder weiter. Die stürmische Überfahrt ließ Frau Gielsons Gemütslage auf Kellerniveau absacken: „Sch…. Algerien", motzte sie. Damit sprach sie auch uns aus der Seele.

In Algier zeigte sich schließlich das Ausmaß der wochenlangen Aprilstürme. Dauerregen hatte die Mitijda Ebene kniehoch überschwemmt, so dass sich unsere Autos die ersten 30 von 300 Kilometern gefühlt nicht schneller wie Amphibien-Fahrzeuge fortbewegten. Todmüde und mit unserer Tochter auf dem Arm strandeten wir schließlich in einer großzügigen 5-Zimmerwohnung, die wir uns die kommenden sechs Monate mit den Gielsons teilen sollten. Ein Highlight war der riesige Balkon, der den denkbar schönsten Panoramablick auf den Sahara-Atlas bot.

Abb. 2. 15 Ausblick auf die Sahara

Abb. 2. 16 Mein erster Mitarbeiter Roger Gielson (r.)

Planung und Bau der SIOLA Brillenfabrik in Sétif

Die Vorarbeiten für die Planung der SIOLA Brillenfabrik beginnen in Pforzheim. Zusammen mit dem Maschinenhersteller und dem bereits in Schulung befindlichen algerischen Optiker-Meister soll ich einen Vorentwurf samt Modell ausarbeiten.

Zur Vorbereitung bekomme ich eine silbern-kaschierte Werbebroschüre, auf der auch die Anschrift des vermeintlichen Weltunternehmens abgedruckt ist. Nach langem Suchen entdecke ich an einer Pforzheimer Einfahrtsstraße schließlich eine bescheidene Doppelhaushälfte. In der Garage nebenan werden kleine Fräsen zur Brillenherstellung produziert. Ein Weltunternehmen habe ich mir anders vorgestellt.

Der algerische Optiker ist erfreut mich zu sehen. Gemeinsam mit ihm erarbeite ich das Raumprogramm für die Brillenfabrik in Setif. Es erscheint mir übertrieben. Naiv verkenne ich die Motivation: Je höher die Kosten für Fabrik und Maschinen, umso größer der Kreditvorschuss durch die staatliche Entwicklungsbank CADAT, den die Brillenfabrik als vorgezogenen Unternehmensertrag so dringend braucht.

Zurück in Sétif richte ich mein neues Planungsbüro ein. Das Wohn- und Esszimmer unserer Wohnung misst rund 30 Quadratmeter und reicht für zwei Mitarbeiter. Zwei Türblätter auf Holzböcken werden kurzerhand zu Zeichentischen umfunktioniert.

Dann beginnen die ersten Planungsansätze. Zusammen mit meinem Kollegen Roger erstelle ich einen Erläuterungsbericht mit allen Angaben, die für die Beantragung von Baugenehmigung und Darlehensgewährung benötigt werden. Wir arbeiten täglich bis zu 16 Stunden. Die Bauherren zeigen sich beeindruckt von unserem Arbeitstempo. Nach drei Wochen zahlen sie die erste Honorarabschlagszahlung. Um schneller die Baugenehmigung zu erhalten, fahre ich mit den Plänen mehrfach die rund 300 Kilometer nach Algier. Dort treffe ich auch den einheimischen Kollegen Monsieur Arbib, mit dem ich die Fragen zur Statik kläre.

Das Gelände des neuen Industriegebiets ist noch unbebaut und nur durch ein Straßennetz erschlossen. Auf einigen Grundstücken stehen verlassene landwirtschaftliche Gehöfte sowie Nomadenzelte mit Schafsherden. Wir sind die ersten Störenfriede dieser ländlichen Idylle. Das Gelände der Brillenfabrik ist leicht abfallend. Dadurch können sämtliche Produktionsflächen auf die obere Ebene gelegt werden, während in der unteren Werkstätten und Verwaltung untergebracht werden können.

Eine Schwierigkeit des Projekts ist die Beschaffung der notwendigen Baustoffe. Vor allem Zement und Stahl sind knapp. Sie werden aus Brasilien, Spanien oder Rumänien importiert und so muss der Bauleiter meist quer durch Nord-Algerien fahren, um die LKW-Ladungen abzuholen.

Abb. 2. 17 Bei der Arbeit im neuen Planungsbüro

Abb. 2. 18 Türblätter auf Holzböcken, man muss improvisieren

Planung und Bau von 30 Wohnhäusern in Tichy

Tichy ist ein kleiner Küstenort und liegt rund zwei Autostunden von Sétif entfernt. Ein Felsvorsprung entlang der Küstenstraße führte zu seiner Entstehung. Von Sétif fahren wir rund 1.600 Höhenmeter durch gewundene Schluchten hinab, bis wir den Ort Souk el Tenine erreichen. Von dort geht es westwärts nach Cap Aokas.

In Tichy gibt es nur eine einzige Gaststätte, die Grande Terrasse. Daneben befinden sich ein großes Gemeindegebäude mit Festsaal und unser Gelände für die 30 geplanten Wohnhäuser. Geht es nach den Vorstellungen des Bürgermeisters, sollen die Bauten in Strandnähe ganze Kolonien von Dauergästen anziehen.

Wir kommen mit der Planung schnell voran. Bereits nach sechs Monaten beginnt die Ausschreibung mit anschließender Vergabe der Bauarbeiten. Mit der Lage im Ortszentrum und in unmittelbarer Nähe zum Mittelmeerstrand erfreut sich das Projekt großer Beliebtheit. Weil die Häuser verschachtelt sind und Innenhöfe haben, werden sie vor allem den Wohnansprüchen algerischer Großfamilien gerecht, insbesondere auch den Frauen, die gerne im Freien sitzen und dabei vor den Augen der Öffentlichkeit verborgen bleiben sollen.

Abb. 2. 19 Wohnungsbauprojekt in Tichy

Abb. 2. 20 Unterwegs von Sétif nach Tichy

Planung und Bau eines Forschungs- und Verwaltungszentrums für die Société Nationale des Matériaux de Construction (SNMC)

Nach den beiden Großprojekten in Sétif und Tichy gehen täglich neue Anfragen zu Privathausbauten und Gebäudeerweiterungen bei uns ein. Einige Bauherren haben wenig Geld und wollen sogar mit Teppichen zahlen.

Mein algerischer Kollege Monsieur Arbib zieht schließlich einen weiteren Großauftrag an Land. Bourmerdes liegt an der Mittelmeerküste und rund 30 Kilometer östlich von Algier. Dort soll ein Forschungs- und Verwaltungszentrum für den nationalen Baustoffverband, die Société Nationale des Matériaux de Construction (SNMC), entstehen.

Wir planen eine Eingangshalle mit darüber liegenden zweigeschossigen Kopfbauten. Diese sind miteinander verbunden und sollen zukünftig die Verwaltung und Forschung beherbergen. Wir planen auch Innenhöfe, hinter denen Hallen für die Materialprüfanstalt liegen sollen. Monsieur Arbib stellt den Kontakt zu den Auftraggebern in Algier her. Sie sind mit unseren Plänen einverstanden und schon bald beginnt der Bau.

Nach und nach erhalten wir immer mehr Anfragen. So möchte beispielsweise ein Gesellschafter der SIOLA in der Sétifer Industriezone noch eine Fabrik für Bodenfliesen in Betrieb nehmen, für die wir einen Lageplan zeichnen. Ein Schuldirektor beauftragt uns mit einem Bebauungsplan und bestellt für sich selbst gleich noch einen Entwurf für ein Wohnhaus, das den Charakter eines Schwarzwald-Hofes wiedergeben soll. Als ich meine Zweifel äußere und ihn darauf hinweise, dass sich die Bauweisen im Schwarzwald nicht für die klimatischen und sozialen Gegebenheiten der Sétifer Region eignen, lässt er das Vorhaben glücklicherweise sausen.

Abschied von Sétif

Unser erster Abschied aus Algerien war emotional aufwühlend. In den 16 Monaten in Sétif hatten wir viele neue Freundschaften geschlossen und Menschen lieb gewonnen. Vor allem unsere Hausmitbewohner, die Kinderscharen und die guten Couscous-Gerichte würden wir sehr vermissen.

Für uns hieß es nun, erst einmal wieder nach Deutschland zurückzukehren. Ich hatte ein Stipendium für das Deutsche Institut für Entwicklungspolitik (DIE) in Berlin erhalten. Mit der Übergabe meines Büros an UNIPLAN hatte ich vor unserer Abreise dafür gesorgt, dass die drei Hauptprojekte SIOLA, Tichy und SNMC fortgeführt und fertiggestellt wurden.

Wir feierten ein rauschendes Abschiedsfest mit vielen Freunden. In einem ländlichen Gehöft neben einer Mühle gab es einen ganzen Hammel am Grill. Unser Straßenbäcker hatte ihn zuvor in seinem Ofen mit Butter und Ras el Hanout vorgegart. Die traditionelle Gewürzmischung kommt ursprünglich aus Marokko und besteht unter anderem aus Zimt, Nelken, Ingwer, Anis, Rosenblütenblättern und Paradieskörnern.

Am Vorabend unserer Abreise besuchte uns der Bauleiter der SIOLA. Er hatte einen riesigen, dunkelroten, von seiner Mutter handgeknüpften Hochflorteppich dabei, den er uns zum ewigen Gedenken an unsere Freundschaft schenken wollte. Ich war gerührt, aber auch ein wenig ratlos. Wie sollten wir den Teppich nur nach Deutschland transportieren? Unser Auto war bereits bis auf den letzten Kubikzentimeter vollgestopft. Der Bauleiter bestand auf die Annahme seines Geschenks. Also packte ich das Riesenteil aufs Dach und tauschte es in Bordj Bou Arreridj schließlich für zwei kleinere Kelims ein.

Abb. 2. 21 Kopfbauten des SNMC

Abb. 2. 22 Freunde und Nachbarskinder zu Gast bei uns

1971 - 1972

Studium der Entwicklungspolitik am Deutschen Institut für Entwicklungspolitik (DIE) Berlin mit Arbeitsaufenthalt in Bolivien

Das Stipendium am Deutschen Institut für Entwicklungspolitik (DIE) in Berlin ist begehrt und wird jährlich nur an 30 besonders qualifizierte Bewerber vergeben. Die Stipendiaten müssen mindestens zwei Fremdsprachen beherrschen und bereits Auslandserfahrung in Entwicklungsländern mitbringen. Es ist für mich ein besonderes Erfolgserlebnis, einer der Auserwählten zu sein.

Nach dem turbulenten Umzug von Sétif nach Berlin werde ich in der Hauptstadt schon bald mit der nächsten Herausforderung konfrontiert: Wo wohne ich mit Frau und Kind? Clio ist mittlerweile fünf Jahre alt. Weil ich mit wenig Geld auskommen muss, wohnen wir wahlweise im Haus meiner Eltern in Karlsruhe sowie in drei Berliner Wohnungen, die uns liebe Freunde zur Zwischennutzung überlassen. Und so hüten wir zunächst das WG-Zimmer unserer Freunde Renate und Bernd in der Habsburgerstraße in Berlin-Schöneberg. Beide sind zu dieser Zeit gerade auf Indienreise. Danach geht es weiter in die WG eines Architekturstudenten, bis wir schließlich in die Wohnung von Inges Kollegin nach Zehlendorf ziehen. An der Krummen Lanke, einem nahe gelegenen See, absolviere ich mein tägliches Lauftraining. Die Streifzüge durch die Berliner Wohnungen haben auch ihre Vorteile - wir lernen innerhalb kurzer Zeit viele Stadtteile kennen.

In das Studium der Entwicklungspolitik ist auch ein dreimonatiger Arbeitsaufenthalt in Bolivien integriert. Unsere Arbeitsgruppe besteht aus sieben Studenten und wird von einem hochbegabten Sozialökonomen geleitet. Stefan Musto ist halb deutsch, halb ungarisch, spricht fließend Spanisch und führt uns hoch motiviert durch unsere Feldstudien in den Regionen La Paz, Cochabamba und Santa Cruz de la Sierra.

Wir fliegen von Berlin über Miami, legen einen kurzen Zwischenstopp im tropisch-schwülen Guayaquil am Pazifik ein und landen schließlich in Lima. Die peruanische Hauptstadt hat einen kolonialen Stadtkern, schicke grüne Wohnviertel und gigantische Vorstädte. Aufgrund des kalten Humboldtstroms bilden sich über der Stadt häufig feucht-kühle Luftmassen, die zusammen mit dem Zivilisationssmog einen grauen Himmel erzeugen.

Wir verbringen ein paar Tage in Lima, um mit Experten der UNESCO unser bolivianisches Arbeitsprogramm zu diskutieren. Dann geht es mit dem Flieger weiter über die Cordillera und den Titicacasee bis auf das Hochland Boliviens. Wir landen unweit von La Paz, dem höchstgelegenen Regierungssitz der Welt. Die 4.000 Höhenmeter machen sich schon beim Verlassen des Flugzeugs bemerkbar. Die dünne Luft zwingt uns unweigerlich zu einer langsameren Gangart. Die Fahrt zu den ersten Aussichtspunkten beschert uns einen Weitblick über das Meer der vielen Blechdächer, die im Sonnenschein glitzern. Dank Stefan Mustos Verhandlungsgeschick kommen wir zum Studententarif im noblen Hotel Sucre unter. Bei einem Gläschen Pisco, ein Weinbrand aus Traubenmost, weiht er uns gleich in die hiesigen Trinksitten ein.

Unser Arbeitsprogramm befasst sich mit dem bolivianischen Landschulwesen. Mit verschiedenen Vertretern der Nationalregierung diskutieren wir eine Reform von Verwaltungs- und Rechtsgrundlagen, beschäftigen uns mit den Lehrinhalten von Lehrerbildungsstätten und Primärschulen, der Verbesserung von Lehrmaterialien, baulichen und materiellen Voraussetzungen bis hin zur Produktion von geeigneten Schulmöbeln. Während unseres Aufenthalts in La Paz unternehmen wir auch ausgedehnte Rundreisen zu den Schulen in den höher gelegenen Valles (Tälern). Ein besonderes Vergnügen ist dabei der Besuch der bunten Märkte und Fiestas, die das bolivianische Leben sowohl in der Stadt als auch auf dem Lande so liebenswert machen.

Weiter geht es mit der Eisenbahn durch die Valles bis nach Cochabamba. Dort besuchen wir eine Fortbildungsstätte für Lehrer und ein Dutzend kleinerer Landesschulen, die wir bei der baulichen Verbesserung ihrer Gebäude unterstützen. Bei der Frage um die Errichtung von Klassenräumen entwickle ich einen Entwurf für ein vorgefertigtes Schulbausystem. Die Klassenzimmer sind dabei wie eine Art Baukasten aufgebaut und bestehen aus Stützen, Trägern, Wand- und Deckenelementen sowie Türen und Fenster. Sie sollen später von der Landbevölkerung in Eigenregie errichtet werden. Die anderen Studierenden befassen sich mit den rechtlichen, administrativen und pädagogischen Aspekten.

In der kleinen Ortschaft Paracaya spielt plötzlich meine Gesundheit nicht mehr mit. Ich erklimme eine kleine Anhöhe, will Fotos machen, als mich plötzlich kolikartige Schmerzen in der Leistengegend plagen. Ich vermute Nierensteine, die ich bereits zu Kölner Zeiten hatte. Ich werde sofort ins nächste Krankenhaus gefahren. Das Wartezimmer ist proppenvoll. Die Schmerzen hingegen werden von Mal zu Mal schlimmer. Als Notfall werde ich in eine nahegelegene, amerikanische Klinik gefahren. Der eilig herbeigerufene Urologe bestätigt meinen Verdacht auf Nierensteine. Nach der Behandlung mit dem Katheter geht es zum Glück bald wieder Berg auf.

Unser weiteres Arbeitsprogramm führt uns schließlich in die Städte Portachuelo, zu Deutsch Himmelstor, und nach Santa Cruz de la Sierra. Letztere ist die wohlhabendste Stadt in Bolivien und strahlt noch kleinstädtischen Charakter aus. Das Nachtleben konzentriert sich rund um die Plaza Mayor, auf der die jungen Mädels und Kerle mit feurigen Blicken flirten. Wir steigen in einer kleinen Pension ab, in der einst auch Che Guevara genächtigt hat. Ich habe die Ehre, im gleichen Bett zu schlafen.

Nach drei Monaten kehren wir schließlich zurück nach La Paz und stellen dort dem Erziehungsministerium unsere Arbeitsergebnisse vor. Die Feldstudien und die vielen Eindrücke machen den Aufenthalt in Bolivien zu einer meiner lehr- und erlebnisreichsten Lebensphasen.

Abb. 2. 23 Clio mit 5 Jahren

Abb. 2. 24 Besuch der Eltern in Bou-Saada, 1971

Abb. 2. 25 Kurzaufenthalt in Santa Cruz de la Sierra, Bolivien…und ein Tukan

Kita-Sozialismus auf Berliner Art

Während meines Studiums in Berlin ging unsere Tochter Clio drei Monate lang in die Kita des Evangelischen Studentenheims in Grunewald. Wunderschön in sattes Grün eingebettet, hatte der Kindergarten Platz für rund sechzig Kinder. Zur Zeit unserer Aufnahme war allerdings gerade mal ein dutzend Kinder von allein erziehenden und BAföG-berechtigten Studentinnen untergebracht. Weil mir mein Stipendium am DIE rund 900 Mark einbrachte und Inge mit ihrem Nebenjob noch etwas dazuverdiente, wurden wir sofort als Kapitalisten eingestuft und zahlten entsprechend mehr.

Die Kinder wurden von einer Kindergärtnerin betreut. Abwechselnd halfen dabei auch die Eltern aus, so dass sich stets zwei Personen um die kleine Schar kümmerten. Ein Elternbeirat diskutierte wöchentlich die Programmgestaltung. Die Sitzungen gingen meist bist tief in die Nacht und sollten sicher stellen, dass die Erziehungsarbeit auch in den richtigen „sozialistischen" Bahnen verlief. So wurde beispielsweise ein Spiel unter dem Namen „Arbeiter gegen Kapitalisten" eingeführt, bei dem die roten Figuren die guten Arbeiter waren, während die schwarzen die bösen Kapitalisten symbolisierten.

Eines Tages entbrannte ein Streit um die Frage, ob die Kinder nicht auch mal einen Tag lang ihre Insel der Glückseligkeit verlassen sollten, um Spielplätze in weniger privilegierten Stadtvierteln, beispielsweise Kreuzberg, kennenzulernen. Die Mehrheit der Eltern war dagegen. Es wäre moralisch nicht vertretbar, die Kinder einem derartigen Kulturschock auszusetzen. Im Gegenzug schlugen sie vor, die Kreuzberger Kinder doch lieber zu uns einzuladen. Die Meinungsgegner lehnten wiederum die Alternative ab. Schließlich könne dies bei den ärmeren Kindern zu Neid und Eifersucht führen.

Als Inge und ich zuletzt vorschlugen, den Kindergarten grundsätzlich mehr zu öffnen, damit auch „normale" nichtstudierende Bürger Zugang hätten, drohte man uns mit dem Rauswurf. Eine Lektion gelebter Sozialismus auf Berliner Art.

Jobsuche in Marokko

Auf der Rückreise von Bolivien ergab sich spontan die Möglichkeit, Zwischenstopps in Santiago de Chile, Buenos Aires, Rio de Janeiro und Casablanca einzulegen. Nie hätte ich erahnt, wie gigantisch die Städte Lateinamerikas um ihre kleinen kolonialen Kerne gewachsen sind. Die städtische Kultur im Inneren kontrastierte mit den rasant wachsenden Randzonen, den ausufernden Favelas.

Casablanca fand ich besonders beeindruckend und so erkundigte ich mich, welche Arbeitsmöglichkeiten es dort für einen deutschen Architekten wie mich gab. Dazu fuhr ich in das Büro der Architektenkammer und traf einen pensionierten Sekretär. Er saß vor einer großen Tafel, die alle ehemaligen und übrig gebliebenen Kammermitglieder auflistete. Ein Bild, das Bände sprach: Nur noch zehn Prozent der ehemaligen Architekten arbeiteten noch dort.

Auf meine Anmerkung hin, dies sei doch ideal für junge Leute wie mich, meinte der Sekretär: „Es ist leicht, hier Arbeit zu finden. Aber hoffnungslos, ein Honorar dafür zu erhalten". Ein wenig entmutigt fuhr ich weiter zur Deutschen Botschaft nach Rabat und traf dort einen ehemaligen Mitarbeiter des DIE. Ich stellte erneut Fragen zu meinen Berufschancen und wurde weiter an das Tourismus-Ministerium verwiesen. Dort wiederholten sich die düsteren Einschätzungen der Berufschancen.

Nach den Zwischenstopps in Casablanca und Rabat fuhr ich mit Überlandbussen weiter nach Marrakesch. Vielleicht sah es da ja besser aus. Unterwegs lernte ich einen marokkanischen Studenten kennen, der ebenfalls mit dem Bus fahren wollte aber kein Geld mehr hatte. Ich bezahlte ihm seine Fahrkarte. Im Gegenzug ließ er mich einige Tage in seiner Wohnung übernachten, die inmitten eines historischen Stadtviertels in Marrakesch lag.

Bei der Gelegenheit wollte er mir auch gleich noch einen Teppich verkaufen und stellte mich entsprechenden Händlern vor. Die Männer gaben sich redlich Mühe, mich zum Kauf zu bewegen und senkten ihren Preis von Mal zu Mal – bis zuletzt auf gerade mal zehn Prozent ihrer anfänglichen Preisforderung. Doch blank wie ich war, besaß ich noch nicht einmal dafür genügend Geld. Als ich mich schließlich verabschiedete, wurden sie wütend. Trotz stundenlanger Verhandlungskünste und vieler Tassen Gratiskaffee hatten sie es nicht geschafft, mich zum Kauf zu bewegen.

Nach ergebnisloser Jobsuche in Marokko und mit leerem Portemonnaie kehrte ich im Februar 1972 ins winterliche Deutschland zurück. Inge nimmt mich in Empfang und offenbart mir sogleich, dass auf ihrer ersten Autobahnfahrt nach München die Windschutzscheibe von einem Eisklumpen zersplittert wurde.

1972

Fachberater Bundesstelle für Entwicklungshilfe (BfE) Frankfurt/Main

Mitte 1972 endet mein Studium. Als Ehemann und Vater brauche ich dringend einen festen Job. Das DIE ist behilflich und versendet die Bewerbungsunterlagen sämtlicher Absolventen an die wichtigsten entwicklungspolitischen Arbeitgeber, darunter auch an das Auswärtige Amt.

Ich zaudere, ob ich als Diplomat in den Auswärtigen Dienst gehen soll. Da ich befürchte, in einer solchen Laufbahn das kreative Element einer Architekten- und Planertätigkeit einbüßen zu müssen, entscheide ich mich dagegen. Stattdessen nehme ich Alternativen ins Visier: Das Bundesministerium für wirtschaftliche Zusammenarbeit und Entwicklung (BMZ), die Bundesstelle für Entwicklungshilfe (BfE), die Kreditanstalt für Wiederaufbau (KfW), die Vereinten Nationen und die Weltbank. Ich bewerbe mich auf eine Stelle als Stadtplaner in Maseru (Lesotho) und für ein Forschungsvorhaben in Lusaka (Zambia). Trotz eines endlosen Briefwechsels wird nichts aus beiden Bewerbungen, und so sitzen Püppi, Clio und ich zunächst in Karlsruhe fest. Nach zwei Monaten dann der befreiende Anruf von Herrn Habenicht aus dem BMZ in Bonn. Er meldet sich im Auftrag des Soziologen Lutz Bähr, der für die Bundesstelle für Entwicklungshilfe (BfE) einen Fachberater zur Vorbereitung auf ein größeres algerisches Stadtentwicklungsprojekt COMEDOR sucht. Die Stelle ist zunächst auf sechs Monate befristet. Weil Püppi mit Clio in Karlsruhe bleiben wird und ich die Pendelei nicht täglich auf mich nehmen will, miete ich mir ein einfaches möbliertes Zimmer am Eschelbronner Tor unweit des Frankfurter Büros der BfE.

Lutz Bähr hat in Polen und Algerien studiert und ist dadurch noch immer emotional mit beiden Ländern verbunden. Was das Projekt betrifft, ist rein gar nichts vorhanden, außer der vagen Vorstellung, zwischen beiden Ländern und Deutschland eine Art Dreiecks-Kooperation aufzubauen, auf deren Grundlage ein Projekt zur Stadtentwicklungs-planung für den Grossraum Algier entstehen soll. Seine ehemalige Studienkollegen Herr Stöber und Dr. Schuhmacher, Gründer der IDC Heidelberg Beratungsgesellschaft für Stadt- und Regionalentwicklung mbH, will Bähr ebenfalls mit ins Boot holen. Bei der Projektkonzeption habe ich es nicht leicht, den Wünschen der Ideengeber gerecht zu werden.

Die erste Erkundungsreise nach Algier übernehme ich gemeinsam mit Dr. Schuhmacher. Am Boulevard des Martyrs treffen wir Oud Henia, Direktor der COMEDOR auf algerischer Seite, mit dem wir eine Woche lang Ideen zur integrierten Stadtentwicklung schmieden.

Abb. 2. 26 Abreise nach Algier

1973 - 1976

Sachverständiger für Wohnungsbau und Stadtentwicklung (COMEDOR) in Algier

Ende 1972 läuft mein sechsmonatiger Fachberaterjob aus. Kurz vor Vertragsende ist noch immer nicht klar, wie es für mich bei COMEDOR weitergeht. Weil ich nicht arbeitslos in der Warteschleife landen will, bewerbe ich mich schon mal vorsorglich beim Büro für Führungskräfte Internationaler Organisationen (BFIO) für eine Stelle als regionaler Tourismusplaner auf den karibischen Inseln St. Kitts, Nevis und Anguilla. Nach Zitterpartien und wöchentlichen Rückfragen zur Statusliste erhalte ich schließlich die Zusage. Die Flugtickets und UN-Passvordrucke sind bereits unterwegs.

Ich rufe Dr. Eylers an, Leiter der Abteilung Infrastruktur an der BfE, und informiere ihn, dass ich COMEDOR endgültig verlassen werde. Da ruft er: „Halt! Sie gehen doch für uns nach Algerien!“ Er sagt für mich beim UN-Recruitment Office ab – und hat noch eine Überraschung parat: Ich soll das Projektteam leiten. Ich zweifle, ob ich die Funktion übernehmen soll. Die ausgewählten Mitarbeiter sind größtenteils älter und erfahrener als ich. Die Teamleitung möchte ich lieber einem anderen Architekten überlassen. Eberhard Wissinger übernimmt schließlich den

Posten. Ich hingegen nehme mich der Aufgabe als Sachverständiger für Wohnungsbau und Stadtentwicklung an.

Zur Vorbereitung auf den Auslandsaufenthalt werden wir an die Deutsche Stiftung für Entwicklungsländer (DSE) nach Bad Honnef geschickt. Wir bekommen eine Einführung in die Länderkunde Algeriens und erfahren allerlei Wissenswertes rund um die Entwicklungszusammenarbeit. Ich lerne Arabisch, Konfliktmanagement, und zielorientierte Projektplanung. Püppi lernt währenddessen Französisch und Clio kommt in den Kindergarten in Bad Honnef. Die Unterzeichnung des Projektabkommens lässt währenddessen auf sich warten. Immer wieder fragen wir uns: Wann reisen wir wieder nach Algerien?

Nach fast drei Monaten Vorbereitungsseminar ist es dann soweit. Mit unserem gebrauchten silberblauen R16 fahren wir drei erneut in Richtung Marseille, wo wir mit der Fähre nach Algier übersetzen. Bis man uns eine Wohnung zuweist, kommen wir bei einem Franzosen im Stadtteil Kuba unter. Es folgt das Angebot einer renovierungsbedürftigen Wohnung unweit des Place Addis Ababa. Das Gebäude wurde in den 50er Jahren ursprünglich für französische Beamte gebaut. Wir sagen zu und streichen sie farbenfroh in Blau und Gelb. Zum täglichen Verkehrslärm gibt es immerhin eine schöne Aussicht über die Algierbucht. Meine Kollegen trifft es da schlimmer. Sie müssen in unfertige Sozialbauten am stinkenden Flusstal Oued El-Harrach einziehen. Der Teamleiter Eberhard Wissinger erhält dagegen ein Luxusappartement. Es entstehen sofort Neidgefühle, dann offener Streit.

Die algerischen Gruppenleiter Aroul und Sidi Boumedine weisen uns umgehend den Abteilungen der COMEDOR zu. Damit werden wir gleich zu Schafen in einer größeren Herde. Eine 15-köpfige Gruppe aus Warschauer Professoren soll das neue sozialistische Algier schaffen. Und was sollen wir tun? Integrierte Stadtentwicklung ade? Während der Konzeptionsphase kommt es zu einem Gerangel mit den polnischen Kollegen sowie deutschen und englischen Verkehrs- und Wasserversorgungsplanern. Man sucht verzweifelt verschwundene Unterlagen.

Es folgen weitere Planungsschwierigkeiten und Unstimmigkeiten mit der Stadtverwaltung. Statt mit uns zu kooperieren, blockiert man uns. Teilen und herrschen ist auch bei der COMEDOR Praxis. Weil immer mehr Mitarbeiter beschäftigt werden, wird allmählich auch der Platz in den Büros knapp. Wir ziehen mehrmals um. Einer davon führt in die türkische Villa Lakhdaria. Nicht lange können wir dieses Privileg genießen. Kurze Zeit später geht es auch hier wieder raus und wir beziehen karge Büros in einer seelenlosen Betongarage.

Das Aufsichtsgremium des Präsidialamtes weist uns zuletzt das Quartier Diplomatique am Ostende der Bucht von Algier zu. Die Gegend ist Sitz mehrerer ausländischer Botschaften und lässt sich mit dem Tiergartenviertel in Berlin vergleichen. Unsere Aufgabe ist es, dort eine nachhaltige und lebensfähige Stadt zu entwickeln. Unser Team wächst schnell zu einem Multikulti-Verein heran. Es arbeiten italienische Jungarchitekten aus Venedig, Florenz, Bologna und Ravenna mit, die hier ihren Militärdienst umgehen wollen. Zwei Brasilianer Nelson und Dino werden ebenfalls rekrutiert. Mehrere hoch qualifizierte Chilenen, die nach dem Sturz des chilenischen Präsidenten Salvador Allende vertrieben wurden, gelangen über Umwege zu uns. Sie alle brennen für ein sozialistisches Algerien, doch die Schikanen der hiesigen Bürokratie dämpft gehörig das Feuer der Begeisterung.

Der algerische Papierkrieg, der Ärger beim Geldtransfer, die Probleme bei der Autozulassung und die privaten Einschränkungen hinterlassen auch bei uns Spuren. Wir sind gefangene Experten und dürfen nur mit algerischer Urlaubsgenehmigung nach Hause.

Abb. 2. 27 Schulungszentrum in Bad Honnef

Abb. 2. 28 Unsere Aussicht in Algier

Abb. 2. 29 Das COMEDOR Team 1975. In der Mitte: Monsieur Aroul

Abb. 2. 30 Marcello (l.), Guiseppe (m.) und Pier (r.)

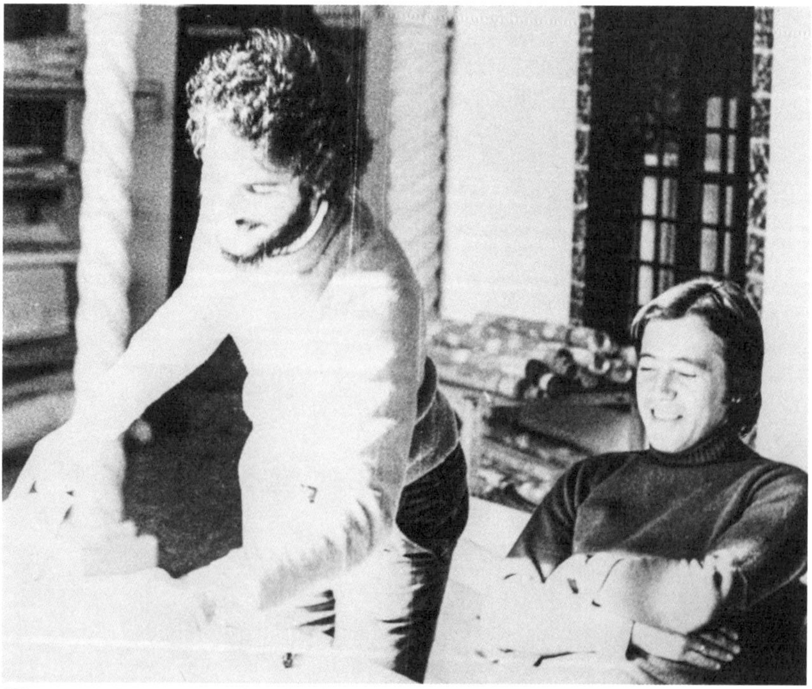

Abb. 2. 31 Mit Cooperant Marcello in der Villa, 1975

1975 - 1976

Planung des Parc National Zoologique et de Loisirs in Ben Aknoun

1975 bürdet mir Oud Henia, einer der beiden algerischen COMEDOR-Chefs, ein Zusatzprojekt auf. Es handelt sich dabei um die Planung eines Volksparks und zoologischen Gartens. Eine kleine, unbezahlte Nebentätigkeit, die ich quasi mit einer Hand mit erledigen könne.

Während ich mich sonst mit dem Bau von Wohnungen für Menschen beschäftige, kommen hier Tiere mit ins Spiel. Der Auftrag liegt somit außerhalb meiner offiziellen Arbeitsbeschreibung als Sachverständiger für Wohnungsbau und ich bin mir nicht sicher, ob ich dieses Projekt überhaupt übernehmen darf. Gehe es nach Oud Henia, soll ich gleich bei meinem nächsten Heimatbesuch Recherchen anstellen und Unterlagen unter anderem zum Frankfurter Zoo und den Zoologischen Gärten in München, Brüssel und London zusammentragen.

Auslöser des Zusatzprojekts war eine erst kürzlich abgehaltene Algerien-Konferenz, an der rund 80 Entwicklungsländer teilnahmen. Mehrere afrikanische Delegationen und Regierungschefs hatten dem algerischen Präsidenten Houari Boumedienne als Gastgeschenk wilde Tiere mitgebracht. Da der bestehende Zoo stark heruntergekommen war, fanden die Tiere keine angemessene Bleibe. Auf keinen Fall durfte man jedoch die Löwen, Tiger, Elefanten, Gorillas oder Nashörner zurückweisen oder gar riskieren, dass sie beim nächsten Besuch der großzügigen Spender verendet waren und so beschloss der Präsident kurzerhand, einen neuen Zoo zu schaffen.

Der neue Parc National Zoologique et de Loisirs soll rund 350 Hektar groß sein und auf den stadtnahen Hügeln von Ben Aknoun, dem höchsten Teil von Algier, erbaut werden.

Nachdem die algerische Armee mit der Planung überfordert ist, landet das Projekt auf meinem Tisch. Eine derartige Aufgabe zu übernehmen ist allerdings nicht nur herausfordernd und schweißtreibend, sondern für einen einzelnen Verantwortlichen auch unmöglich. Um Oud Henia aber nicht sitzen zu lassen, verbringe ich meinen ganzen Urlaub mit Recherchen zu den bekanntesten europäischen Zoos. Ich suche nach Informationen zu räumlicher Gestaltung, Bauten, Jahresbudgets und Personalmanagement. Weil es noch kein Internet gibt, zieht sich die Suche ordentlich in die Länge. Die Zoos kontaktiere ich direkt; einige davon übermitteln mir ihre umfangreichen Jahresberichte.

Schließlich kann ich noch einen Spezialisten in Tunesien ausfindig machen. Auf meiner Rückreise von Deutschland nach Algerien lege ich bei ihm einen kleinen Zwischenstopp ein. Herr Müller wohnt in Carthago und hat bereits für die tunesische Regierung ein großes Naturschutzgebiet angelegt. Interessant ist allerdings auch, wie er seine Freizeit verbringt: Er züchtet Sandvipern. Das Gift der kleinen Schlangen hat auch eine medizinische Wirkung. Jeden Tag nach seinem Mittagsschlaf geht Müller zu den Terrarien in seinem Keller, packt jedes Tier einzeln mit zwei kleinen Hölzern und drückt so lange, bis sie ihr Gift freigeben. Die Flüssigkeit lässt er in Reagenzgläser tropfen und trocknen. Am Ende wiegt er es ab und verkauft es grammweise an die deutsche Pharmaindustrie. Das Melken der Schlagen ist nur eine seiner ungewöhnlichen Nebenbeschäftigungen. Müller betreibt auch eine Straußen- und Krokodilfarm und lässt Skorpione fangen, die er schließlich trocknet und in Schlüsselanhänger verarbeitet.

Zurück in Algier haben die Militärs bereits begonnen, das ausgewiesene riesige Parkgelände einzuzäunen. Nun überkommt den Präsidenten Boumedienne noch eine spontane Idee. Er will auf dem Gelände ein Gästehaus errichten. Das Gebäude soll einer Dschungel-Lodge nachempfunden werden, in die er während einer Reise von Fidel Castro selbst eingeladen worden war und die ihn sehr beeindruckt hatte. Das Gästehaus ist auf einem Felsvorsprung geplant, unter dem ein künstlicher Stausee angelegt werden soll. Damit die zukünftigen Gäste ihr Essen selbst angeln können, dürfen natürlich die Fische nicht fehlen.

Die Ergebnisse meiner Zoorecherchen fasse ich in einer kleinen Broschüre zusammen und lege sie schließlich Oud Henia vor. Dabei versuche ich ihm auch klar zu machen, dass damit das Ende meiner Beschäftigung gekommen ist. Bei der Gelegenheit weise ich ihn nochmals auf die immensen Kosten des Projekts hin. Das alles hilft nichts. Er beharrt fest auf seiner Idee, gibt mir mehrere Mitarbeiter und besteht darauf, dass ich das Projekt weiter ausarbeite..

Abb. 2. 32 Beteiligte des Projekts "Parc National Zoologique et de Loisiers" in Ben Aknoun

Auch Tiere kennen Wohnungsnot

Monatelang saß ich an den Planungsarbeiten für den neuen Zoo. Eine richtig investierte Zeit, selbst wenn ich bei seiner Eröffnung längst nicht mehr im Land war. Viele Jahre später saß ich eines Tages im Raucherabteil im Zug. Ich war gerade auf der Rückreise von Paris nach Heidelberg, als sich mir ein algerisch aussehender Mitreisender gegenüber setzte. Er hielt eine Zigarettenpackung der Marke Afras in den Händen. Das weckte Erinnerungen in mir, hatte ich die Zigaretten während meiner Zeit in Algerien doch selbst geraucht. Ich packte die Gelegenheit beim Schopf und sprach ihn an. Dabei fragte ich ihn auch, ob es denn mittlerweile neue Attraktionen in Algier gäbe. „Ja", antwortete mein Gegenüber. Die Stadt hätte nun auch einen Volkspark, der sich zu einem beliebten Ausflugsziel an den Wochenenden entwickelt habe. Da freute ich mich von Herzen! Ich erklärte ihm, dass ich einer der Planer des Parks war. Er war sehr überrascht. Natürlich wurde der Volkspark innerhalb des Landes nur den Großtaten seines großen Führers Houari Boumedienne zugeschrieben. Dann rauchten wir gemeinsam eine Afras.

1976

Abschied

Immer wieder werde ich für weitere Sonderaufgaben herangezogen und damit zeigt sich auch die Grundproblematik eines jeden Einsatzes in der Entwicklungshilfe: die Zweckentfremdung des Personals. Als Einzelkämpfer wird man sprichwörtlich genötigt, Sonderaufgaben für die Entsende- oder deren Partnerorganisationen zu übernehmen. Einige davon sind unentgeltlich. Sogar die GTZ schreckt nicht davor zurück, mich zweckzuentfremden. Ich werde beauftragt, den Bau eines Ausbildungszentrums für Forstwirte in der Region Batna (Bouhmama) zu planen.

Nach drei Jahren COMEDOR frage ich mich: Vertrag verlängern oder gehen? Die Antwort fällt nicht leicht und liegt auch nicht allein in meinen Händen. Als ölreiches Schwellenland muss Algerien die Experten selbst bezahlen. Finanzielle Zuschüsse können allenfalls durch das neu gegründete Centrum für Internationale Migration (CIM) erfolgen. Die Entscheidung zieht sich und ich halte vorsichtshalber schon mal nach Alternativen Ausschau. Ich bewerbe mich für ein Bauprojekt von Gewerbeschulen in Saudi-Arabien und auf eine Stelle in Kenia. Die University of Nairobi sucht einen Forschungsbeauftragten.

Ein Telegramm beendet schließlich das quälende Abwägen. Auf blauem Briefpapier schickt die Universität einen Arbeitsvertrag per Post. Kurze Zeit später kommt das „Go“ für den CIM-Zuschuss und die Vertragsverlängerung der COMEDOR. Die Wahl fällt auf Kenia. Die Direktoren Oud Henia und Tazir sind sauer: Was habt ihr gegen Algerien?

Die Entscheidung steht fest, wir wollen weiterziehen. Es folgen Haushaltauflösung und Abreise zur Fähre nach Marseille. Auf dem Autodach unseres Autos thronen Garderobenständer. Püppi und ich stehen auf der Fähre, blicken auf das Amphitheater von Alger la Blanche und über die weißen Schaumkronen auf dem tintenblauen Mittelmeer. Ein Aufatmen. Wir lieben Algerien, hassen jedoch die Schikanen der algerischen Bürokratie und den Scheinsozialismus.

Zurück in Karlsruhe kaufen wir einen alten VW-Kastenwagen und lassen ein Bett mit Sitzbank einbauen. Darunter wird ein kleines Schiebetürchen montiert, hinter dem wir unsere Wasservorräte in orangenen Plastiktanks und einen Minikühlschrank bunkern. Der Bus wird schließlich vorweg nach Mombasa, den nächstgelegenen Hafen von Nairobi geschickt. Ein Wohnmobil im Lieferwagen-Look und low profile: Wir sind gerüstet für die nächste Welt!

Abb. 2. 33 Mit Freunden in Algier

Abb. 2. 34 Abreise nach Deutschland 1976, mit Garderobenständern auf dem Dach (links im Bild)

KENIA I (1976 – 1982)

Projekte und berufliche Stationen

1976 - 1978	University of Nairobi Housing Research Development Unit (HRDU) Forschung zum Niedrigkosten-Wohnungsbau in Kenia
1978 - 1980	University of Nairobi Faculty of Architecture, Design and Development (FADD) Dozent für Architektur Entwicklung eines Curriculums zur Einführung von Studenten in die städtische Slumsanierung
1980 - 1982	University of Nairobi Faculty of Architecture, Design and Development (FADD) Senior Dozent für Architektur und Prüfungsbeauftragter Entwicklung eines Curriculums zur Einführung von Studenten in den ländlichen Siedlungsbau und traditionelle Bauweisen
1976 - 1982	Michael Grzimek Schule Nairobi Vorstandsmitglied im deutschen Schulverein Bauberatung (ehrenamtlich) Planung der Schulsportanlagen und des Internats

Persönliche Anekdoten

„Change money, good rate"
Zwischenbleibe mit Überraschungen
Stachelige Weihnachtspräsente
15 Zentimeter über dem Wasserspiegel
Erfolgsgeschichten eines Hinterzartener Floristen

1976

Ankunft

Am 6. Juni 1976 betrete ich bei strahlendem Sonnenschein zum ersten Mal kenianischen Boden. Am Embakasi-Airport in Nairobi empfängt mich Kai Andersen, Direktor der Housing Research and Development Unit (HRDU), einem interdisziplinär und international zusammengesetzten Forschungsinstitut der University of Nairobi. Der dänische Architekt wirkt mit Brille und lockig-blondem Schopf frisch und lebensfroh. Ein leidenschaftlicher Segler und auch handwerklich geschickt: Gerade baut er ein eigenes Schiff. Nach herzlicher Begrüßung fahren wir im offenen Jeep in das Gästehaus des United Kenia Club (UKC). Der Verein hat sich zum Ziel gesetzt, Begegnungen unterschiedlicher Kulturen zu fördern. Seine Mitglieder können ihre Gäste bis zu sechs Monate hier unterbringen.

Im Club treffen wir Harry Wood, Dekan der Fakultät für Architektur, Design und Entwicklung. Er lädt uns umgehend zum Lunch auf die Club-Terrasse ein. Der kleine Mann mit Hakennase und Adleraugen sieht mit seinem Pagenkopf aus wie ein Alt-Beatle, so ähnlich wie Formel-1-Manager Bernie Ecclestone. Henry, wie Freunde ihn nennen dürfen, ist ein absolut liebenswürdiger und bescheidener Gentleman. Mit seinem hochgestellten Hemdkragen macht er einen tatendurstigen Eindruck. Rund 60 mag er sein. Er streckt mir seine Hand entgegen und begrüßt mich mit einem Lächeln, das mich sogleich an die Comicfigur Nick Knatterton erinnert: „Welcome Guido, Karibu Kenia!“ Ein schöner Empfang!

Anschließend werde ich durch das im skandinavischen Design gehaltene Fakultätsgebäude geführt. Es liegt auffällig schön in einer gepflegten Gartenanlage und sieht dank des grauen, von Hand behauenem Nairobi-Natursandstein und der mit Sichtbeton ausgefachten Fassade weitaus besser aus, als ich es mir erträumt habe. Zudem ist es mit einer brauchbaren Bibliothek und exzellenten Werkstätten und Labors weitaus besser ausgestattet als alle anderen, die ich bis dahin betreten hatte. Das Gebäude ist ein Geschenk der Dänen an die Universität. Und entsprechend international geht es auch drinnen zu: Meine Kollegen sind Dänen, Holländer, Engländer und Amerikaner. Nur wenige Kenianer sind hier mit Führungsaufgaben betraut.

Abb. 2. 35 Kai Andersen (2.v.l.), 1978

Abb. 2. 36 Harry Wood (2.v.r.) mit mir und kenianischen Ministern der FADD

Abb. 2. 37 Das Fakultätsgebäude der University of Nairobi

Abb. 2. 38 Kollegen und Mitarbeiter der HRDU

„Change money, good rate"

Die Innenstadt von Nairobi erkundete ich meist nach Büroschluss oder an den Wochenenden. Bei einem meiner Streifzüge bekam ich schon bald die erste Lektion kenianischen Straßenalltags erteilt. Eines Samstagmittags, die Banken hatten geschlossen, brauchte ich dringend kenianisches Geld. Scheinbar zu offensichtlich, denn ich wurde schon nach wenigen Minuten von einem unbekannten Fremden angebaggert: „Change money, good rate. How much?" Ehe ich antworten konnte, wurde mir mein Hunderter samt Kuvert aus der Hand gerissen. Ich rannte dem Dieb im Affentempo hinterher, bis er in einer Bäckerei verschwand. Am Tresen verlangte ich lauthals mein Geld. Der Dieb kam hinter der Theke hervor, gab mir mein Kuvert zurück und rannte aus der Tür. Kurz Zuversicht schöpfend, öffnete ich den Umschlag. Darin steckte die Titelseite der Tageszeitung „The Nation". Das herumstehende Bäckereipersonal zuckte ahnungslos mit den Schultern. Der Boss war „out of town". Ein teurer, aber erfolgreicher Warnschuss vor jeglicher Art von Leichtsinn.

1976 – 1978

Forschung zum Niedrigkosten-Wohnungsbau in Kenia

Die ersten beiden Jahre in Nairobi verbringe ich an der HRDU. Ich bin der einzige Deutsche unter einer Schar von Dänen, Holländern, Engländern, Amerikanern und Kenianern und arbeite an der Auswertung einer Studie über den Sozialwohnungsbau der 17 größten kenianischen Städte mit. Hierfür lagern Berge von Fragebogen-Erhebungen im Wohnungsbau-Ministerium und warten auf ihre Auswertung. Gelenkt wird das Arbeitsprogramm vom Aufsichtsrat der HRDU. Ein Multikultiverein, der sich aus Vertretern des Wohnungsbau-Ministeriums, der National Housing Corporation, der Nationalen Raum- und Stadtplanungsbehörde sowie der Wohnungsbau-Abteilung der nairobischen Stadtverwaltung zusammensetzt. In wöchentlichen „Staff-Meetings" vereinbaren wir Aufgaben und berichten über Arbeitsfortschritte und Erfordernisse. Alles wird säuberlich protokolliert. Die unaufgeregte Disziplin und Zielstrebigkeit beeindrucken mich nach dem turbulenten „Ad-hoc-Aktivismus" meiner Algerien-Zeit sehr.

Meine Aufgabe besteht zunächst in der Veranschaulichung von Wohnbeständen, Verwaltungsabläufen, Planung und Finanzierung von Neuvorhaben sowie Personalplanung und Aufgabenverteilung. Unter der Verantwortung des holländischen Ingenieurs Jörn Eygelaar und der holländischen Sozialwissenschaftlerin Ita Müller sollen daraus Vereinfachungsempfehlungen und Steuerungsinstrumente für das

Wohnungsbau-Ministerium entstehen. Parallel dazu entwickle ich einen Richtwert-Leitfaden für den städtischen Niedrigkosten-Wohnungsbau, der alternative Grundstücksgrößen und -zuschnitten sowie Gesamtdichten enthält. Als Tropenarchitekt berücksichtige ich dabei die verschiedenen Klimazonen Kenias wie das Hochland, die Küste und die Savannen.

In der Zwischenzeit feiert die HRDU ihr 10-jähriges Bestehen. Seit ihrer Gründung hat sie über hundert Fachpublikationen zum Niedrigkosten-Wohnungsbau in Kenia herausgegeben. Zum Jubiläum werde ich mit einem kleinen Zwischenjob beauftragt und darf zunächst die Festbroschüre entwerfen. Dabei soll ich auch eine Ausstellung im Foyer mit organisieren, bei der die erschienenen Publikationen visualisiert und anschaulich präsentiert werden sollen.

Ein weiterer Zwischenjob entsteht aus der Anfrage des Entwicklungs-Attachés der Deutschen Botschaft in Nairobi, Dr. Bellinghausen. Das Bundesministerium für wirtschaftliche Zusammenarbeit und Entwicklung (BMZ) habe Mittel für angepasste Technologie-Entwicklung bereitgestellt. Man brauche sofort Forschungsanträge. Es gelingt mir, die HRDU-Kollegen dafür zu begeistern. Wir einigen wir uns auf zwei Vorhaben: die Vor-Ort-Produktion von Erdbausteinen, die unter geringer Beimischung von Kalk und Zement stabilisiert werden, sowie der Einsatz von ressourcensparenden Niedrigkosten-Haustechnologien für das Sammeln und Speichern von Dachregenwasser, Kompostierungs-Toiletten, Solarwasserheizer, Trockner und Kocher.

Meine Kollegen ziehen mit, wir geben unsere Vorschläge termingerecht ab und warten auf Rückmeldung und bewilligte Mittel. Doch nach Abgabe unserer Vorschläge folgt weder eine Eingangsbestätigung noch ein Dank. Drei Monate herrscht totale Funkstille. Meine Rückfragen werden zunehmend unfreundlicher abgewiesen. Man bekomme schließlich mehr als genug solcher Anträge. Auch andere würden vergeblich warten, heißt es. Ein Jahr später meldet sich dann ein Herr Fiedler, ein Architekt bei der Deutschen Gesellschaft für Technische Zusammenarbeit (GTZ). Er soll unsere Anträge prüfen. Er will auch wissen, wo man in Kenia günstig, sicher und angenehm Urlaub machen kann. Wir geben Antwort. Danach wieder Funkstille. Was aus der Anfrage des GTZ-Architekten wurde, erfahre ich erst rund zwei Jahrzehnte später: 1996, ich bin gerade im Jemen, erhalte ich eine Einladung nach Nairobi. Hannah Schreckenbach, GATE-Chefin, lädt mich zur feierlichen Übergabe des Erdbaustein-Projektes an die HRDU-Kenianer ein. Das Projekt wurde nunmehr 15 Jahre lang von der GTZ gefördert. Nach Beendigung der Förderung verfällt das Erdbau-Labor. Ein nieder-schmetternder Effizienz-Indikator einer fußlahmen Entwicklungsbürokratie. Aber auch ein Zeugnis kenianischer Lippenbekenntnisse.

Zwischenbleibe mit Überraschungen

Für meinen Arbeitsaufenthalt sicherte mir die Universität Nairobi eine Personalwohnung zu. Theoretisch war ich damit gut versorgt. Die Praxis sah dann aber ganz anders aus. Die Wohnungen, die mir gezeigt wurden, waren alles andere als bewohnbar. Heruntergekommen. Sicherheitslücken. Lärm. Auf ein geeignetes Domizil musste ich erstmal warten. Zeitdruck hatte ich zum Glück keinen: Großzügig wie Kai Andersen war, half er mir mit einem persönlichen „House-Warming-Angebot“ aus. Während seiner zwei-monatigen Abwesenheit im dänischen Heimaturlaub sollte ich sein Kapstadt-Barock-Häuschen hüten.

Das kleine Anwesen lag inmitten einer Park-Anlage im Kibagare-Valley, nahe der Loresho-Ridge im westlichen Teil von Nairobi. Eine luxuriöse Zwischenbleibe mit Hausmädchen und Koch. Letzterer hieß Kimutei und seine überdimensionalen Ohrläppchen werden mir vermutlich ewig in Erinnerung bleiben. Durch traditionellen kenianischen Ohrschmuck völlig ausgeleiert, waren die zentimeterlangen Läppchen stets zu einem großen Knoten gebunden. Im Haus waren auch vierbeinige Mitbewohner: eine Dackeldame namens Lady und ein männlicher Labrador. Die beiden zeugten meinen späteren Hund Sidi.

Das Haus bot alles, was man zum wohl fühlen brauchte: ein offener Kamin hier, ein Riesengarten dort. Beim ersten Rundgang durchs Haus entdeckte ich im Schlafzimmer ein kleines Schranktürchen. Kai öffnete es mit den Worten: „Wenn ein Unbekannter das Grundstück betritt, musst du mit den Karabinern schießen“. Draufhalten und schießen? Sollte ich das wirklich? Konnte ich das überhaupt? Ich zweifelte, verschwendete aber keinen weiteren Gedanken an den „Worst Case“ und richtete mein Augenmerk lieber auf die drei Autos, die vor der Tür standen. Kai meinte: „Such dir eins aus. Den Mini Moke kannst du kaufen.“ Für 2.000 Mark sollte er mir gehören und ich sagte umgehend „Ja“ zum importierten Mini-Jeep, der ohne Dach eher nach australischem Beach-Buggy aussah. Stolz fuhr ich damit zum ersten Ausflug in die Stadt. Dass die Karre eine Fehlinvestition war, wurde mir bereits nach den ersten Kilometern schmerzlich bewusst: Ich schaltete in den nächsten Gang, ratternd löste sich der Schalthebel aus dem Getriebe. Dann hielt ich ihn freischwebend in der Luft. Ich schaffte es gerade noch mit Mühe und Not an den Straßenrand. Leider blieb der Zwangs-Stopp kein Einzelerlebnis. Das Auto fing punktgenau nach zehn Kilometern zu kochen an und blieb damit unterm Strich mehr stehen als es tatsächlich fuhr.

Abb. 2. 39 Das Haus im Kibagare-Valley, schöner Kapstadt-Barock mit Glockengiebel, 1976

Abb. 2. 40 Die Aussicht in die Parkanlage im Kibagare-Valley, 1976

Abb. 2. 41 Clio mit Hund Sidi, 1976

Abb. 2. 42 Unser Mini-Moke

1978 – 1980

Dozent für Architektur und Entwicklung eines Curriculums zur Einführung von Studenten in die städtische Slumsanierung

Nach Ablauf seiner Amtszeit kehrt Kai Andersen 1978 zurück nach Dänemark. Die Stelle des Direktors wird ausgeschrieben. Kai ist zehn Jahre älter als ich. Alle vorherigen Direktoren waren ebenfalls schon im höheren Alter. Mit meinen 36 Jahren zähle ich zu den „Juniors" und sehe auch entsprechend aus. Ich bewerbe mich dennoch, trotz der hochkarätigen Konkurrenz wie dem Dänen Dr. Niels Jorgensen, früherer HRDU-Direktor und Autor eines Handbuches für Wohnungsbau-Finanzierung in Afrika. Dazu gesellt sich Richard Stren, ein langjähriger Berater des Wohnungsbau-Ministeriums. Tara S. Chana, ein Kenianer indischer Herkunft, ist der dritte Konkurrent in dieser Runde. Noch jünger als ich, hat er eine hervorragende Ausbildung am Massachusetts Institute of Technology (MIT) in Boston genossen und war Assistent im Projektmanagement eines weltbankfinanzierten Entwicklungsprojekts. Tara macht das Rennen und bekommt den Direktorenposten.

Im Juni versuche ich mein Glück erneut und bewerbe mich auf eine ausgeschriebene Dozentenstelle der Architektur-Abteilung. Ich möchte die Forschungsergebnisse der HRDU in die Lehre einfließen lassen und sie dadurch auch den Studenten nahe bringen, die nicht viel von der aktuellen Forschung mitbekommen. Meine Bewerbung glückt. Ich erhalte die Zusage durch den Vorsitzenden Professor Harry Wood, und damit endlich auch ein eigenes Büro. Von dort aus leite ich die Entwicklung eines Kurses zum Niedrigkosten-Wohnungsbau. Der sogenannte „Housing Block Course" enthält Fallstudien zu Nairobi-Slums, die von Studenten, Referenten und nationalen Wohnungsbau-Institutionen erarbeitet werden.

Der Zeitaufwand für die Planung und Umsetzung des Kurses ist hoch und kostet mich meine Doktorarbeit zum Thema „Stadtplanungs-Richtwerte für Entwicklungsländer", die ich gemeinsam mit Professor Lutz Christians von der Technischen Universität in Berlin und Professor Klaus Kunzmann vom Institut für Raumplanung Dortmund vorbereite. Letzterer kommt mehrmals nach Nairobi, um mit meiner Hilfe eine Zusammenarbeit zwischen Dortmund und Nairobi zu initiieren. Das Vorhaben scheitert an dem indischen Leiter des Department Urban and Regional Planning (DURP). Ein ängstlicher und kurzsichtiger Mann, der im indischen Büro meines Londoner Professors Otto Königsberger vom Zeichner zum Stadtplaner emporgeklommen war, und der sich nicht in die Karten schauen lassen wollte.

Insgesamt drei Jahre lang veranstalte ich den „Housing-Block-Course" und dokumentiere ihn so, dass er auch in Zukunft weitergeführt werden kann. Für die Veröffentlichung des Kurses „Urban Housing and Community Development Course" erhalte ich UNESCO-Mittel. Eine große Ehre für mich. Aber eine Dissertation und ein Doktortitel hätten mir persönlich mehr gebracht.

Stachelige Weihnachtspräsente

Einer meiner Weihnachtsurlaube führte mich nach Dar Es Salaam in Tansania. Gemeinsam mit meiner Familie wollte ich einen Absolventen vom Deutschen Institut für Entwicklungspolitik (DIE) treffen, den ich einige Monate zuvor zufällig kennengelernt hatte. In Dar Es Salaam angekommen, besuchte ich Ingo zunächst am Arbeitsplatz. Als ich das mehrgeschossige Bürogebäude betrat, fiel mein Blick sogleich auf eine Tafel. „ARDHI" stand darauf. Der letzte Buchstabe hing allerdings wie ein Damoklesschwert senkrecht nach unten. Die wollen hier bauen und schaffen es nicht einmal, die Buchstaben gerade zu hängen?

Ingo war ebenfalls Architekt und wohnte in einem Cottage am Ndege Beach, nördlich vom Stadtzentrum. „Ihr könnt hier gerne wohnen", bot er an. „Ich muss euch allerdings sagen, dass hier öfter Überfälle passieren. Aber euch passiert bestimmt nichts", schob er nach. Beruhigende Ansagen klangen anders. Dann musste Ingo kurzfristig weiter zu einem Auftrag. Wir waren irritiert. Dachten wir doch, wir verbringen das Wochenende gemeinsam mit ihm. Aber gut. Und so saßen wir nach seiner Abreise mutterseelenallein in der Anlage und verbrachten eine erste unruhige Nacht. Wir lauschten jedem fremden Geräusch und fürchteten Einbrecher, die aber zum Glück ausblieben.

Am nächsten Morgen wollten wir die Umgebung erkunden und gingen mit unserer kleinen Tochter Clio zu einem nahegelegenen Riff, um Muscheln zu suchen. Bei Ebbe ein leichtes Spiel, der freigelegte Meeresgrund gab unzählige kleine Schätze preis. Nach erfolgreicher Suche zogen wir uns allmählich zurück. Nur kurz ließen wir Clio dabei aus den Augen. Dann fing unsere Tochter fürchterlich zu schreien an. Die Flut war zurück. Gewaltig wie die Wellen waren, konnte sich Clio nicht mehr allein aus dem Meer flüchten. Ich sprang ins Wasser, wollte sie retten. Bei meinem Rettungsversuch kamen mir und Clio ein Dutzend Seeigel in die Quere. Unsere Füße kassierten unzählige Nadeln und schmerzten noch Tage danach. Zwar konnten wir rückblickend von Glück sagen, dass wir trotz reger Überfallquote in Dar Es Salaam selbst verschont blieben. Aber auf den Überfall der Seeigel und ihre stacheligen Weihnachtspräsente hätten wir getrost verzichten können.

1980 – 1982

Senior Dozent und Entwicklung eines Curriculums zur Einführung von Studenten in den ländlichen Siedlungsbau und traditionelle Bauweisen

Zusätzlich zum Niedrigkosten-Wohnungsbau beschäftige ich mich mit einem weiteren Themenbereich: die ländliche Siedlungsentwicklung mit Hilfe ressourcensparender Technologien für den Einfachhausbau. Eine zweite von der UNESCO geförderte Curriculum-Dokumentation folgt, die ich mit meinem faulen Kollegen B. K. Kapoor bearbeite. Ein indischer Beamter, der nur das Nötigste tut und dann den Stift fallen lässt.

Mit rund 30 Studenten arbeite ich an Fallstudien über Slums in Nairobi und kenianische Dörfer. Die Studenten sollen lernen, die Probleme der Bevölkerung selbst zu analysieren und zu beschreiben, um im Anschluss daraus ein Projekt zu entwickeln und bauliche Lösungen zu entwerfen. Zwei Bereiche mit zwei unterschiedlichen Herausforderungen für die Entwicklungsarbeit: Während in der Stadt das Hauptinteresse jedes Neuankömmlings die feste Arbeit und das Geldverdienen ist, kann auf dem Lande im vertrauten Familienverband das Überleben auch ohne Geld vonstattengehen.

Die Zeit verrinnt, die Logistik für die Fallstudien ist aufwendig und nervig. Für die Vorbereitung und Dokumentation verbringe ich unzählige Abende und Wochenenden an der IBM-Kugelkopf-Schreibmaschine. Die kenianischen Sekretärinnen der Architektur-Abteilung sind unterbezahlt und für Überstunden, genaues Arbeiten und eine sorgfältige Präsentation kaum zu motivieren. Ich übernehme Zusatzaufgaben, darunter auch die Organisation von mehreren Fakultäts-Ausstellungen, die zum Jahresabschluss und bei internationalen Besuchen eröffnet werden. Die fertige Präsentation bringt der Architektur-Abteilung immerhin die erste Commonwealth-Anerkennung der Abschlüsse.

15 Zentimeter über dem Wasserspiegel

Schon bald eröffnete sich mir ein weiterer Themenbereich: die Konservierung und Entwicklung traditioneller städtischer Swahili-Architektur entlang der Küste. Mit meinen Kollegen Karula Varkey erstellte ich hierfür zunächst eine Curriculum-Dokumentation und organisierte anschließend eine Studienexkursion nach Lamu. Mit von der Partie sollten rund dreißig Architektur-Studierende sein, von denen die meisten noch nie die Küste gesehen hatten. Wie abenteuerlich die Reise auf die Insel an der Nordküste Kenias noch werden würde, erahnten wir zu diesem Zeitpunkt zum Glück noch nicht.

Wir starteten zunächst mit dem Bus und fuhren rund 600 Kilometer über Mombasa nach Malindi. Wegen Überschwemmungen des Tana Rivers, dem größten Fluss Kenias, mussten wir unsere Reise notgedrungen mit einem Transportboot für Menschen und Lasten fortsetzen. Allein schon der Anblick des Bootes jagte uns Angst und Schrecken ein. Völlig überladen, ragte das Boot gerade mal noch höchstens 15 Zentimeter aus dem Wasser. Und da sollten wir noch mit zusteigen? Der selbsternannte Kapitän meinte gelassen „Hakuna Matata". Keine Sorgen? Von wegen. Mit flauem Gefühl im Bauch starteten wir in der Mittagshitze, und trieben mehr als fahrend an Krokodilen und Nilpferden vorbei, rund sieben Stunden in die dunkle Nacht. Die Strömungen waren stark. Unterwegs drehte sich das Boot mehrmals im Kreis; uns wurde schlecht. Ob das wohl unsere letzte Fahrt sein sollte? Wir schwiegen. Kein Wort durchbrach die finstere Stille. Stattdessen lauschten wir im Stockdunkeln den beängstigenden Dschungelgeräuschen, die von Mal zu Mal lauter wurden.

Irgendwann schrie einer „Kipini". Das Lagerfeuer unserer Anlegestelle war in Sicht. Das Ende unserer Reise nahte. Wir atmeten auf. Die restlichen Seemeilen schipperten wir gemächlich über das Wasser. Das Boot legte an und zwei schmale Planken wurden als Mini-Stege angebracht. Sie boten gerade genug Platz zum Hintereinandergehen. Doch anstatt dies auch zu tun, drängten die Menschen an Land. Jeder wollte der Erste sein. Verständlich. Das Boot begann heftig zu schaukeln und drohte zu kippen. Das Aussteige-Manöver wurde für uns alle zu einem Balanceakt. Als endlich auch der letzte der Studenten festen Boden unter den Füßen hatte, atmete ich auf. Zum Glück erfuhr ich erst später: Nur zwei von unseren dreißig Studenten konnten schwimmen.

1976 – 1982

Planung der Schulsportanlagen und des Internats an der Michael Grzimek Schule Nairobi

Die Michael Grzimek Schule in Nairobi ist die einzige deutsche Schule in ganz Ostafrika und wurde nach dem Sohn des bekannten Tierforschers Bernard Grzimek benannt, der in jungen Jahren durch einen Flugzeugabsturz ums Leben kam. Erfreulicherweise unterrichtet die Schule auch nach dem baden-württembergischen Lehrplan. Ohne sie wären weder wir noch viele andere Eltern nach Nairobi gekommen. Denn die Schule ist nicht nur eine Bildungseinrichtung sondern auch ein sozialer, kultureller und sportlicher Lebensmittelpunkt für viele deutschsprachige Gäste des Landes.

Zur Zeit unserer Ankunft werden dort mehr als 200 Kinder in Grund- und Realschulklassen unterrichtet. Im Laufe der Jahre wird auch das Abitur eingeführt. Während meine mittlerweile zehnjährige Tochter Clio die Schule besucht, findet Püppi Anstellung im angegliederten deutschen Kindergarten. Ein wunderbares Arrangement, weil dadurch die vielen Fahrten zwischen der Schule und unserer Wohnung im Spring Valley koordiniert werden können. Wenn es darum geht, die Schüler aus den teilweise weit entfernten Stadtteilen abzuholen, helfen sich zeitweise auch mal Eltern und Lehrer gegenseitig aus. Schnell wird man dadurch Teil einer großen deutschsprachigen Gemeinschaft, die sich rege selbst verwaltet, häufig gegenseitig aushilft, manchmal auch verärgert. Für mich und meine Familie ist die deutsche Schule eine echte Bereicherung und wir genießen das soziale Zusammenleben mit vielen Generationen von Lehrern, Schülern, Eltern und neuen Freunden aus allen Ecken der Welt.

Als die Schule schließlich von meinem Architekten-Dasein erfährt, werde ich sofort in die Pflicht genommen. Und so bin ich kurzerhand Vorstandsmitglied und werde im Bauausschuss als Fachberater hinzugezogen. Das Schulgeld soll dabei mit meinem Honoraranspruch verrechnet werden. Das Bauprogramm umfasst den Ausbau der Sportanlagen, den Bau einer Internatsanlage für rund 60 Schüler und die Planung eines möglichst großen Fußballfeldes. Das Problem bei letzterem ist, dass es aufgrund der beschränkten Platzverhältnisse auf dem Schulgrundstück nicht den Olympischen Abmessungen entsprechen kann. Das Gelände ist einfach viel zu klein.

Die Schule beschäftigt bereits einen indischen Architekten namens Harbans Singh. In Kenia sind Inder traditionell für alle baulichen Belange zuständig. Harbans pflegt besonders gute Kontakte zu den städtischen Behörden. Dies ist insofern günstig, als dass sich das Bauvorhaben außerhalb der bebaubaren Flächen am Rande von Kaffee-Plantagen befindet und eine Baugenehmigung nur mit Beziehungen eingeholt werden kann. Nach Ansicht der Schule ist der indische Kollege allerdings nicht für das bevorstehende Projekt geeignet und so soll ich diese Aufgabe zusammen mit einem Schweizer Baulustigen übernehmen. Besagter Herr Tanner erweist sich als Alleskönner. Entsprechend energiegeladen wird auch unser gemeinsames Unterfangen. Wir konzipieren zunächst den Fußballplatz und planen ihn auf das größtmögliche Maß innerhalb der verfügbaren Grundstücksfläche ein. Drumherum gruppieren wir die Sportanlagen für Hochsprung, Weitsprung und Kugelstoßen. Jetzt sollen wir „nur" noch eine Cafeteria und ein Schwimmbad auf dem Gelände unterbringen. Als dann schließlich Lage und Abmessungen der Felder festgelegt sind und die Mitgliederversammlung unseren Plan genehmigt hat, stellt sich die Frage nach den helfenden Händen. Mein Kollege Tanner will die Bauarbeiten als Selbsthilfe-Maßnahme durchführen lassen. Sein Plan: Das Hauspersonal der Schulmitglieder soll außerhalb seiner Arbeitszeit an den Wochenenden eingesetzt werden. „Wir machen das alles mit unseren Hausgärtnern. Wir haben schließlich in jedem Haus einen", tönt er. „Schwachsinn", erwidere ich. Schließlich gibt es hier so viele Erdbewegungen und technische Vorgaben, die beachtet werden müssen. Das Projekt gehört meiner Meinung nach in die Hände einer professionellen Landschaftsbaufirma. Qualität hat allerdings auch ihren Preis, der Kollege hingegen will sparen und beharrt auf dem Einsatz der Hausgärtner. Meiner Meinung nach ist die Selbsthilfemaßnahme nur eine weitere Versklavung der lokalen Arbeitskräfte.

Nach all der Diskussion überlasse ich ihm die weitere Initiative und wende mich dem Internatsprojekt zu. Mein Entwurf orientiert sich an der Vorstellung eines kleinen kenianischen Dorfes, in dem die Internatsschüler auch das Gefühl bekommen sollen, in Afrika zu leben. Eine Gruppe von fünf kreisförmigen Pavillons umgibt dabei ein höher liegendes, halbkreisförmiges Gebäude mit Lehrer- und Gästewohnungen. Dieses Zentralgebäude steht in unmittelbarer Nähe zu einer ebenfalls halbkreisförmigen Cafeteria, die einen Pool umgibt. Der Bau des Internats ist eine wichtige Maßnahme, weil viele Hinzugezogenen up country auf dem Land arbeiten und wohnen. Ihre Kinder wollen sie währenddessen in die Obhut der deutschen Schule geben. Durch das Internat kann der Schule auch eine ausreichende Betriebsgröße gesichert werden.

Nach den schulinternen Abstimmungsprozessen, der Vorlage bei der Stadtbehörde, den landesüblichen Endlos-Wartezeiten und dem Schieben und Drücken von mehreren Seiten, kann ich es kaum glauben: Das Internatsprojekt wird schließlich genehmigt. Als dann auch der finanzielle Teil gesichert ist, bekomme ich schließlich Gegenwind aus der Schulmitgliedschaft. Krabbe, ein FAZ-Korrespondent, dessen Söhne ebenfalls in die Schule gehen, torpediert das Vorhaben. Weil die Kosten für das Internat auf alle Schuleinrichtungen umgelegt werden sollen, würde sich sein Mitgliedsbeitrag minimal erhöhen. Krabbe ist allerdings nicht bereit, auch nur einen einzigen Cent mehr zu bezahlen. Seine diffamierenden Schreiben richtet er direkt an den Schulvorsitzenden, die aus Deutschland zugesagten Mittel werden eingefroren und das Projekt wird dank seiner Blockade ad acta gelegt. Ein ärgerlicher Ausgang für alle Beteiligten, die sich monatelang in Nebenarbeit für das Projekt eingesetzt haben.

Wie „schlau“ die vermeintlich günstigere Selbsthilfe-Maßnahme beim Fußballplatz war, zeigte sich übrigens ein Jahr später. Nach dem Einsäen des Rasens sprießte statt sattem Grün ein stoppeliger Acker, der bei den Schülern zu Stürzen und Verletzungen führte. Daraufhin wurde alles wieder abgetragen und der Rasen anschließend professionell angelegt. Es entstanden hohe Kosten. Selbsthilfe ist halt doch nicht immer die günstigere Lösung.

Erfolgsgeschichten eines Hinterzartener Floristen

Dieter Göltenboth, ein guter Freund von mir, arbeitete zu meiner Zeit in Nairobi als Entsandter der Evangelischen Dienste in Übersee. Er unterstützte kenianische Frauengruppen dabei, handgemachte Produkte marktfähig zu produzieren. Um die Handarbeiterinnen kennen zu lernen, nahm er mich einmal mit aufs Land. Dort traf ich auch auf seinen Freund Günter, der kurz zuvor aus dem Schwarzwald angereist war. Der Florist aus Hinterzarten zeigte sich begeistert für die aus Bananenfasern gefertigten Ringe, die in Kenia als Untersetzer für Kochgefäße dienen. Ein Dutzend davon wollte er mit nach Deutschland nehmen, um daraus Weihnachtskränze zu binden. Viel Erfolg wünschte ich ihm. Ob ich daran auch glaubte? Eher nicht.

Dass ich mich täuschte, erfuhr ich einige Monate später. Seine tropischen Weihnachtskränze schlugen in Deutschland ein wie eine Bombe: Rund 300.000 Bestellungen gingen bei ihm ein. Er bestellte bei den Frauen umgehend mehrere Hunderttausend Bananenfaser-Ringe. Nun sollten die Kenianerinnen Akkordarbeit leisten. Zum Stichtag musste alles fertig sein, damit die Produkte per Flugzeug rechtzeitig nach Deutschland gelangen konnten. Der übereifrige Hinterzartener Florist hatte allerdings nicht mit dem kenianischen Arbeitstempo der Frauen gerechnet. Denn die waren es nicht gewohnt, Akkordarbeit zu leisten und waren mit der Massenproduktion heillos überfordert. Eine pünktliche Lieferung erschien ausgeschlossen. Das Flugzeug war allerdings bereits bestellt und bezahlt. Günter drohte ein Berg von Schulden, sollte die Angelegenheit in die Hose gehen. Mit Überredungskünsten versuchte er, die Handarbeiterinnen davon zu überzeugen, weitere Frauen zur Hilfe zu holen. Die weigerten sich zunächst. Doch er blieb hartnäckig – und gewann. Mit Hängen und Würgen und kurz vor knapp gelang die pünktliche Produktion. Zum Stichtag reisten 300.000 Bananenfaser-Ringe „Made in Kenia“ nach Deutschland. Die daraus gefertigten Weihnachtskränze fanden reißenden Absatz, Günter verdiente sich eine goldene Nase und reiste mit dem Geld rund um die Welt.

Abb. 2. 43 Die Michael-Grzimek-Schule

Abb. 2. 44 Dieter Göltenboth (l.) und Familie

1982

Abschied

Nach insgesamt sechs Jahren läuft die Förderung meines Nairobi-Vertrages durch das Centrum für internationale Migration und Entwicklung (CIM) aus. Meine Bemühungen beim UN-HABITAT-Programm, einen Anschlussjob bei den Vereinten Nationen zu bekommen, verlaufen ergebnislos. Trotz des Empfehlungsschreibens des Botschafters und des Attachés an der Deutschen Botschaft Nairobi steht der Abschied bevor. Insgeheim hoffe ich, vielleicht doch wieder nach Nairobi zurückkehren zu dürfen und so veräußere ich unseren Hausrat zunächst nicht endgültig. Stattdessen bringe ich unsere Autos, Möbel und Tiere zunächst bei unserem Kollegen und Freund Zahir Ismail unter, der ein Farmhaus inmitten von Kaffeeplantagen bewohnt.

Während ich noch ein paar Wochen in Nairobi bleibe, reisen Inge und Clio mit Kenya Airways über Rom nach Frankfurt zurück. In der Nacht ihres Heimflugs kommt es in Kenia zu einem Staatsstreich. Ein Putsch-Versuch, bei dem 40 Studenten umgebracht werden. Straßenblockaden werden errichtet und die großen Einkaufszentren geplündert. Ich beeile mich in der nahe gelegenen, kleinen Spring-Valley-Shopping-Arcade das Nötigste zu ergattern. Weil die Wohlhabenden unter den Einkäufern aber wie wild einkaufen, leeren sich die Geschäfte in Windeseile. Telefonverbindungen brechen ab und werden erst wieder nach einer Woche wiederhergestellt. Püppi erfährt derweilen bereits bei der Zwischenlandung in Rom von den Ereignissen, die unter anderem dazu führen, dass die kenianische Airline nicht für den Weiterflug betankt wird. Nach halbtägiger Ungewissheit erklärt sich Air India bereit, die Passagiere der Kenya Airways nach Frankfurt weiter zu befördern. Da die Universität bis auf weiteres geschlossen bleibt, nutze ich die freie Zeit und fahre mit meinem VW-Bus an die Küste. Mein Heimflug hätte sich ohnehin verzögert. Die Laufzeit meines Universitätsvertrags ist noch nicht abgeschlossen und auch die Ausstellung meiner Zeugnisse lässt auf sich warten.

Meine berufliche Zukunft ist ungewiss und so fliege ich im September 1982 erst einmal wieder zurück nach Heidelberg. Bis ich weiß wie es weitergeht, renoviere ich unser Haus in Heidelberg-Ziegelhausen. Zwei Monate später dann ein kleiner Lichtblick: Professor Dr.- Ing. J. Böhm, Geschäftsführer der Integrated Development Consultants (IDC) ruft an. Er versucht, meine Kenia-Pläne auf ein Projekt zur Slumsanierung in Haiti umzulenken. Dafür soll ich zunächst mit dem Ingenieur Heini Voigt und dem französischen Architekten Gilles Laheurte ein Angebot erarbeiten. Ein unbezahlter Knochenjob an sechs 16-Stundentagen die Woche. In letzter Minute stellen wir unser 150-seitiges Angebot fertig und geben es fristgerecht ab.

Geht es vielleicht schon bald nach Haiti? Jetzt erst einmal abwarten. Noch habe ich Kenia nicht aufgegeben. Ich will Nägel mit Köpfen machen und fliege kurzerhand nochmals nach Nairobi, um mich im UN-HABITAT Zentrum nach einem Folgeprojekt zu erkundigen. Dort treffe ich auf einen deutschen Architekten Paul Bouda, der nur lacht und sogleich von einem Telegramm von Professor Böhm erzählt: „Du gehst nach Haiti“. Und das besser gestern als heute.

HAITI & DOMINIKANISCHE REPUBLIK (1983 – 1987)

Projekte und berufliche Stationen

1983 - 1986	IDC Heidelberg Beratungsgesellschaft für Stadt- und Regionalentwicklung Koordination von Sanierungsmaßnahmen im Überschwem mungsgebiet Linthau, Cité Soleil, Port-au-Prince (Haiti); Umsiedlungsmaßnahmen von rund 2.500 Slumbewohnern
1985 - 1986	Koordination von Sanierungsmaßnahmen in der Brandzone St. Martin, Port-au-Prince (Haiti): Umsiedlungsmaßnahmen von rund 2.000 Slumbewohnern
1985	Erarbeitung einer Project Reformulation Mission zu Umsiedlungsmaßnahmen von rund 5.000 Slumbewohnern in Mirpur, Dhaka (Bangladesch)
1987	Überarbeitung einer Machbarkeitsstudie zur Sanierung von Los Minas Norte, Santo Domingo (Dominikanische Republik); Slumgebiet mit rund 60.000 Bewohnern

Anekdoten

Der Amerikaner Jeff und seine Firma Superstitch
Direktorensache höchstpersönlich
„Vive le président. À vie!"
Das Ende der Sintflut 1983

1983

Ankunft

Mit Riesenkoffern geht es im November 1983 endlich los. Den sechsstündigen Zwischenstopp in Miami verbringe ich in Zwangs-Verwahrung. Weil ich noch kein USA-Visum besitze, muss ich zum anderen Ende des Airports laufen, das zwei Kilometer und damit gut eine halbe Stunde entfernt liegt. Zwei Kubaner mit Gorilla-Körpern eskortieren mich galant. Die Koffer darf ich selbst hin- und zurückschleppen. In einer großen Wartehalle dösen Latinos vor großen TV-Bildschirmen, die Boxkämpfe und Autorennen zeigen. Dazwischen stehen Automaten für Popcorn und Cola.

Im Flugzeug sitze ich eingekeilt zwischen zwei gewichtigen Haiti-Mamas, die ungeniert ihr Übergepäck (Haar-Trockenhauben) auf meinem Schoß deponieren. Ringsum frohe Passagiere, die bereits kräftig mit Rum vorglühen. Es wird lautstark französisch-kreolisch palavert. Am Zielflughafen Port-au-Prince geht es noch bunter zu: Umarmungen, Gelächter, Menschenmassen, Freudentränen und auch Geschrei. Die Zöllner versuchen, die Einreisenden abzuzocken. Glücklicherweise wartet bereits Paul auf mich, mein späterer Fahrer, der mich umgehend aus dem tropisch dampfenden Gemenge rettet und über ein gewundenes und unbeleuchtetes Bergsträßchen ins Montana-Hotel fährt. Heini und Heidi Voigt, meine künftigen Mitstreiter im Projekt, erwarten mich schon in der Lobby. Heidi, im Schneidersitz auf dem Sofa sexy drapiert, mustert mich mit kritischem Blick. Kann der Kleine zumindest Französisch?

Die beiden nehmen mich am nächsten Tag zum Segeln mit. Wir fahren rund 20 Kilometer hinab in die Ebene, durch Industrieviertel, Mango- und Bananenplantagen, mit schwankendem Kahn und röhrendem Außenborder bis zur Bootsanlegestelle nach Ibo. Kaum angelegt begrüßt uns Lulu, ein dunkelhäutiger Senior-Haitianer mit weißem Kraushaar, Hornbrille und breitem Lächeln. Er trägt ein T-Shirt mit dem Aufdruck „Kulturattaché der Bananen-Republik“. Heini stellt mich vor: „Guido, unser Experte für Gemeindeentwicklung, ist eingetroffen.“ O.k., o.k., lass uns einen trinken. Über Arbeit reden wir morgen. Eine bunte Kapelle spielt Haiti Chérie.

Abb. 2.45 Segeln mit Familie vor Ibo, 1985

Abb. 2.46 Lulu (2.v.l.) mit Heini Voigt (l.) beim KfW-Besuch

Der Amerikaner Jeff und seine Firma Superstitch

Während meines Aufenthalts in Haiti lebte ich am Montagne Noire), oberhalb von Pétionville. Dabei wohnte ich unter anderem mit dem Amerikaner Jeff unter einem Dach, dem ich hier eine eigene Geschichte widmen möchte.

Allein schon das Haus war sonderbar. Es sah aus wie eine fliegende Untertasse, die im Dschungel gelandet war. Unser Miet-Deal war einfach: Jeff überließ mir die Hälfte des Hauses mietfrei. Im Gegenzug bekam er das Privatauto meiner Frau, die wegen der Fertigstellung unseres Hauses wieder nach Heidelberg gegangen war. Jeff war Sohn eines Großindustriellen und hatte in den Kew Gardens nahe London Gartenbau studiert. Sein einziges Bestreben bestand darin, ohne die Hilfe seines Vaters reich zu werden. Kurzum: Ein Mensch, der eigentlich nur für das Money-Making lebte. Für mich allerdings war Jeff mehr. Er war ein Phänomen, was Bescheidenheit, Selbstdisziplin, Fleiß, Zuverlässigkeit und Höflichkeit betraf.

Jeff stand stets um fünf Uhr morgens auf, duschte und verließ das Haus, ohne einen einzigen Happen gegessen zu haben. Auf der Fahrt zum Industrie-Park, wo seine Firma Superstitch lag, machte er einen kurzen Zwischenstopp in Pétionville. Dort kaufte er sich in einer französischen Bäckerei sein Frühstück und verzehrte es unterwegs. Sein Unternehmen, das über zweihundert Näher und Näherinnen beschäftigte, hatte sich auf Großaufträge aus den USA, wie das Nähen von Nikoläusen für das Weihnachtsgeschäft, spezialisiert. Nach einem 12-stündigen Arbeitstag kam er abends um sieben Uhr nach Hause und gönnte sich seinen einzigen Luxus: ein ausgiebiges Abendessen, das er meist im Restaurant Belle Epoque einnahm.

Jeff sprach weder Französisch noch Kreol, die Landessprache Haitis. Die Kommunikation mit seinen Nähern erfolgte ausschließlich über einen Dolmetscher. Die Nähmaschinen hatte Jeff Second Hand in den USA ersteigert. Sein Geschäft lief wie am Schnürchen und seine Fabrik wuchs bald zu einem erfolgreichen Unternehmen heran, das jährlich bis zu einer Million US-Dollar Gewinn abwarf.

Eigentlich die besten Bedingungen für einen ausschweifenden Lebenswandel, so sollte man jedenfalls meinen. Und doch blieb Jeff die Bescheidenheit in Person. Sein Kleiderschrank gab nicht mehr als jeweils zwei Paar Schuhe, Socken, Jeans, Unterhosen und T-Shirts her. Dazu Waschzeug und ein Rasierapparat. Der Laptop war Betriebseigentum. Mehr brauchte Jeff weder zu Hause noch unterwegs. Die Spitze von Jeffs Minimalismus zeigte sich allerdings in seinem Hausrat, der lediglich aus einer Teetasse und einem Löffel bestand.

Anmerkung

Jeff arbeitete unter der Carribbean Basin Initiative (CBI). Das Freihandelsabkommen ermöglichte den USA und den teilnehmenden Karibikstaaten den zollfreien Im- und Export von Waren. Ziel des Abkommens war es, in den bevölkerungsstarken Ländern Arbeitsplätze zu schaffen. Im Gegenzug sollten amerikanische Unternehmen die Möglichkeit erhalten, karibische Arbeitskräfte für die Herstellung von Waren zu nutzen. Jeff führte das Abkommen buchstabengetreu aus und war ein Paradebeispiel dafür, dass es funktionierte. Rund fünf Jahre später war ich erneut kurz in Haiti und traf Jeff in einer Bar. Er sah spindeldürr aus. Ich dachte zunächst, er sei krank. Auf meine Frage, was mit ihm los sei, erzählte er mir von seinem Erfolg: 30 Millionen US-Dollar Gewinn hatte er in den letzten Jahren erwirtschaftet. Zum Essen blieb da wohl keine Zeit?

Abb. 2.47 Jeff (3.v.l.) bei unserer Abschiedsparty in Petionville, 1986

Abb. 2.48 Haiti, Montagne Noire, Blick auf Port-au-Prince

Abb. 2.49 Montagne Noire – unsere Häuser im Dschungel

Abb. 2.50 Der Wohnraum – kreisrund

1983 – 1986

Koordination von Sanierungsmaßnahmen im Überschwemmungsgebiet Linthau, Cité Soleil, Port-au-Prince (Haiti)

Abb. 2.51 Cité Soleil

Ich arbeite in den Büros der Entreprise Publique pour la Promotion de Logements Sociaux (EPPLS), einem eingeschossigen Gewirr aus verstreuten Räumen, Höfen und Anbauten mit Direktion, haitianischem Abteilungsleiter und einem chilenischen Architekten Raimundo, der alles kennt und weiß.

Unser erstes Projektgebiet Linthau liegt in der Cité Soleil, einem Überschwemmungsgebiet in Hafennähe. Während der Regenzeiten kommt es zweimal jährlich unter Wasser. Die Folgen sind fatal: verstopfte Kanäle voller Müll und Fäkalien, Mückenschwärme, feuchte Hitze. Ein Brutplatz für Krankheit und Elend. Im größten Slum des ärmsten Landes der westlichen Hemisphäre wohnen über 250.000 Haitianer. Sie alle leben am Rande des Existenzminimums. Meine Aufgabe ist es, die rund 1.300 Haushalte über die geplanten Sanierungsmaßnahmen zu informieren und sie anzuweisen, ihre Hütten abzubauen und an den Rand des Sanierungsgebietes umzusiedeln. Weil ihnen dadurch ihr eigenes Baumaterial verloren geht, sollen sie eine Entschädigung in Höhe von maximal 100 US-Dollar erhalten. Das Geld soll sie auch zur Mitarbeit motivieren. Ob das funktioniert?

Ziel der Räumung ist es, das Gelände aufzuschütten und im Anschluss eine funktionierende Infrastruktur wie Straßen, Plätze, Wege, Dränagen, Unterkünfte, Sanitäranlagen samt Müllentsorgung und Beleuchtung zu errichten. Nach der Sanierung soll die Bevölkerung wieder in ihr heimisches Areal zurückkehren. Soweit die Theorie. Damit die Räumung rasch und geordnet vonstatten geht, sollen wir den Bewohnern eine Zwischenbleibe zuweisen. Dazu müssen wir allerdings erst einmal feststellen, wer wo wohnt. Eine Suche im Ameisenhaufen und eine von Bürokraten erdachte, lebensfremde Mammut-Aufgabe. Die Frage nach der Hilfe durch ein Einwohnermeldeamt stellt sich erst gar nicht. So etwas ist hier gänzlich unbekannt.

Abb. 2.52 Entreprise Publique pour la Promotion de Logements Sociaux (EPPLS), „meine" drei Sozialarbeiter

Wir brauchen dringend ein Identifikations-System. Hierzu beschaffen wir uns zunächst Luftaufnahmen der Siedlung, die wir in einem ersten Schritt in Teilbereiche gliedern. Im Anschluss nummerieren wir die Reihen aus Blechhütten, unter denen sich Unmengen so genannter Einraumwohnungen verbergen. Wer ist Mieter, wer Vermieter? Wer gehört zum Haushalt und wem gehören welche Räume? Zur Klärung entwerfen wir Fragebögen, die an die Bewohner verteilt werden. Da die zukünftigen Neubauten im Mietkaufverfahren wieder an die ursprünglichen Bewohner abgegeben werden sollen, müssen wir deren finanzielle Belastbarkeit beurteilen. Korrekte Angaben zum Einkommen zu erhalten, ist allerdings Wunschdenken: Viele behaupten, nicht zu wissen, was sie monatlich verdienen. Auch nicht was sie ausgeben. Von der Hand in den Mund: das vorherrschende Überlebensmodell auf Haiti.

Um die Bewohner von unserem Vorhaben zu überzeugen, entwickle ich eine Motivationskampagne: Bunt bemalte Tafeln sollen den Vorher- und Nachher-Zustand veranschaulichen. Die Idee habe ich einige Jahre zuvor von den so genannten Square Painters in Kenia aufgeschnappt. Zunächst zeichne ich kleine Skizzen, die auf größere Bildtafeln projiziert werden und anschließend von haitianischen Schildermalern farbig ausgemalt werden. Parallel dazu laufen die Fragebogen-Aktion und die Nummerierung der Häuser an.

Alles funktioniert problemlos. Die Sozialarbeiter klappern jede einzelne Hütte ab. Sie werden dabei von Anstreichern eskortiert, die die anhand unserer Luftfotos vergebenen Hausnummern auf Wänden, Türen und Wellblechdächern anbringen. Ein paar Tage später entdecken wir bei einem Besuch auf dem Markt, unweit der geplanten Siedlung, einen schwunghaften Handel mit nummerierten Blechbauteilen. Möglicherweise selbstproduzierte Fälschungen? Als „Berechtigungsausweis“ für die angekündigte Neuunterbringung haben sie scheinbar Marktwert!

Nachdem es uns gelingt, das Projektgebiet endlich zu entvölkern, die Behausungen abzuräumen und den Untergrund zu reinigen, startet die Aufschütt-Aktion. Sechs Monate lang rollen über 20 Lastwägen mit Kiesgeröll an. Sie häufen das Material so lange auf, bis das Gelände aufgeschüttet ist und eine Höhe von einem Meter über dem Meeresspiegel erreicht. Anschließend wird die neue Siedlung eingemessen. Es entstehen Höfe mit Wasserstellen, Waschplätzen, Duschen und Müllentsorgungsanlagen. Darum gruppieren sich die Einraumwohnungen. Jeder Raum verfügt über eine Veranda, auf der auch gekocht werden soll. In den Straßen werden Dränagen angelegt, die hoffentlich nicht bald zu Müllgräben verkommen.

Nach und nach entstehen neue Behausungen und das Wohngebiet gleicht schon bald einer kleinen Ferienhaus-Siedlung zum Daueraufenthalt für die Ärmsten Haitis. Anstelle von Freude über die neuen Domizile macht sich allerdings schon bald laute Kritik breit: Die rücksiedelnde Bevölkerung ist nicht zufrieden und klagt über Platzmangel. Die Wohnungen seien zu klein, und überhaupt hätten sie sich mehr Platz gewünscht. Die Größe der Unterbringungen war allerdings exakt auf die finanzielle Belastbarkeit der Bewohner zugeschnitten. O-Ton: Mehr als zehn US-Dollar Mietkaufbetrag seien monatlich nicht tragbar. Eine größere Unterbringung war da beileibe nicht drin.

Direktorensache höchstpersönlich

Damit das Mietkaufverfahren zum Rückerwerb der neuen Domizile für alle Beteiligten transparent und kontrolliert über die Bühne gehen konnte, entwarf ich entsprechende Vertragsformulare. Eine formelle Grundvoraussetzung, die aus deutscher Sicht gang und gäbe ist. Im Kreise haitianischer Mitarbeiter sind Struktur und Ordnung allerdings nicht immer gern gesehene Gäste. Warum? Im Chaos lässt es sich leichter etwas zum mageren Grundsalär hinzuverdienen. Wo Akten unauffindbar sind und Zahlungsbelege verschwinden, kann man gegen Zahlung eines kleinen Entgelts einfacher die Augen zudrücken. Das Prinzip: Niemand soll etwas Genaues wissen. Kein Wunder also, dass unser transparentes Durchblick-System gezielt torpediert wurde. Und so verschwanden gedruckte Mietkaufverträge klammheimlich, die Verhandlungen über die Entschädigung der abzureißenden Hütten übernahm Direktor Lulu höchstpersönlich. Was sich hinter seiner verschlossenen Tür abspielte, blieb stets sein Geheimnis.

Eines Mittags wollte eine Frau mit drei Kindern beim Direktor vorsprechen. Als sie sein Büro betrat, schloss sich die Tür hinter ihr umgehend. Was die beiden zu besprechen hatten, sollte unter vier Augen bleiben. Am nächsten Morgen stand die Dame erneut vor seinem Büro. Lauthals klagend, dieses Mal allerdings hochfrisiert. Die am Vortrag erhaltene Entschädigung für ihre alte Hütte hätte angeblich doch nicht gereicht. Für die Zwischenunterbringung oder den Frisör?

Abb. 2.53 Luftaufnahme des Projektgebietes Linthau 1 vor der Bebauung

Abb. 2.54 Luftaufnahme des Projektgebietes Linthau 1 in der Bauphase

Abb. 2.55 Der haitianische Schildermaler Jean-Baptiste bei der Arbeit

Abb. 2.56 Die fertigen Tafeln in meinem Büro

Abb. 2.57 Ich mit dem Schildermaler Jean-Baptiste

Abb. 2.58 Markierungsarbeiten

Abb. 2.59 Grundmauern der neuen Siedlung

1985 – 1986

Koordination von Sanierungsmaßnahmen in der Brandzone St. Martin, Port-au-Prince (Haiti)

Parallel zu unserem Projekt in Linthau erhalten wir über die Kreditanstalt für Wiederaufbau (KfW) den Auftrag, ein ähnlich großes Slumgebiet zu sanieren. St. Martin ist ein Stadtteil von Port-au-Prince und wurde durch einen Großbrand zerstört. Zwischen Schutt und Asche haben sich die Opfer aus Wellblech-Tafeln notdürftig eine Art Zeltstadt errichtet. In den jeweils rund acht Quadratmeter großen Blechzelten hausen bis zu 24 Menschen. Damit alle ein paar Stunden Schlaf abbekommen, wird in Schichten geschlafen. Das bedeutet: Die Schläfer wechseln dreimal täglich. Jeder Schlafplatz ist damit rund um die Uhr belegt. Rund 2.000 Menschen leben hier auf gerade mal einem Hektar Land.

Ähnlich wie in Linthau müssen wir zunächst die auf engstem Raum wohnende Bevölkerung ermitteln, in Fragebögen erfassen und eine mögliche Bebauung entwerfen. Um die Sanitäranlagen sollen ringsum zweigeschossige Wohnhöfe gruppiert werden. Direktor Lulu erklärt uns, wer das Sagen vor Ort hat: Ein Houngan, ein Voodoo-Hohepriester mit einer großen Anhängerschaft unter den Bewohnern.

Weil das Projekt die Lebensverhältnisse in seinem Herrschaftsbereich verändern wird, sollen wir ihm die Projektpläne persönlich erläutern. Von seiner Zustimmung hängt das ganze Vorhaben ab.

Wir treffen den Voodoo-Hohepriester Jonas in seinem Mini-Palast. Das Hütten-Gehöft liegt inmitten von St. Martin und umgibt einen großen Tempel. Nach Voranmeldung durch Lulu empfängt uns das schmächtige Männchen mit verschmitztem Gesicht. Dazu hat er allen Grund: Da er in seiner Position alle Jungfrauen „initiieren“ darf, ist er mittlerweile Vater von rund der Hälfte aller Kinder im Quartier. Das garantiert ihm eine reiche Anhängerschaft. Alle müssen ihm Tribut zollen und auch finanzielle Abgaben leisten. Ein Teil davon geht an die so genannten Tontons Macoutes, die gefürchtete Privatpolizei des Präsidenten. Jonasin spricht bevorzugt haitianisches Kreol und so werden unsere mitgebrachten Sozialarbeiter zu Übersetzern. Nachdem alles erklärt ist, stimmt er mit einem Kopfnicken zu. Was kommt, das wissen die Voodoo-Götter.

Und so werden wieder unzählige Nummern auf Blech gemalt, um die Wohnungen samt ihrer Bewohner zu erfassen. Die Blechtafeln ereilt dabei schon bald das gleiche Schicksal wie jene in Linthau: Am nächsten Morgen werden die nummerierten Teile auf dem Schwarzmarkt gehandelt. Nach der Umsiedelung der Bevölkerung entlang des großen Entwässerungskanals kommt schließlich der unangenehmste Teil der Arbeit: Hunderte von Plumpsklos müssen in einer Nachtaktion entleert werden. Das übernehmen zum Glück nicht wir, sondern dafür spezialisierte Arbeitskräfte. Anschließend sollen der Baugrund stabilisiert und die Klos mit Steinen aufgefüllt werden. Wird das gut gehen? Werden wir vertrieben? Vielleicht mit vorgehaltener Pistole von den Tontons Macoutes? Fragen über Fragen. Unnötige Zweifel, wie wir bald merken. Dank Jonasins Zustimmung kommen wir Schritt für Schritt voran. Schon wenige Monate nach Baubeginn ziehen die ersten Umsiedler zurück und bemalen ihre Einraumwohnungen haitianisch bunt. Währenddessen wird die Nachbarschaft von so genannten Mesdames Sarahs bekocht: Frauen, die auf dem Kopf einen Korb tragen. Es werden Mini-Läden eröffnet und ein Video-Shop zieht ein, Erotikfilme bevorzugt. Alles geht seinen geplanten Gang und wir können es nicht glauben: Das Projekt ist gut angelaufen und geht ohne größere Zwischenfälle über die Bühne. Voodoo sei Dank.

„Vive le président. À vie!"

Bis kurz vor Fertigstellung unseres Linthau-Projektes wurde Haiti von Baby Doc Duvalier regiert. Die Macht des Präsidenten stützte sich vorwiegend auf die katholische Kirche, zu der er stets ein enges Verhältnis pflegte. Eines Tages brach in einem kleinen Dörfchen namens Gonaives eine Hungersnot aus. In der Folge streikten die Jugendlichen vor Ort und der Präsident entsendete Soldaten. Ihr Auftrag: in die Menge schießen. Durch die Willkür des Präsidenten starben rund zwei Dutzend Jugendliche. Die katholische Kirche erklärte daraufhin: „Genug ist genug!" Es kam zum Sturz des Präsidenten. Wenige Stunden später begannen die Haitianer heftig zu rebellieren. In einer Orgie von Gewalt wurde alles kurz und klein geschlagen, was die Staatsmacht symbolisierte. Teilweise brachten sich die Rebellierenden sogar gegenseitig um. Eine wahre Déchoucage entflammte, was sprichwörtlich so viel bedeutet wie „Alles Übel mit der Wurzel herausreißen".

Die Aufständischen machten auch vor unserem Büro nicht Halt, drangen ein und besetzten sämtliche von uns errichteten Bauten. Die Aussagen widersprachen sich bei der Frage, wer sich hier tatsächlich illegal niedergelassen hatte. Waren es die Soldaten? Die Aktivisten? Die vorherigen Bewohner? Mussten wir erneut mit unseren Fragebögen losziehen? In ihren Empfehlungen zum weiteren Vorgehen zeigten sich Deutsche Botschaft und Kreditanstalt ebenfalls widersprüchlich: Die Botschaft riet uns dringend davon ab, überhaupt einen einzigen Fuß in das umstrittene Gebiet zu setzen. Ging es nach der Kreditanstalt, sollten unsere Sozialarbeiter am besten direkten Kontakt mit den Besetzern aufnehmen, um reguläre Mietkaufverträge unterzeichnen zu lassen.

Eine Rechnung, die schon vom Grundsatz her nicht aufgehen konnte. Weder waren die Besetzer annähernd bereit, irgendetwas zu unterzeichnen, noch waren unsere Sozialarbeiter so lebensmüde, Kopf und Kragen für ein Stück unterzeichnetes Papier zu riskieren. Die kritische Angelegenheit überstieg unsere Funktion als Berater und so wurde unser Einsatz in Linthau zwangsläufig kurzerhand beendet.

Abb. 2.60 Luftaufnahme der Brandzone St. Martin

Abb. 2.61 Kinder aus St. Martin mit selbstgebastelten Weihnachtshäuschen

Abb. 2.62 Zeltstadt - Blech soweit das Auge reicht

1985

Erarbeitung einer Project Reformulation Mission zu Umsiedlungsmaßnahmen von rund 5.000 Slumbewohnern in Mirpur, Dhaka (Bangladesch)

Zur Halbzeit meines Haiti-Einsatzes erreicht mich eine herausfordernde Anfrage des United Nations Capital Development Fund (UNCDF). Die Institution ist das Finanzierungsinstrument der Vereinten Nationen für Großprojekte und lässt sich mit der Kreditanstalt für Wiederaufbau (KfW) vergleichen. Gemeinsam mit dem Bauingenieur Guy Lemarchand soll ich eine so genannte Project Reformulation Mission erarbeiten. Dabei geht es darum, ein fehlgeschlagenes Konzept zu überprüfen und Alternativen auszuweisen.

Unsere Aufgabe ist es, eine Slumbevölkerung von rund 5.000 Haushalten umzusiedeln. Die Menschen haben sich mittlerweile auf den Bahndämmen der Millionen-Metropole Dhaka, der Hauptstadt von Bangladesch, niedergelassen und sollen nun dauerhaft auf einem Ersatzgelände im Stadtteil Mirpur untergebracht werden. Die Problematik und gleichzeitig größte Herausforderung dabei ist, dass das Gebiet regelmäßig Überschwemmungen ausgesetzt ist.

Ein Team aus Technikern, Sozialarbeitern und Finanzexperten soll uns während der gesamten Mission zur Verfügung stehen. Eine besondere Rolle nehmen dabei die Sozialarbeiter ein, die zwischen uns und der Bevölkerung vermitteln sollen. Im Gegensatz zum ursprünglichen Konzept, bei dem das Areal mit Deichen umbaut und der Regen abgepumpt werden sollte, entscheiden wir uns für eine vollständige Auffüllung des Geländes. Ähnlich wie in Linthau ist das größte Problem dabei das Herbeischaffen des Füllmaterials, das wegen der enormen Nachfrage auch immens teuer ist.

Die Zusammenarbeit mit Guy verläuft sehr harmonisch. Der ergraute alte Hase geht alles mit Ruhe und Weitsicht an. Optimal sind auch unsere Arbeitsbedingungen im Büro des UNDP. Wir bekommen Fahrzeuge und Schreibkräfte zur Verfügung gestellt und so gelingt es uns, innerhalb von vier Wochen ein umfangreiches Gutachten fertig zu stellen. Bis zur finalen Umsetzung des Projektes verstreicht jedoch einiges an Zeit. Erst rund fünf Jahre später können sich die Slumbewohner dauerhaft in Mirpur ansiedeln. Die Mühlen in Bangladesch mahlen scheinbar sehr langsam.

1987

Überarbeitung einer Machbarkeitsstudie zur Sanierung von Los Minas Norte, Santo Domingo (Dominikanische Republik)

Kurz vor dem Jahreswechsel werde ich in die Dominikanische Republik entsendet, um ein Angebot für eine Machbarkeitsstudie zu erarbeiten. Der Auftrag beinhaltet die Aktualisierung und Überarbeitung einer vorläufigen Machbarkeitsstudie zur Sanierung von Los Minas Norte, das als das älteste Haiti-Quartier der Insel gilt. Die kleine zentrumsnahe Siedlung hat rund 60.000 Einwohner und liegt am Ufer des Río Ozama. Dass die Insel weitgehend von Haitianern bewohnt wird, liegt daran, dass großbürgerliche Familien und Kleinbetriebe bevorzugt billige Haitianer als Arbeitskräfte anstellen.

In Los Minas Norte muss fast alles von Grund auf rehabilitiert werden: Die Straßen sind gewundene, holprige Lehmwege und die Substanz der Gebäude ist baufällig. Es fehlt an kulturellen und sozialen Einrichtungen, wie Spiel- und Sportflächen, Kitas, Grundschulen und Gesundheitsinstitutionen. Darüber hinaus braucht es ein Konzept zur Wasserversorgung, Entwässerung, Abfallentsorgung und Beleuchtung.

Meine dafür vorgesehenen Vorarbeiten sind zeitlich knapp bemessen. Zunächst soll der Kontakt zu einheimischen Beratern hergestellt werden, die wir dann innerhalb eines deutsch-dominikanischen Teams anbieten wollen. Neben der Diskussion allgemeiner Vertragsbedingungen stehen hohe Honorar-Forderungen der Dominikaner im Mittelpunkt. Daneben müssen Räumlichkeiten für bis zu 18 Mitarbeiter gefunden und ausgestattet werden. Die übrige Logistik wie Fahrzeuge und Luftbilder, die bereits für das Sanierungsgebiet bestellt wurden, muss ebenfalls erst noch geklärt werden.

Schließlich erhalten wir den Auftrag durch die Kreditanstalt für Wiederaufbau (KfW) und ich werde als Koordinator eines 18-köpfigen Expertenteams aus deutschen und dominikanischen Mitarbeitern benannt. Dabei soll ich zunächst verbindliche Vertragsverhandlungen mit den dominikanischen Partnerfirmen durchführen. Weitere Aufgaben sind der Ausbau des Planungsbüros in der Stadtverwaltung von Santo Domingo, die kontinuierliche Zusammenarbeit mit sämtlichen öffentlichen Planungsbeteiligten und den betroffenen Bewohnern, die Organisation von Seminaren sowie die konzeptionelle Mitarbeit in den Bereichen Stadtentwicklung und Wohnungsbau.

Mit Hilfe von Chris Lewin, eines in Santo Domingo fest etablierten GTZ-Beraters, soll das Projekt schnellstmöglich anlaufen. Um ihn herum gruppiert sich eine Schar von Beraterinnen. Zum einen ist da Frida de Aybar, Chefin des staatlichen Wohnungsbauinstitutes Instituto Nacional de la Vivienda (INVI), Ehefrau des größten Bauunternehmers der Insel, Vorsitzende mehrerer Non-Profit-Organisationen und

Beraterin des Oberbürgermeisters. Dazu gesellen sich Chef-Stadtplanerin Clarissa de Leon und Finanzexpertin Olga Mendez. Alle Damen versichern mir: „No hay problema de nada!“ Auf diese gängige Floskel folgt leider selten die versprochene Aktivität. Um ihr Honorar durch Overheads, angeblichen Zusatzaufwand, zu verdoppeln, gründen die Dominikaner unter der Leitung von Frida von Aybar das Beratungsunternehmen AYMECSA, dessen Name sich aus einzelnen Buchstaben der Initiatoren zusammensetzt. Die Gründung zwingt mich zu hartnäckigen Honorarverhandlungen mit meinen gerade erst reaktivierten Spanisch-Kenntnissen. Die Diskussionen sind eine wahre Schweißpartie und erst der Anfang größerer Probleme.

Der Projektvertrag zwischen IDC und der KfW beinhaltet eine Honorar-Vorauszahlung auf das Konto des Stadt-Kämmerers von Santo Domingo. Dieses soll ausgezahlt werden, sobald die IDC eine Bankgarantie über den auszuzahlenden Betrag vorweist. Weil die IDC zu dieser Zeit allerdings große Liquiditätsprobleme hat, kann sie weder die Bankgarantie beibringen noch die Auszahlung meines Gehaltes leisten. Und so werde ich gebeten, den Bürgermeister von Santo Domingo, den eigentlichen Empfänger des KfW-Kredites, zum Verzicht auf die Bankgarantie zu bewegen. Der Bürgermeister stellt sich quer, auf den Deal will er sich nicht einlassen. Wir bleiben fürs Erste mittellos und ich muss zunächst sämtliche Kosten aus eigener Tasche vorschießen.

Probleme gibt es auch bei unseren Arbeitsplätzen. Die uns zugewiesenen Räumlichkeiten im zweiten Obergeschoss im Rathaus von Santo Domingo sind belegt. Unmengen von unüberschaubaren und verstaubten Aktenberge lagern hier, für ihre Räumung gibt es keinen Zuständigen. Es verstreicht einiges an Zeit, bis die Räume endlich frei werden, um dann im Anschluss erneut von einer Schreinerei und einem Vermessungsbüro besetzt zu werden. Mit dreimonatiger Verzögerung beginnen wir schließlich, unsere Büros abzuteilen und mit abschließbaren Türen zu versehen. Das zugesagte Telefon lässt nach wie vor auf sich warten. „No hay problema de nada!“

Das Ende der Sintflut

Im April 1987 wurde Santo Domingo von heftigen Regengüssen überrascht. Eines Morgens, ich war gerade auf dem Weg in mein Büro, wurde ich bereits im Treppenhaus des Gebäudes von einem Wasserfall empfangen. Jeder weitere Schritt nach oben ließ nichts Gutes erahnen: Je höher die Geschosse lagen, umso größer wurden die Wassermassen. In meinem Büro angekommen, offenbarte sich dann die befürchtete Gewissheit: Die komplette Büroeinrichtung, auf die wir doch so lange hatten warten müssen, war restlos ruiniert.

Ausgerechnet jetzt wurden die von uns so dringend benötigten Luftbilder von Los Minas Norte angeliefert. In einer von vier Helfern über dem Kopf getragenen Holzkiste sickerte das Wasser aus den Ritzen und Fugen nur so heraus. Und damit war nicht nur unser Arbeitsplatz, sondern auch unsere Arbeitsgrundlage ruiniert. Die Fotos waren klitschnass und klebten aneinander. Mithilfe von Wäscheleinen versuchten wir zu retten, was zu retten war.

Als wäre die Sintflut nicht bereits ein schlechtes Omen gewesen, gab es als Zugabe noch ein zweites „Wasserspiel" in unseren Büros. Zum Geburtstag des Volkshelden Christoph Columbus, in der Dominikanischen Republik ein öffentlicher Feiertag, hatte sich die Bürokratie etwas ganz Besonderes einfallen lassen: Die überdimensionale Statue des Stadt- und Staatsgründers, etwa fünf Mann hoch, sollte eine Komplett-Reinigung erhalten. Während des Spektakels sollte die Arbeit ruhen. Das galt natürlich nur für die Einheimischen, nicht aber für uns ausländische Verweigerer des „Büroschlafs".

Als ich mich morgens dem Rathaus-Vorplatz näherte, befürchtete ich beim Anblick der vielen Feuerwehrfahrzeuge mit ausgefahrener Leiter zunächst ein Feuer. Die Realität zeigte sich dann aus nächster Nähe: Aus mehreren Schläuchen bekamen nicht nur die Statue, sondern auch unsere offenen Lamellenfenster kühlende Wasserduschen ab. Die Teppichböden waren durchtränkt, Schreibtisch-Schubladen standen unter Wasser, wichtige Dokumente waren unbrauchbar aufgeweicht. Der nächste Wasserschaden hatte unser Büro ereilt. Wir dachten an das Ende der Sintflut. Oder: Genug ist genug!

Abb. 2.63 Los Minas Norte

Abb. 2.64 Los Minas Norte

Abb. 2.65 Das Deutsch-Haitianische Expertenteam

Abb. 2.66 Chris Lewin (r.)

1987

Abschied

In einem von der GTZ veranstalteten Workshop, bei dem es unter anderem um die Situationsanalyse und Problemfindung des aktuellen Projekts geht, kommt es zum Eklat mit Chris Lewin. Der bullige Mann ist ein 24-Stunden-Arbeitstier und rühmt sich damit, in der Vergangenheit bereits ein ähnliches Projekt wie das anstehende durchgeführt zu haben. Sehr erfolgreich und zum Nutzen aller Beteiligten, wie er versichert.

Als ich seine damaligen Teammitglieder persönlich kennenlernen will, um von ihren Projekterfahrungen zu profitieren, blockt er plötzlich ab. Seine Aussagen werden immer widersprüchlicher. Als ich über Umwege dann doch eine Teilnehmerin des letzten Projektes zu fassen bekomme, höre ich nur Hass-Tiraden. Lewin wird als Lügner entlarvt. In der Folge wird die Zusammenarbeit mit ihm zunehmend schwieriger, Chris will den Oberchef spielen, mir stets die Leviten lesen. Der Haussegen hängt gehörig schief.

Die Auseinandersetzungen mit Lewin hier, Querelen mit der KfW dort. Geldtransfer-Probleme, ruinierte Büros, unbrauchbare Arbeitsmaterialen und allerhand Unstimmigkeiten. No hay problema de nada? Problemas en todas partes! Zu viel des Guten, was ich mir und meiner Familie zumuten möchte. Ein letzter Konflikt mit einem Kollegen veranlasst mich, das Vertragsverhältnis offiziell „einvernehmlich“ enden zu lassen. Nach der Wohnungsauflösung reise ich nach sechs Monaten Zwischenstopp in der Dominikanischen Republik mit gemischten Gefühlen zurück nach Deutschland. In einer arbeitsgerichtlichen Auseinandersetzung wird die IDC zur Zahlung meiner ausstehenden Gehälter und einer Abfindung verurteilt. Arbeitslos und entschädigt – unverhofft passende Zustände zur richtigen Zeit, um das Weinloch, eine Gaststube in der Heidelberger Altstadt, zu sanieren.

Abb. 2.67 Heimaturlaub Heidelberger Herbst 1986: Handbemalte Boxen zum Verkauf als Unterstützungsarbeit für Haiti

JEMEN (1992 – 1996)

Projekte und berufliche Stationen

1992 – 1996	Ministry of Housing and Urban Planning (MHUP) Teamleitung Planungshilfe Stadtentwicklung Erarbeitung eines Konzepts für ein Geoinformationssystem (GIS) Organisation von Weiterqualifizierungen für jemenitische Ingenieure Unterstützung des Stadtplanungsamtes in Aden Konzeption einer Soforthilfe für das kriegsgeschädigte Aden
1994	Teamleitung einer Projektfortschrittskontrolle (PFK) Niedrigkosten-Wohnungsbau in Chile
1995 – 1996	Regierungsberater des jemenitischen Ministers für Stadtentwicklung Organisation einer Exkursion nach Hajia Organisation einer Informationsreise nach Deutschland

Anekdoten

1992

Ankunft

Im Spätsommer erreicht mich eine telefonische Anfrage aus der Zentrale der Gesellschaft für Technische Zusammenarbeit (GTZ) in Eschborn. Eine Projektsprecherin ist am Apparat. Sie suche dringend einen Nachfolger für die Teamleitung eines Projektes im Jemen. Es gehe um Planungshilfe für die Stadtentwicklung. Nach sechsjähriger Laufzeit befinde man sich in der Abschluss- und Konsolidierungsphase. Ob ich den Posten übernehmen wolle? Ich zögere zunächst. Nach fünf nervenaufreibenden Jahren in Algerien bin ich wenig gewillt, nochmals in die arabische Welt einzutauchen. Eine zeitliche Begrenzung auf maximal zwei Jahre stimmt mich um, und so verändert meine Dreizeilen-Zusage an die GTZ mein Leben. Am 7. Januar stelle ich mich bei meinem neuen Vorgesetzten Peter Keller und seinem Vertreter El Menshawi vor. „Wir hatten Sie bereits gestern erwartet!", werde ich begrüßt. Der 6. Januar (Dreikönigstag) ist in Hessen kein Feiertag. Na wunderbar, gleich ein erster Fauxpas.

Der Flug nach Sana'a, der Hauptstadt Jemens, beschert mir einen aufklärenden Sitznachbarn. Der deutsche Leiter der Lufthansa-Niederlassung im Jemen hat bereits ein Jahr lang im Land gelebt hat und schildert offenherzig seine Eindrücke: „Die Jemeniten sind Raubritter, das werden Sie bald merken", grinst er. Na, das sind ja beste Aussichten, denke ich. Aller Vorwarnungen zum Trotz, versuche ich unvoreingenommen zu bleiben. Die Ankunft am Flughafen von Sana'a verläuft derweil schon mal höchst angenehm. Auf 2.000 Metern über dem Meeresspiegel und im Schein des Vollmonds werde ich respektvoll von meinem Vorgänger und einem Raumplanungsdirektor begrüßt. Die beiden begleiten mich in die VIP-Lounge. Um die lange Wartezeit bis zur Zoll-Abfertigung des Gepäcks zu überbrücken, trinken wir den ersten Quischerschalen-Kaffee. Die graubraune Brühe mit gewöhnungsbedürftigem Geschmack wird aus dem Abfallprodukt der Kaffeeherstellung, den ungerösteten Schalen der Kaffeebohnen, gebrüht. Zucker hätte das Ganze vielleicht halbwegs trinkbar gemacht.

Bis die Wohnung meines Vorgängers einzugsbereit ist, darf ich ins luxuriöse Taj Sheba Hotel einziehen. Das große Gebäude gleicht einer Edel-Herberge und liegt im Stadtzentrum von Sana'a. Mein Fahrer Ali holt mich am nächsten Tag ab und bringt mich zur Vorstellungsrunde in mein künftiges Büro, das sich in einem modernen Betonkasten mitten im Regierungsviertel befindet. Dort treffe ich zunächst auf den Dolmetscher und meinen zukünftigen Dauerbegleiter Habib Ramada. Im dritten Stock wartet dann schon mein neuer Arbeitsbereich auf mich: Ein riesiger Zeichensaal mit zwei Dutzend jemenitischen Mitarbeitern, einigen indonesischen Fachkräften und Peter Reiners vom Deutschen Entwicklungsdienst (DED). Dahinter liegt ein großes, mit Metallmöbeln eingerichtetes Büro. Es verfügt über Arbeitsplätze für Sekretäre und Dolmetscher. Davor thront ein Schreibtisch in Chef-Position. Der soll mir gehören.

Sämtliche Jemen-Aktivitäten der GTZ werden vom nahegelegenen Hauptbüro erledigt. Der dortige Büroleiter Herr Depta weist mich in die wichtigsten Voraussetzungen für das Leben vor Ort ein. Dazu gehört auch der Erwerb des jemenitischen Führerscheins. Ein lustiges Erlebnis, das vielleicht den chaotischen Fahrstil im Land erklärt. Ich nehme ein paar Stunden Fahrunterricht und lerne Kamel-Schilder kennen; bei einem kurzen Zwischenstopp im Krankenhaus lasse ich meine Reaktionsgeschwindigkeit testen. Man haut mir mit dem Hämmerchen aufs Knie, alles okay. Dann noch schnell für die Passbilder in die Kamera lächeln und ein bisschen Bakschisch abdrücken, im islamischen Raum eine Art finanzielle Almosen. Dann ist der Führerschein für Fahrten mit dem rundlichen, sandfarbenen Toyota Land Cruiser gesichert.

Abb. 2.68 Fernsicht auf Sana'a, aus Hodeidah kommend

Abb. 2.69 Altstadt von Sana´a

Abb. 2.70 Blick auf die Altstadt und die Talha-Moschee

Abb. 2.71 Regierungsviertel von Sana'a

Abb. 2.72 Mein Büro im Ministerium - voll ausgerüstet mit Sekretärin, Übersetzer Habib und Büro-Assistent Biskri (l.)

Abb. 2.73 GTZ-Hauptbüro in Sana'a

Abb. 2.74 Lokal gedresst und mit Land-Cruiser in Aden

Vorfreuden auf jemenitisch

Vor meinem Jemen-Einsatz besuchte ich Ende 1991 ein Vorbereitungsseminar der GTZ in deren Eschborner Zentrale. Auf dem Kursplan standen unter anderem Sprachunterricht in Arabisch, Landeskunde, Projektmanagement und Grundlagen der Buchhaltung. Gleichzeitig klärte mich mein Vorgänger über die Arbeits- und Lebensumstände im Jemen auf. Neben der kompletten Übernahme seines Jobs bot er mir auch seine Wohnung samt Einrichtung und Toyota Land Cruiser an. Ich stimmte zu. Meine zukünftigen jemenitischen Kollegen, die ich während meines Einsatzes vor Ort betreuen sollte, könne ich auch gleich kennenlernen. Die drei Herren, der nationale Raumplanungs-Direktor Abdo Mohammed, der stellvertretende Minister für Wohnungsbau und Stadtentwicklung, Ahmed al Abidi, und der Stadtplanungsdirektor Ali Mohamed, wären gerade auf Informationsreise in Deutschland. Da sie auch Heidelberg besuchen wollten, verabredete ich mich mit ihnen im Rega Hotel in der Bergheimerstraße. Nach dem ersten Händeschütteln lud ich sie kurzerhand zu mir nach Hause in die Altstadt ein. Bei einem gemeinsamen Couscous-Essen erhoffte ich mir, bereits im Vorfeld ein herzliches Verhältnis herstellen zu können.

So kochte Püppi das Abendessen und deckte den Tisch schön ein. Voller Vorfreude warteten wir auf unsere jemenitischen Gäste. Pünktlich um sieben Uhr klingelte es an der Tür, drei dunkelhaarige Gestalten standen auf der Unteren Straße vor meiner Wohnung. Wir unterhielten uns kurz, dann hieß es „Sorry". Sie hätten umgeplant, das mit dem gemeinsamen Essen ginge bestimmt auch ein andermal. Sie müssten jetzt dringend woanders hin. Wohin denn, fragte ich interessiert. Zu einer wichtigen Veranstaltung, sie wüssten aber nicht genau, wo diese stattfindet. Ich bat sie, doch zumindest für einen kleinen Drink hoch zu kommen. Vielleicht könnte ich ja helfen. Mit spürbarem Widerwillen stiegen sie die Treppen hinauf. Drinks? Ja, aber bitte nur Wasser. Na klar, sie waren ja Muslime! Sie betraten das Wohnzimmer, schauten sich um, dann stürmte Abdo Mohammed hinauf zu unserer Schlafgalerie und erkundete unser Gemach. So etwas habe er vorher noch nie gesehen, beteuerte er.

Auf meine Nachfrage hin entpuppte sich die überaus wichtige Abendveranstaltung als eine Bauchtanzaufführung in einem Lokal außerhalb Heidelbergs. Ich schlug in den Gelben Seiten nach und machte eine türkische Gaststätte in Eppelheim ausfindig. Die Dame am Telefon bedauerte: „Die Tänzerin ist leider erkrankt, die Veranstaltung fällt aus." Auf mein Vermelden dieser Nachricht folgte eine eindeutig erkennbare Reaktion der ausländischen Gäste. Er will uns dieses Vergnügen nicht gönnen! Er will nur sein Essen loswerden! Freudlos und widerwillig setzten sie sich an den Tisch und stocherten lustlos im Couscous mit Huhn herum. Schließlich kamen wir schleppend ins Gespräch. Püppi wollte wissen, wie Frauen im Jemen leben. Über Frauen sprechen? Für die Jemeniten ein eher langweiliges Thema, wie ihre Gesichter verrieten. Natürlich ginge es den Frauen gut, was denn sonst! Ob der algerische Couscous schmecke? Ja doch, aber jemenitisches Essen sei besser. Wir verabschiedeten uns bis zu meinem Arbeitsbeginn im kommenden Jahr. Ein ernüchternder Auftakt unserer deutsch-jemenitischen Beziehungen. Vorfreude sieht anders aus!

Abb. 2.75 Ambitioniert beladen - auch ein Heckantrieb hätte hier nicht mehr viel geholfen

Abb. 2.76 Besprechung im Kollegenkreis

1992 – 1996

Ministry of Housing and Urban Planning (MHUP)
Teamleitung Planungshilfe Stadtentwicklung

Am MHUP übernehme ich zunächst die Teamleitung für ein Stadtentwicklungsprojekt in Sana'a. Die Stadt ist das politische, wirtschaftliche und kulturelle Zentrum des Landes. Meine Teammitglieder sind ein Kollege vom GTZ sowie fünf Mitarbeiter des DED. Gemeinsam sollen wir die instrumentellen und rechtlichen Rahmenbedingungen für die Stadtentwicklung verbessern. Denn das unkontrollierte Wachstum von Sana'a bereitet zunehmend Probleme. Die Ursachen der Verstädterung liegen in erster Linie im gesellschaftlichen und technologischen Wandel. Die Wasserversorgung sowie die Erziehungs-, Bildungs- und Gesundheitseinrichtungen sind unzureichend, der Wohnraum wird immer knapper und die Umweltbelastung steigt. Politische Ereignisse, wie bspw. die nationale Wiedervereinigung oder der Golfkrieg, haben die Defizite innerhalb der technischen und sozialen Infrastruktur nur noch weiter verstärkt.

Ein Projektabkommen regelt die Aufgaben und Leistungen der deutschen und jemenitischen Fachkräfte vor Ort. Die Partnerleistungen bestehen in der Regel meist nur aus mietfreien Büros, denen es schon am Notwendigsten mangelt. Und so beginnt mein erster Arbeitstag mit einem Aktenschrank, der sichtbare Einbruchsspuren aufweist, und einem fehlenden Telefon, dessen Kabel ganz offensichtlich mit einem Küchenmesser durchtrennt wurde. Die einzige Person im Besitz eines Computers ist die Sekretärin. Weil jeder auf dem Boden sitzt, sind Sitzmöbel im Jemen grundsätzlich Mangelware und so bestelle ich bei IKEA erst einmal meine Büroausstattung. Die Jemeniten zeigen sich zunächst desinteressiert. Wer braucht schon Möbel? Doch als die großen Kartons eintreffen, ist das Gerangel groß. Die Qualität des Schreibtisches bestimmt den Status im Büro.

Ein Maßnahmenplan an der Bürowand veranschaulicht den Projektumfang: Über hundert Einzelaufgaben für rund 50 Hauptakteure und unzählige Beteiligte auf lokaler Ebene. Bis jetzt haben Architekten, Ingenieure und Berater rund 30 Arbeitsdokumente zum Projekt verfasst.

Mein Vertrag wird bereits nach einem Jahr Projektarbeit verlängert und ich lasse mich für drei weitere Jahre Jemen breitschlagen. Bei allen Beschwerlichkeiten hat das Land mit seiner Landschaft, seiner Architektur und seinem teilweise mittelalterlichen Leben auch seinen Reiz. In den kommenden Projektphasen geht es nun darum, Bestandsaufnahmen und Bauleitpläne für 17 Kleinstädte zu erarbeiten. Da keinerlei Unterlagen existieren, starten wir bei Null. Auch fehlt es an entsprechenden Luftaufnahmen. Währenddessen füllen Richtlinien und Handbücher für die Planung von Straßen, Wasserversorgung, Abwasser, Abfallbeseitigung, Sozial- und Wirtschaftsentwicklung sowie Flächennutzung und Bebauung die verstaubten Regale. Um einen Überblick zu gewinnen, muss zunächst alles mühevoll aufgearbeitet und sauber strukturiert werden.

Abb. 2.77 Ausstellung der deutsch-jemenitischen Zusammenarbeit zum Besuch des Bundespräsidenten R.v. Weizsäcker

Abb. 2.78 Besprechung des Operationsplanes

Abb. 2.79 Unsere Dachterrasse

Abb. 2.80 Jemenitisches Bergnest

„No food, no love"

Am Rosenmontag 1992 veranstaltete mein Vorgänger eine Abschiedsparty im Taj Sheba Hotel. Ein rauschendes Kostümfest, bei dem ausgelassen getanzt wurde. Mein Chef Peter Keller stolzierte währenddessen als kostümierte Jemenitin auf der Bühne umher. Ich konnte es nicht fassen, dass so etwas im Jemen möglich sei. Weil mein Vorgänger vor seiner Abreise noch einen Urlaub eingeplant hatte und seine zugesagte Wohnung noch nicht renoviert war, sollte ich mit meiner Frau zunächst das Domizil eines befreundeten Ehepaars hüten. Dort angekommen, wurden wir umgehend von den Nachbarn zum Iftar eingeladen, dem typischen Ramadan-Abendessen. Während des islamischen Fastenmonats regiert das tagsüber das Gesetz „No food, no love". Entsprechend ausgehungert waren die Jemeniten in ihren Grundbedürfnissen am Abend. Das Fastenbrechen begann stets mit dem Ruf des Muezzins und mündete meist in einem stundenlangen Fress-Gelage. Auf dem Boden sitzend und in Gesellschaft vieler Gäste, wurde das Essen nur so herunter geschlungen. Den Boden bedeckten dabei unzählige kleine Schalen, in denen sich allerhand Köstlichkeiten befanden. Ich staunte über die immense Speisenvielfalt, die von den Frauen tagsüber in stundenlanger Arbeit zubereitet wurde. Da es sich für einen Jemeniten allerdings nicht ziemt, die Ehefrauen seiner Freunde einzuladen, blieben sie entweder zuhause oder verweilten im Nebenzimmer, bis die Männer schließlich ihr ausuferndes Abendmahl offiziell beendet hatten. Ein Akt, der bis tief in die Nacht gehen konnte.

Doch keine Zone ewigen Friedens

Die Wohnung meines Vorgängers lag inmitten der Altstadt von Sana'a, umgeben von blühenden Gärten und unweit einer altehrwürdigen Moschee, die rund 350 Jahre zuvor von Türken erbaut wurde. Das 4-stöckige Gebäude gehörte der jemenitischen Imam-Familie und war im typischen Altstadtstil aus Naturstein, Ziegelmauerwerk und mit üppigen Quameria-Dekorationen gebaut. Die mosaikartigen Glasfenster gaben der Wohnung ein schönes, warmes Licht. Ein Blickfang war auch das riesiges Eingangstor für Kamele und das darin eingelassenen Personentürchen Im zentralen Natursteinbogen hing ein Haken für eine Naturalien-Waage, die meist für Weizen, Hafer oder Feldfrüchte genutzt wurde. Mit den sackweise angelieferten Gütern wurde der Pachtzins beglichen. Zwei getrennte Treppenhäuser für Männer und Frauen führten in die oberen zwei Wohngeschosse. Von den sieben Zimmern waren die beiden größten sogenannte Mafradsch, in die sich die Männer traditionell zum Kaufen von Quat zurückzogen. Die bitter schmeckende Blätter sind die Volksdroge im Jemen und werden zu jeder Tageszeit konsumiert.

Voller Vorfreude konnten wir es kaum erwarten, unser herrschaftliches Domizil zu beziehen. Doch manchmal zeigt sich die Kehrseite der Medaille erst in Übergangssituationen. Eine Woche vor dem Abreisetermin meines Vorgängers erkrankte er plötzlich und konnte die zugesagte Renovierung seiner Wohnung nicht durchführen. Und so sollte sie kurzerhand durch jemenitische Handwerker in Schuss gebracht werden. Wegen des Ramadans wurde allerdings nur nachts gewerkelt. „Alles halb so schlimm", versicherte er. Die Jemeniten seien zuverlässig und arbeiteten unglaublich schnell. Das bisschen Bauüberwachung könne mir als Architekt doch nicht schwer fallen. Die von uns bereits erworbenen Gegenstände ließ er gleich im Haus, die Schlüssel für die Wohnung hatte er bereits den Malern ausgehändigt. Jetzt sollten wir ihm nur noch einen Scheck über 30.000 Mark für Hausrat, Auto und die beiden Katzen Roberta und Robby übergeben, ihn zum Flughafen eskortieren und ihm eine gute Heimreise wünschen.

Nach seiner Abreise verzögerte sich die Renovierung weiterhin. Wir waren täglich vor Ort, doch die Handwerker waren bereits mit dem ersten Morgenlicht verschwunden. Am geplanten Fertigstellungstermin dann die Misere: Teller und Tassen lagen zerstreut auf dem Boden. Alles wirkte wie die Hinterlassenschaft aufgescheuchter Diebe. Ein paar Schritte weiter bestätigte sich dann der Verdacht. Die „Umzugshelfer" meines Vorgängers hatten unsere Wohnung ausgeräumt. Schränke waren aufgebrochen, vieles von unserem gerade erst erworbenem Besitz war mit den Handwerkern sprichwörtlich mit gewandert. Eine Anzeige war aussichtslos, der Ramadan behinderte alle Recherchen. Ein Klagebrief an meinen Vorgänger mündete in Zeitverschwendung. Und so zogen wir in eine leergefegte Wohnung ein und mussten selbst zusehen, wie wir das Verschwundene wieder ersetzten. Offensichtlich war die Altstadt von Sana'a doch keine Zone ewigen Friedens. Auch nicht während des heiligen Ramadans.

Abb. 2.81 Die prachtvolle Architektur unseres Hauses in Sana'a

Abb. 2.82 Altstadt-Flair vor unserem Haus

Abb. 2.83 Unsere Haustüre

Abb. 2.84 Blick in den Mafradj

Abb. 2.85 Mein Hausbüro – zuhause arbeiten

Abb. 2.86 Fischessen in Aden mit Fahrer Ali und Kollegen

Jemenitische Bierfreuden

Unter den übrig gebliebenen Hinterlassenschaften meines Vorgängers befand sich auch eine Bierkiste. Sie war aus rotem Kunststoff, also zunächst nichts Besonderes. Doch die leeren Flaschen darin stellten einen besonderen Schatz dar, denn ohne Leergut war ein Biereinkauf unmöglich. Engländer hatten viele Jahre zuvor Bier und Braukunst ins Land gebracht. Ein DDR-Braumeister führte die gute Tradition schließlich fort. Im streng muslimischen Nordjemen war Alkohol ein schwerwiegender Sündenfall, den man selbst ausländischen Entwicklungshelfern nicht gerne verzieh. Da sich nun aber der Norden und Süden des Jemens wiedervereinigt hatten, musste man die Existenz der Teufels-Brauerei bis auf Weiteres zähneknirschend hinnehmen. Aden war Standort der einzigen Brauerei des Landes. Natürlich wollten auch wir den Ort einmal selbst zum Bierkauf ansteuern, selbst wenn wir dafür eine kleine Weltreise auf uns nehmen mussten.

Um die Kontrollen auf unserer Strecke unentdeckt passieren zu können, wurde die Kiste geschickt in Tücher gehüllt. Nach 500 kurvigen Kilometern und acht Stunden Fahrt kamen wir endlich in Aden an und gingen, hungrig wie wir waren, erst einmal in ein Fisch-Restaurant. Dort schrien alle durcheinander, die Bestellungen wurden lauthals in die Küche gerufen. Alte koreanische Zeitungen waren im marxistisch geprägten Jemen üblich und waren als Tischdecken ausgebreitet. Wir bestellten und bekamen zuerst eine fettige Fleischbrühe mit riesigen Fladenbrot-Lappen serviert. Dazu gab es Sachauik, eine rötlich-grüne Soße, die aus Zwiebeln, Knoblauch, Tomaten und Koriander zubereitet wird. Hierzu wurden alle Zutaten durch den Fleischwolf gejagt, bis ein köstlicher schaumiger Saft entstand. Mit Salz und Pfeffer abgeschmeckt und ab in die Soßenschale. Der ausgenommene Fisch wurde mit Chili eingerieben und im Holzofen an einem Metallhaken gegart. Er kam glühend heiß und kohlrabenschwarz auf unseren Tisch. Dort wurde kräftig auf ihn draufgeschlagen, der Fisch fiel auseinander und offenbarte sein köstliches, rosa-weißes Innenleben. Mit beiden Händen ging es nun zur Sache. Der Gastgeber reichte dem Anfänger leckere Stücke, verdrehte vielsagend die Augen, während uns die zarten Brocken auf der Zunge zergingen. Eine rustikale Köstlichkeit, die wir nur im Jemen kennenlernen durften. Fisch war in Aden zu jeder Mahlzeit - zum Frühstück, Mittag- und Abendessen - gefragt. Vor Begeisterung hätten wir fast den Biereinkauf vergessen.

Erarbeitung eines Konzepts für ein Geoinformationssystem (GIS)

In die vierjährige Konsolidierungsphase fallen auch aktuelle Luftaufnahmen, so genannte Orthofotografien, die als Grundlage für ein Geoinformationssystem (GIS) der Städte Sana'a und Aden bereitgestellt werden sollen. Mithilfe eines solchen Systems lassen sich räumliche Daten für die Stadtplanung erfassen und bearbeiten.

Eine Millionen Mark sind dafür budgetiert, doch was kostet so ein GIS tatsächlich? Um einen ersten Überblick zu gewinnen, kontaktiere ich Middle East Areal Photosystems (MAPS). Die deutsche Firma mit Stammsitz in München und einem Zweigbüro in Sharja, Vereinigte Arabische Emirate, scheint mir hierfür geeignet zu sein. Ich besuche das Unternehmen vor Ort und lasse ich mir zunächst die GIS-Lösungen der Stadtverwaltungen von Dubai und Sharja vorführen. Mit Kosten in Höhe mehrerer Millionen Dollar entwickelt und durch Expertenscharen zigfach aktualisiert, genügen sie modernsten stadtplanerischen Erfordernissen. Die wichtigsten Ergänzungsdaten solcher Systeme sind neben der Luftfotografie die statistisch korrekten Basisdaten der Planungsgebiete, beispielsweise der Anteil der Kinder an der Bevölkerung oder die Einwohnerdichte in einzelnen Bezirken, sowie eine leistungsstarke Software, um durch Verknüpfen und Auswerten der Daten wichtige Erkenntnisse, etwa zum Bedarf an Kindergärten oder Wohnungen in den jeweiligen Stadtteilen, zu gewinnen.

Ich möchte mehr über die Möglichkeiten einer entsprechenden Software erfahren und besuche hierzu den Frankfurter Regional-Entwicklungsverband, der ein GIS namens Archview benutzt. Bereitwillig werde ich dort über geeignete Technologien informiert und kehre aufgeklärt nach Sana'a zurück, um dort mit den jemenitischen Partnern die Auftragsvergabe und Projektdurchführung zu diskutieren. Doch schon bald meldet sich ein junger Händler, der entsprechende Produkte eines Konkurrenzanbieters vertritt. Er will uns eine ganze Rechnerfarm verkaufen und belagert uns fortan unablässig. GIS-Erfahrung hat er keine, stellt dafür aber Provisionen in Aussicht und hofft, dadurch schnell ins Geschäft zu kommen. Er droht mir mit unliebsamen Konsequenzen für meine Weiterbeschäftigung, falls der Auftrag nicht an ihn gehe. Ich fürchte um meine Sicherheit, jemenitische Rache kann tödlich enden!

Ich bitte um Geduld. Erst einmal muss die Frage geklärt werden, wer das GIS überhaupt bedienen soll. Eine entsprechende Ausbildung erscheint mir hierbei unumgänglich; zudem braucht es Recherchen, um die kärglichen Daten in den beiden Städten zu ergänzen. Hier können Gespräche mit dem Geografischen Institut der Universität Sana'a weiterhelfen. Eine Informationsreise nach Kairo, wo mehrere ägyptische Städte über ihre guten Erfahrungen mit dem System berichten, soll schließlich zur endgültigen Entscheidungsfindung führen. Die Frage nach dem Software-Lieferanten bleibt jedoch weiterhin offen. Die Finanzierung überschreitet ohnehin unser Budget.

Anschließend gehen wir die Produktion der Luftaufnahmen von Sana'a und Aden an. Dazu sind umfangreiche logistische Voraussetzungen zu klären, beispielsweise die Abgrenzung des zu überfliegenden Gebietes. Wer muss konsultiert werden, wer hat Entscheidungsbefugnis? Jeder Quadratkilometer wird heiß diskutiert. Die bürokratischen Vorgaben und die militärischen Genehmigungen kosten Zeit. Um wolkenlose Bedingungen sicherzustellen, muss eine geeignete Jahreszeit ausgewählt werden. Das Chartern von Flugzeugen verursacht hohe Tageskosten und muss nahtlos klappen. Schließlich geht der Auftrag dann doch an MAPS. Als das Deutsche Archäologische Institut von Sana'a davon Wind bekommt, will es bei der Gelegenheit auch gleich sein Forschungsgebiet bei Lahej in der Nähe von Aden mit überfliegen lassen. MAPS erklärt sich bereit, dies gegen Erstattung der Materialkosten zu ermöglichen.

Und so erhalten wir wenige Monate später gestochen scharfe Luftaufnahmen in bester Qualität. Die Bilder von Sana'a treffen zuerst ein und bieten Anlass, einen Planungsworkshop mit den jemenitischen Partnern zu veranstalten. Gemeinsam mit interessierten Vertretern der Universität, Stadtverwaltung und Landesregierung sollen weitere Schritte geklärt werden. Das geplante Geoinformationssystem lässt hingegen noch immer auf sich warten. Was daraus letztendlich geworden ist, habe ich nie erfahren.

Abb. 2.87 Komitee der International Women

Frauenkauf

Nach dem Einzug in unsere Wohnung schloss Püppi schnell Kontakte zu anderen Frauen und wurde schon bald Mitglied bei den International Women. Die jemenitischen tief verschleierten Damen trafen sich regelmäßig an Nachmittagen zu ihren Frauenrunden, die ähnlich wie die Männerrunden mit Bündeln von Quat-Zweigen, Thermoskannen mit Quischerschalen-Kaffee und Wasserpfeifen arrangiert wurden. Dabei wurden Neuigkeiten ausgetauscht, Unterwäsche verkauft oder auch frisch gebackene Mütter samt Baby begutachtet, die auf einem weichen Berg an Matratzen thronten. Manchmal nahmen sie auch ihre Töchter mit, um sie den anderen Frauen als Ehekandidatinnen für deren Söhne vorzuführen.

Der Verkauf von Töchtern ist im Jemen üblich und wird auch durch den Koran gestattet. Männer dürfen bis zu vier Frauen kaufen, wobei die wirtschaftlichen Grenzen beachtet werden müssen. Jeder Mann soll nur so viele Frauen haben und mit ihnen Kinder zeugen dürfen, wie er auch ernähren kann.

Die wirtschaftliche „Potenz" des Mannes und der Wert der zukünftigen Frau werden in Geld und Goldschmuck gemessen. Die Verhandlungen über den Brautpreis werden dabei ausschließlich unter Männern geführt, bevor die Widerlage schließlich vom Bräutigam an die zukünftigen Schwiegereltern übergeben wird. Das Brautgeld ist dabei in erster Linie eine Absicherung der Ehefrau im Fall von Krankheit oder Alter, und soll von der Familie aufbewahrt werden. Geht die Ehe allerdings in die Brüche, was jederzeit vom Mann unilateral erklärt werden kann, müssen diese Gaben von der Familie wieder zurückerstattet werden.

Unter den gescheiterten Ehen gab es auch Fälle, bei denen die Brautfamilien die zurückzugebenden Leistungen nicht mehr erbringen konnten. Für die Töchter ein schweres Los. Sie wurden in Folge dessen inhaftiert und litten unter den widrigen Lebensumständen im Gefängnis. Missbrauch und Vergewaltigungen durch die Wärter waren keine Seltenheit und die Frauen wurden in schäbigster Art ausgenutzt. Sie kamen erst dann wieder frei, wenn Gelder flossen oder soziale Kontakte mit ins Spiel kamen.

Abenteuer im Souk

Souks sind Geschäftsviertel und das Herz arabischer Städte. Besonders der Geldwechsel dort war für mich ein besonderes Abenteuer. Er war offiziell unzulässig, wurde von den Einheimischen allerdings straffrei praktiziert. Wer Geld wechseln wollte, musste zunächst die Quat-kauenden und vor Geldscheinbergen kauernden Händler nach ihrem Kurs fragen. Drei unterschiedliche Wechselkurse waren dabei üblich: Ein Bankkurs für jedermann, ein besserer Kurs für Projektmittel und ein Souk-Kurs, der von allen der beste war. Und selbst da gab es von Händler zu Händler Unterschiede. Vergleichen lohnte sich also.

Die Fremdwährung, meist US-Dollars, musste dabei zunächst vom Kunden vorgezählt werden. Anschließend zählte der Händler nach und überreichte Tausende von jemenitischen Rial-Scheinen. Die riesigen Bündel hatten ein beachtliches Gewicht. Es war unmöglich, die Papiermassen vor Ort zu prüfen und so konnte man nur hoffen, dass der Betrag stimmte. Die abgegriffenen Scheine wurden schließlich in mehreren Plastiktüten unter den Arm geklemmt. Nun galt es, möglichst schnell und unauffällig nach Hause zu kommen.

Ebenfalls abenteuerlich gestaltete sich der Einkauf von Silberschmuck. Unweit von unserer Altstadtwohnung in Sana'a stolperten wir durch die engen, nur spärlich beleuchteten Gassen. Eine Mischung aus unheimlichem und magischem Vergnügen. Aus finsteren Ecken strömten die verhüllten Menschen hervor, Kinder und Lastentiere kreuzten die staubigen Wege, tauchten ins Licht und verschwanden im Dunkel. Die Läden waren meist winzig, in den Ecken hockten Krämerseelen, die Kundschaft wurde herbeigewinkt. Schauen kostete ja schließlich nichts. Die Kioskwände waren überladen mit Schmuckstücken, Kostbarkeiten und Ramsch, die kunterbunt durcheinander hingen. Die Suche nach den attraktivsten Originalen war ein anstrengendes Geschäft. Während man suchte, lauerte das Händlerauge scharf beobachtend im Hintergrund. Hatte man den feinen, silbernen Armreif, das prachtvolle Collier oder den kunstvoll gestalteten Ring endlich entdeckt, begann der Handel mit Fragen nach Preis, Herkunft, Alter, Silberqualität und Gewicht. Das oberste Gebot: möglichst beiläufig und desinteressiert tun. Auf keinen Fall wirkliche Kauflust zu erkennen geben. Das lokale Preisniveau zu ermitteln, war eine Kunst für sich. Für Ausländer wurde der Preis selbstverständlich vervielfacht. Mühsam musste man sich an die nur mäßig überhöhte Preisforderung heranarbeiten. Nach langwierigem Feilschen kehrten wir mit unseren neuen Errungenschaften stets erschöpft zurück. Dabei stellten wir uns immer wieder eine Frage: Hatten wir ein seltenes Schnäppchen ergattert, oder waren wir aufs Händlergeschwätz hereingefallen?

Abb. 2.88 Altstadt von Sana'a, Talha-Strasse

Organisation von Weiterqualifizierungen für jemenitische Ingenieure

Die GTZ arbeitet grundsätzlich mit verschiedenen Planungsmethoden. Ein so genannter Plan of Operations (POO), plant alle Projekt-Aktivitäten innerhalb eines halben oder ganzen Jahres im Voraus. Alle zu erledigenden Aufgaben vor Ort sind dabei mit den ausländischen Partnern vereinbart. Der jemenitische Minister für Stadtentwicklung hält sich allerdings nicht immer an die Absprachen und kommt immer wieder mit neuen Vorhaben auf mich zu, die selbstverständlich umgehend umgesetzt werden sollen. Meine Aufgabe ist es dann, die GTZ über die neuen Aufträge in Kenntnis zu setzen, die davon verständlicherweise nicht begeistert ist.

So soll ich auf Wunsch des Ministers eine Weiterqualifizierung für 40 jemenitische Ingenieure des Ministeriums organisieren. Dass unser Plan of Operations dafür keine Mittel vorsieht, interessiert ihn nicht. Die Fortbildung soll an einer privaten Ingenieur-Akademie in Kairo stattfinden, die ein Freund von ihm betreibt, der gleichzeitig einer der größten Unternehmer in Kairos Baubranche ist. Sein Vorhaben kann ich gerade erst vernehmen, da lässt er sich schon telefonisch mit seinem ägyptischen Freund verbinden und drückt mir den Hörer in die Hand: „Da, sprich mit meinem Freund und bestätige, dass ihr die Ausbildung finanziert“. Ohne jegliche Kostenermittlung? Mein Versuch, mich freundlich aber unverbindlich zu äußern, missfällt ihm ganz und gar. Er droht, mich über das GTZ-Büro und die deutsche Botschaft zurechtweisen zu lassen. Wie ich es nur wagen könne, sein Ansehen bei seinen ausländischen Freunden zu schädigen. Es ginge hier ja schließlich nicht um mein Geld, sondern um jenes, das den Jemeniten ohnehin zustünde.

Ich versuche zu beschwichtigen und empfehle, bei der niederländischen Botschaft vorstellig zu werden. Die sitze ohnehin im Nachbargebäude und verfüge sicherlich über mehr Möglichkeiten, die gewünschte Weiterbildung zu finanzieren. Jawohl, das werde er tun. Wenn die Holländer das Ganze übernehmen, dann könne er auf uns Deutsche verzichten. Sofort greift er zum Telefon und verlangt einen Termin für den folgenden Tag. Auf meine Nachfrage am nächsten Tag raunt der Minister: „Der Ochse weiß nicht, was wir brauchen“. Damit ist der holländische Botschafter gemeint. In der gleichen Woche dann doch noch die frohe Botschaft: Trotz einer ersten Absage gelingt es, eine Co-Finanzierung mit dem holländischen Entwicklungs-Attaché zu avisieren. Und so fliege ich mit einem jemenitischen Kollegen Ahmed Harazi nach Kairo, um die logistischen Einzelheiten zwischen der Ingenieur-Akademie und dem dortigen GTZ-Büroleiter Burghard Claus zu klären. Ahmed zeigt sich währenddessen begeistert von Kairo und dem Marriott Hotel. Er will gar nicht mehr zurück nach Sana'a und verlängert seinen Aufenthalt um eine Woche.

Die Auswahl und zeremonielle Entsendung der jemenitischen Auszubildenden behält sich der Minister höchstpersönlich vor. Dadurch will er klar zu erkennen geben, wem er seine Gunst gewährt. Unser Privileg ist es immerhin, seine Geschenke zu überreichen und Flugscheine sowie Taschengeld an die jungen jemenitischen Ingenieure auszuhändigen.

Abb. 2.89 Dr. Hans-Henning Sawitzky (m.) umgeben von Ahmed (r.) und Franz (der kann´s)

Für das jemenitische Volk ist es stets ein Lebenstraum, ins Ausland zu gehen. Während heute das Ausreisen einfacher geworden ist, war dies zu Lebzeiten des Imam geradezu ein Glücksspiel. Weil nur er berechtigt war, Auslandspässe auszustellen, erhielt von allen Reisewilligen vielleicht nur jeder Zehntausendste einen Pass. War die Reise ins Ausland dann endlich geschafft, wurde das Leben natürlich in vollen Zügen genossen. Der Rückflug wurde während dessen gedanklich auf den Sanktnimmerleinstag verschoben. Warum heute an morgen denken?

Dieser Grundsatz lebt noch immer in den Herzen der Jemeniten und so geben auch die Auszubildenden ordentlich Gas. Das Geld wird regelrecht verschleudert für alles, was das Wunderland Ägypten zu bieten hat. Nach ihrer Rückkehr dann die Klagen über das ausschweifende Verhalten: Die Stipendiaten haben Schulden gemacht. Um sie zu decken, muss das GTZ-Büro Kredite bewilligen.

Überfallszenarien

Neben Sana'a und Aden sollten auch die Projekt-Partnerstädte fachliche Unterstützung erhalten, darunter auch Dhamar, Rada'a, Hajia, Al Mahweet, Kaukaban, Manacha, Ma'rib, Bajil, Bait el Faquih, Zabid, Mokha, Lahej und Mansouriah. Die Orte lagen weit verstreut, teilweise im Hochgebirge oder in Küstennähe, und die Fahrten dorthin waren nicht nur zeitraubend, sondern auch gefährlich. Unser projekteigener Fahrzeugpark umfasste bis zu sechs Fahrzeuge, von denen fünf während meiner Einsatzzeit mit vorgehaltener Waffe zweckentfremdet wurden. Der Diebstahl von Fahrzeugen war im Jemen gang und gäbe, die Gewaltanwendung an der Tagesordnung. Dabei wurden selten geparkte Autos geklaut. Im Visier der Diebe standen stets die Autos mit Fahrern, denn die gaben schließlich die Garantie, dass das Gefährt auch tatsächlich funktionierte. Im Gegensatz zu meiner Erfahrung in Kenia, wurden im Jemen die Fahrer allerdings „nur" aus dem Auto geworfen und nicht gleich umgebracht. Besonderes Unglück traf auch die Tochter der deutschen Botschafterin Helga von Strachwitz. Als sie mit dem neuen Mercedes ihrer Mutter auf eigene Faust nach Ma'rib reiste, wurde sie von Wegelagerern aufgehalten. Das Fahrzeug überschlug sich, die junge Frau verletzte sich und wurde ins Krankenhaus gebracht. Wenigstens hatten die Räuber keinen Gebrauch von ihren Schusswaffen gemacht.

Gott sei dank blieb ich selbst von derlei Überfallszenarien verschont. Das mag wohl an der Autowahl gelegen haben. Die Diebe bevorzugten Autos mit seitlich öffnenden Hecktüren, um Personen wie etwa Soldaten transportieren zu können. Die quergeteilte Heckklappe meines Wagens ließ sich hingegen nur nach oben und unten öffnen, und war somit für den Zweck der Diebe ungeeignet. Hinzu kam die auffällige Farbe: Meine Heckklappe war feuerrot. Mit diesen beiden Merkmalen wäre mein Auto nach einem Diebstahl leicht zu erkennen gewesen. Die Entscheidung, ein Auto mit Wiedererkennungswert zu kaufen, traf ich bewusst in Anlehnung an einen früheren Kollegen, auf dessen Heckklappe der Schriftzug „King of the Road" prangte.

Unterstützung des Stadtplanungsamtes in Aden

Aden ist die zweitgrößte Stadt im Jemen. Die Hafenstadt am Golf von Aden ist die wichtigste Zwischenstation auf der Südostasien-Route nach Mumbai und Hongkong. Der Hafen wird überragt von einem rund 500 Meter hohem Vulkan Dschebel Schamsan, um den sich mittlerweile ein Meer an Hütten gebildet hat. Seit der Verbrüderung mit dem Nordjemen reißt die Zuwanderung nicht ab. Die Gegend platzt aus allen Nähten. Noch stärker trifft es die Vorstädte Mansouriah und As Shaab. Hier haben sich die Slumviertel bereits stark ausgebreitet. Die Folge ist ein erheblicher Mangel an geordneter Erschließung mit Straßen, Kanälen, Wasser, Abwasser, Elektrizität, Straßenbeleuchtung und Abfallwirtschaft. Die Wasser- und Stromversorgung bricht regelmäßig zusammen und taucht die Stadt ins Dunkel. Parzellen werden unter der Hand verteilt, während die Baubehörden ein Auge zudrücken. Gegen ein saftiges Bakschisch zur Gehaltsaufbesserung ist vieles möglich.

Unsere Aufgabe ist es, die Büro-Infrastruktur des Stadtplanungsamtes zu verbessern, eine Fortbildung für die Mitarbeiter zu organisieren und die Planungsgrundlagen zu aktualisieren. Selbstverständlich müssen die einzelnen Punkte zunächst mit den Jemeniten verhandelt werden, am besten in einer ausgiebigen Quat-Runde.

Nord gegen Süd

Bis 1990 war der Jemen in den bergigen Norden und den flacheren Süden geteilt, der als englisches Protektorat regiert wurde. Nach dem Weggang der Engländer wurde im Südjemen eine sozialistische Volksrepublik gegründet, die sich der finanziellen, technischen und militärischen Unterstützung durch Russland und der DDR erfreute. Der Nordjemen hingegen hatte die Hilfe der USA. Amerikanische Gesellschaften hatten Ölquellen rund um Ma'rib unweit der historischen Stätte des ältesten Staudamms der Welt erschlossen. Der Eigenbedarf des Nordens war gedeckt, also sanierte man mit Lizenzen und Exporterlösen die Staatskasse. Öl an den Tankstellen war preiswerter als Trinkwasser in Plastikflaschen.

Als die Südjemeniten die Unterstützung verloren, vereinigten sie sich mit dem ölreichen Norden. Eins werden mit den plötzlich wohlhabenden Brüdern war die einzige Rettung, auch wenn man sie als Dolch-schwingende Steinzeitmenschen betrachtete. Diese Situation änderte sich schlagartig, als internationale Ölgesellschaften im südlichen Hadramaut Ölquellen entdeckten. Der bloße Gedanke, vielleicht selbst mehr Öl fördern und damit mehr Einnahmen erzielen zu können, als man im nördlichen Jemen erbetteln konnte, verscheuchte den Süden. Die erhofften Vorteile der Vereinigung kamen ohnehin nicht schnell genug zum Tragen, Aden

verkam zur Provinz und die politische Stellungnahme des vereinten Jemen gegen den Golfkrieg trieb eine Millionen Auslands-Jemeniten zurück in die Heimat, die bspw. in Saudi Arabien oder den Vereinigten Arabischen Emiraten Arbeit gefunden hatten. Die erst fünf Jahre bestehende Vereinigung des sozialistischen Südens mit dem kapitalistischen Norden drohte ein jähes Ende zu finden. Der Süden verlangte erneut seine Unabhängigkeit und war bereit, dafür zu kämpfen. Der zweite Abtrennungsversuch des Südens löste zwischen 1994 und 1995 einen weiteren Krieg zwischen beiden Landesteilen aus.

Was den Krieg letztendlich genau verursachte, lässt sich nur schwer rekonstruieren. Scheinbar ging es um Macht und Pfründe, aber auch ums Überleben der ausgehungerten Bevölkerung im Süden. In Aden kam es zu einer Regierungskrise mit tödlichen Folgen für die politischen Kontrahenten des Südens. Zur versöhnenden Besprechung kamen beide Seiten mit Waffen. Sie trauten einander nicht. Als die Gemüter hochkochten und verbal nichts mehr ging, sprachen am Konferenztisch nur noch die Kalaschnikows. Die schnelleren Schützen überlebten. Das Blutbad griff auf die Stadt über, ein Bürgerkrieg schäumte hoch. Angeblich ließen 20.000 Menschen ihr Leben und das wenige Vorhandene wurde zertrümmert.

Diese Zeit war die turbulenteste meines Jemen-Aufenthaltes. Ich machte gerade mit meiner Familie Osterurlaub in Heidelberg, als ich von dem plötzlichen Kriegsausbruch erfuhr. Sana'a wurde von russischen Sojus-Raketen bombardiert, sämtliche GTZ-Kollegen waren bereits evakuiert. Der Vorfall passierte unweit unserer Wohnung und wir konnten von Glück sagen, dass wir nicht vor Ort waren.

Abb. 2.90 Die Bergwelt des Nordjemen

Abb. 2.91 Der Staudamm der Königin von Saba, neu erbaut

Abb. 2.92 Blick auf Shibam im Hadramaut

1994

Leitung einer Projektfortschrittskontrolle (PFK) zum Niedrigkosten-Wohnungsbau in Chile

Während im Jemen Krieg herrscht, ist für mich und meine Familie bis auf Weiteres nicht mehr an Rückkehr zu denken. Das Projekt liegt deshalb auf Eis und so nehme ich zur Überbrückung von September bis November 1994 ein Kurzprojekt in Chile an. Gemeinsam mit einem chilenischen Volkswirt, einem peruanischen Architekten und einer chilenischen GTZ-Teamleiterin soll ich dort die Leitung für eine Projektfortschrittskontrolle (PFK) zum Niedrigkosten-Wohnungsbau übernehmen. Diese ist ein Instrument der Deutschen Gesellschaft für Internationale Zusammenarbeit (GIZ) GmbH und wird zur Steuerung und Planung von Entwicklungsmaßnahmen eingesetzt. Das Projekt wird mit rund 14 Millionen Mark gemeinsam von der GTZ und der KfW gefördert.

Um mich für den Einsatz fit zu machen, studiere ich im Vorfeld die Akten in der GTZ-Zentrale in Eschborn und besuche parallel einen Auffrischungskurs in Spanisch. Mein Briefing soll ich bei einem GTZ-Berater in Buenos Aires erhalten, der dieses Projekt vor Jahren auf den Weg gebracht hat. Eine Reise nach Chile mit Zwischenstopp in der Hauptstadt Argentiniens - eine wunderbare Abwechslung vom Jemen, die ich gerne übernehme.

Abb. 2.93 Habitat 2 Konferenz in Istanbul - Stand der Republik Jemen mit dem Herrn Minister (2.v.l.)

Unter meiner Leitung entsteht ein umfangreicher Bericht, der alle Ergebnisse zum Fortschritt des Projekts detailliert dokumentiert und dessen Fortsetzung rechtfertigt. Die drei Monate Projekteinsatz in Chile beeindrucken mich außerordentlich. Es ist ein wahres Kontrastprogramm: auf der einen Seite der fast mittelalterliche und zerstrittene Jemen, und auf der anderen Seite Chile, mit seinem europäisch geprägten Lebensstil. Jedoch ist es auch in Chile nicht möglich, die Grundbedürfnisse der breiten Masse der Bevölkerung, etwa an erschwinglichem Wohnraum, zu befriedigen. Und so kann auch unser Projekt nur die untersten Einkommensgruppen erreichen. Und selbst das gelingt trotz guter Vorsätze und eines breitgefächerten staatlichen Wohnungsbauprogramms nur lückenhaft.

Die „Talente" des Ministers

1994 wurde im Jemen ein neuer Minister für Stadtentwicklung eingeführt. Der weltgewandte Mann stammt aus Hajia und sprach fließend Deutsch. Seine große Affinität zu Deutschland war seinem bemerkenswerten Lebenslauf geschuldet. Dank seiner großen Erfolge in der Schule erhielt er in jungen Jahren ein seltenes Stipendium von dem ebenfalls aus Hajia stammenden Imam. Dieses ermöglichte ihm den Besuch eines Gymnasiums in Kairo. Nach seinem Abschluss wollte er eigentlich zurück in seine Heimat kehren, doch der Imam war gerade gestürzt worden und so flüchtete er nach Aden. Dort erhielt er ein weiteres Stipendium, dieses Mal von der DDR, das ihm den Weg an eine Marine-Akademie in Rostock ebnete. Nach dem Deutschstudium und dem Erwerb eines Schiffsführer-Patents bereiste er die Weltmeere, lernte dabei Englisch, Französisch, Italienisch und Spanisch und erlangte so eine beachtliche Weltgewandtheit. Seiner Ernennung zum Hafendirektor von Hodeidah am Roten Meer stand nichts mehr im Wege. Beim Konfiszieren attraktiver Waren und Prachtkarossen von durchreisenden Schiffen war er stets ganz vorn mit dabei. Die besten Errungenschaften ließ er seinem obersten Dienstherren in Sana'a zukommen. Der Präsident zeigte sich beeindruckt von seinen „Talenten" und heuerte ihn für einen lukrativen Posten an. Für das Ministerkabinett konnte der Präsident keinen Besseren finden. Eine Hand wäscht die andere. Das gilt auch im Jemen.

Konzeption einer Soforthilfe für das kriegsgeschädigte Aden

Nach dem Kriegsende im August 1994 besteht das Bundesministerium für wirtschaftliche Zusammenarbeit und Entwicklung (BMZ) darauf, sämtliche Projekte nicht einfach so fortzuführen, als sei nichts geschehen. Im schwer geschädigten Südjemen soll deshalb nach einer Bestandsaufnahme die Infrastruktur wieder aufgebaut werden. Gemeinsam mit dem Wasserbauexperten Sigmar Sender, soll ich in Aden die Schäden an der Infrastruktur, öffentlichen Gebäuden - Stadtverwaltung, Schulen und Krankenhäuser - sowie an den Wohnhäusern ermitteln. Anschließend sollen wir ein Soforthilfekonzept erarbeiten. Dafür stehen uns sechs Wochen Zeit zur Verfügung. Eine Mammut-Aufgabe innerhalb eines Mini-Zeitrahmens. Das BMZ verlangt viel, ist hingegen aber meist ungeduldig.

Nachdem wir unseren Bericht zur Schadensermittlung abgeben haben, gestattet uns die GTZ, samt Familie wieder in die Wohnungen und Büros von Sana'a zurückzukehren. Dort ist die Normalität aus der Vorkriegszeit wieder eingekehrt. Der Schaden wird vorsätzlich nicht beziffert, die Toten werden totgeschwiegen. Ein vereinigtes Jemen soll wiederhergestellt werden, egal wie. Der Präsident des Nordjemens soll dabei das Wunder vollbringen. Mithilfe eines Deals soll er die Unterstützung des Militärs aus dem Südjemen erkaufen und sie zum Umschwenken bewegen. Höhere Posten in der geeinigten Armee sowie Privilegien wie Villa und Dienstfahrzeug dienen als Köder.

Wir wollen an eine vor dem Krieg vereinbarte Abmachung anknüpfen und das alte Stadtplanungsamt in Aden aufstocken und ausstatten. Das missfällt allerdings dem jemenitischen Minister für Stadtentwicklung. Er hat eine bessere Idee: Das verwaiste Haus der Ingenieurs-Vereinigung in Meeresnähe sei ein lukratives Objekt, für dessen Ausbau er sofort einen Unternehmer gewinnen könne. Das Gebäude ist allerdings nicht mehr als eine Bauruine. Es wurde nahezu in den Rohbau-Zustand zurückgebombt und zeigt neben Sturmschäden starke Witterungsspuren. Es folgen eine Bestandsaufnahme und Ermittlungen zu den Ausbaukosten. Kaum sind diese abgeschlossen, kommt der Minister mit einer neuen Idee: Das ehemalige italienische Konsulat, im schönsten Wohnviertel gelegen und von Granaten und Maschinengewehren stark gelöchert, sei das ideale Stadtplanungsamt. Bei der Besichtigung lässt er durchsickern, das Gebäude gefiele ihm auch für seine private Nutzung nicht schlecht. Um mich zu ködern, bietet er mir ein kleines Dach-Appartement als künftige Ferienabsteige an.

Ich entgegne, dass die Adener Stadtplaner den Ausbau ihrer neuen Büros im ehemaligen Betriebshof der Stadtverwaltung bevorzugen. Auch reichen unsere Projektmittel dafür nicht aus. Er ist verärgert, schließlich gebe es schon entsprechende Angebote einer bewährten britischen Firma, die Ausbauarbeiten könnten also schon bald beginnen. Und überhaupt, wie könne ich es wagen zu widersprechen? Wer habe hier das Sagen? Adener Stadtplaner, britische Alt-Kolonialisten, ein Herr Ast oder ein Minister? Und so lässt meine Abmahnung durch die deutsche Botschaft nicht lange auf sich warten.

Abb. 2.94 Besuch in unserem Mafradj

Versöhnung im Mafradsch

Nach meiner Abmahnung vereinbarte mein Kollege Ahmed Harazi ein Versöhnungstreffen mit dem Minister. Wir trafen ihn in Aden. Die zweitgrößte Stadt Jemens war gleichzeitig auch das Winterquartier der Regierung. Als Folge der Wiedervereinigung Jemens hatte sich die Regierung verpflichtet, den Regierungssitz halbjährlich abwechselnd in den Norden und in den Süden zu verlegen.

Als Bleibe hatte der Minister importierte Fertigbauten einer schwedischen Baufirma konfisziert. Dort sollten wir ihn besuchen, um die weiteren Programmpunkte künftiger Projekthilfe für Aden zu besprechen. Das umzäunte Gelände war schwer bewacht. Träger von Maschinengewehren eskortierten uns zu einem Bungalow. Der Minister stand bereits mit finsterer Miene auf den Stufen der Veranda. Mit einem Badetuch über dem Ringerhemd bekleidet, empfing er uns schwitzend. Mit Bartstoppeln wirkte er ungepflegt. Im Inneren seines Bungalows offenbarte sich der übliche Mafradsch. Die Wodkaflasche zur Begrüßung hatte er im Kleiderschrank versteckt. Allerdings war sie leider unerreichbar: Der Minister hatte den Schlüssel zum eigenen Schlafzimmer verlegt. Vielleicht auch verloren, das wusste er selbst nicht mehr so genau.

Aber ein deutscher Ingenieur, Architekt und Experte wie ich es war, sollte doch schließlich wissen, wie man so ein Billigschloss auch ohne Schlüssel öffnen kann, grinste er. Aber in Nullkommanix, bitte. Dietrich-Erinnerungen kreisten in meinem Kopf. Ein Draht musste her, gebogen werden, ein wenig im Schloss herumfummeln, dann sollte es doch sicherlich aufspringen. Und so riss ich von der Umzäunung des Grundstücks ein Stück Draht heraus, krümmte es in Dietrich-Manier und fummelte herum. Doch es klappte nicht. Währenddessen schauten zwei Soldaten mit Argusaugen zu.

Um der Peinlichkeit ein Ende zu bereiten, ließ sich einer der beiden schließlich mit der Schulter gegen die Türe fallen. Sie sprang auf. Breites Grinsen der Jemeniten folgte. Auch ohne Deutsche kam man hier klar. Die Soldaten verschwanden wieder und so griff ich auf Geheiß des Ministers in den Kleiderschrank, ertastete unter Zeitungspapier im linken unteren Eck die begehrte Flasche Wodka und brachte sie ins Mafradsch. Drei Wassergläser wurden gefüllt und der Inhalt heruntergespült. Dann strahlten sich alle an. Die Versöhnung war gelungen.

1995 – 1996

Regierungsberater des jemenitischen Ministers für Stadtentwicklung
Organisation einer Exkursion nach Hajia

Ahmed ist ziemlich verärgert, der Minister hat seinen neuen Toyota Land Cruiser in Beschlag genommen. Warum, das ist unklar. Und so beschwert sich mein jemenitischer Kollege Kollege beim GTZ-Büroleiter Dr. Henning Sawitzki, der ihn umgehend an mich verweist. Ich soll Vermittler spielen und die Sache wieder in Ordnung bringen.

Ich bitte um eine Audienz beim Minister, der mich umgehend in sein Büro bestellt. Als ich das Autothema anschneide, wirkt der Minister belustigt. Schließlich brauche er keinen billigen Toyota, sondern einen deutschen Mercedes. Herausgeben will er den Dienstwagen trotzdem nicht und behält ihn rund sechs Monate in seinem Besitz, bis er ihn schließlich für eine kleine Immobilie in Aden eintauscht. Nur eine von vielen eigenwilligen Minister-Aktionen, wie ich später noch erfahren sollte.

Obwohl es nicht sein Spezialgebiet ist, weiß der Herr Minister über die aktuelle Entwicklungsarbeit in seinem Land bestens Bescheid. Was unser Projekt angeht, muss er auch einen Nutzen für sich gewittert haben: Schon kurze Zeit nach unserer persönlichen Bekanntschaft bittet er mich, eine dienstliche Reise für ihn zu organisieren. Diese soll in seinen Heimatort Hajia, rund 160 Kilometer nordwestlich von Sana'a, führen. Die Stadt ist auch der Geburtsort des verstorbenen Imam und allein schon deshalb von großer Bedeutung. Mit der Reise will er die deutsch-jemenitischen Beziehungen stärken und deutsche Hilfsangebote für seinen Heimatort initiieren.

Die deutsche Botschafterin Helga von Strachwitz und ihre Tochter sollen ebenfalls mit von der Partie sein. Die hochgewachsene Frau ist in der untersetzten Männerwelt der jemenitischen Regierung mit rund 1,85 Meter Körpergröße auch im wahrsten Sinne des Wortes eine herausragende Persönlichkeit. Schnell kann sie mit Reitstunden in der Militärkavallerie beweisen, dass sie nichts erschrecken kann. Schon gar nicht ein arabischer Hengst. Sie und der kleine, rundliche Minister bieten nebeneinander einen lustigen Anblick.

Nachdem alle Einzelheiten der Reise nach Hajia geklärt sind, geht es im Konvoi los. Der Minister besteht darauf, gemeinsam mit der Botschafterin im Fond des deutschen Dienstmercedes zu reisen. Unser Begleitfahrzeug fährt in gebührendem Abstand hinterher. Den ersten Stopp initiiert der mitreisende Direktor für Umwelt Moassib. Am Straßenrand will er die besten Quat-Angebote vergleichen. Das gemeinsame Kauen der Blätter ist, ähnlich unserem deutschen Kaffeekränzchen, für den sozialen Austausch von grundlegender Bedeutung. Nur dass sich dabei auch ein lähmender Rauschzustand einstellt.

Die Fahrt nach Hajia kostet Zeit und Nerven. Sie führt durch gewundene Gebirgsstrecken, steile Felsabstürze und Schluchten. Nach einer gefühlten Ewigkeit treffen wir schließlich im größten Hotel von Hajia ein. Die Botschafterin bittet, sich mit ihrer Tochter zurückziehen zu dürfen. Sie möchte einen Ortsrundgang und eine Ruhepause vor dem Festmahl einlegen. Der Minister hingegen nutzt die Gelegenheit, seiner Begeisterung über den gelungenen Ausflug Ausdruck zu verleihen. Er bittet mich und Moassib in sein Zimmer, um mit uns gemeinsam seine mitgebrachte Flasche Wodka zu leeren. Wodka ist unter Jemeniten ein beliebtes Getränk, da es - klar wie es ist - Wasser zum Verwechseln ähnlich sieht. Nach eingeübter Seemannsart gilt jetzt nur noch „Ex und Hopp". Während er in Windeseile fast eine halbe Flasche Wodka hinunterkippt, nippe ich vorsichtig. Meine Zurückhaltung missfällt ihm.

Zum Mittag folgt ein großes Hammel-Essen im geschmückten Festsaal unseres Hotels. Die Botschafterin und ihre Tochter werden als Ehrengäste am Ende der langen Tafel platziert. Der angeheiterte Minister und Moassib sitzen rechts und links von ihr. Sie sind beide zünftig jemenitisch gekleidet und mit Turban und Djambia geschmückt. Der Krummdolch wird in arabischen Ländern und insbesondere im Jemen als Schmuckstück am Gürtel getragen. Ich werde in die Nähe der Botschafterin gesetzt und fungiere unter anderem als Dolmetscher. Auch das „Fußvolk", in dem Fall die Chauffeure und Wachleute, wird streng nach dem jeweiligen Personenstatus am Tisch platziert.

Abb. 2.95 Gräfin Helga v. Strachwitz, deutsche Botschafterin im Jemen (r.)

Abb. 2.96 Bergdörfer rings um Hajia

Abb. 2.97 Bergdörfer rings um Hajia

Nach dem langen Tag knurrt der Magen, die vielen leeren Teller lassen Köstliches erhoffen. Endlich kommen die Bediensteten mit dampfenden Hammeln auf Riesenbrettern herbeigeeilt. Die Pflicht des Gastgebers ist es, die besten Stücke zunächst den Ehrengästen zu präsentieren. Der Minister greift einem der gerösteten Tiere hinter die Rippen, reißt einen Brocken heraus. Dabei fällt das zarte Fleisch vom Knochen. In seinem Enthusiasmus fällt ihm das nicht auf. Der Knochen wandert auf den Teller der Botschafterin, die ihn entsetzt anstarrt. Das soll ich essen? Die nüchternen Tischnachbarn erkennen den Fauxpas. Der Missgriff wird sofort korrigiert und die Botschafterin mit einem Haufen zart Geschnetzeltem zufrieden gestellt. Bis die gesamte Tafel versorgt ist, vergeht etwa eine viertel Stunde, sodass nur die Letzten warm dampfendes Essen erhalten.

Bei der anschließenden obligaten Quat-Sitzung gibt es Gastgeschenke. Die Botschafterin muss sich ein riesiges Brustcollier aus Silber für Hochzeitsbräute, vielleicht ein Kilo schwer, anlegen lassen. So etwas dürfe sie nicht annehmen, meint sie, und möchte es ihrer Tochter weitergeben. Auf gar keinen Fall, entgegnen die Gastgeber. Für die Tochter steht schließlich schon ein kleineres Exemplar bereit, das ihr umgehend umgehängt wird. Mit wertvollen Gaben freundlich gestimmt, dürfen die Gäste nunmehr die Hilfsanträge der Hajia-Vertreter im Einzelnen zur Kenntnis nehmen: eine neue Wasserversorgung, die Erweiterung des Marktes, der Ausbau der Schulen und des maroden Krankenhaus. Deutscher Großzügigkeit will man nichts in den Weg legen. Die paar Probleme mit dem anwesenden Stadtplaner des Deutschen Entwicklungsdienstes, der in seinem kärglichen Büro unter dem Präsidentenfoto vor sich hin werkelt und, wenn er nicht gerade private Bauzeichnungen erledigt, auch mal Quat-kauend Karikaturen zeichnet, werden dezent unter den Tisch gekehrt. Die Hajia-Exkursion wird ein voller Erfolg das Ansehen des Ministers. Er kann seinen Anhängern beweisen, welch hochrangigen Besuch er in seine Heimat ziehen kann.

Abb. 2.98 Obdachloser Bettler im Wadi Saila

Recyclage avec profit

Im Jemen herrschte geradezu eine Flut an Kunststoffflaschen. Zwei Wasserfabriken produzierten täglich eine viertel Million Wasserflaschen. Weil es kein geordnetes Recycling-System gab, landeten die leeren Behälter meist auf der Straße oder in den Feldern.

Unter den Massen befanden sich auch viele Flaschen der beiden berühmten französischen Hersteller Evian und Vittel. Und so kam ich eines Tages mit dem französischem Botschafter zusammen, um mit ihm einen ersten Recycling-Versuch zu diskutieren. Bei der Gelegenheit fragte ich ihn auch, ob er denn bereit sei, die Wiederverwendung der Plastikflaschen in Angriff zu nehmen, die ja ohnehin aus seinem Heimatland stammen. Der Franzose zeigte sich gewillt: „Oui, oui Monisieur! Pas de problème."

Am nächsten Tag stand auch schon sein Handels-Attaché in meinem Büro und sicherte mir konkrete Unterstützung zu. Er wollte mir Broschüren der französischen Recycling-Industrie zur Verfügung stellen. „Recyclage avec profit" war die Werbeaufschrift. Bei der Frage bezüglich der Vorfinanzierung wurde das Ganze dann schnell als Sache des Privatsektors verbucht. So etwas war von den Franzosen natürlich nicht eingeplant.

Und so entwarf ich einen Brief für den jemenitischen Minister, in dem ich um ein Gespräch mit den beiden bekannten französischen Plastikflaschen-Herstellern bat. Mein Schreiben ergänzte ich mit einem kleinen Wink mit dem Zaunpfahl: Würden die Industriellen etwas tun, um die Flut an Plastikflaschen zu mindern, bspw. durch ein Pfand- oder Recyclingsystem, könne man auch über Steuervorteile reden. Bei Tatenlosigkeit kämen Auflagen bis hin zu Strafen in Betracht.

Der Brief wurde vom Minister nicht unterschrieben und wanderte stattdessen in seine verstaubte Ablage. Was war der Grund der Tatenlosigkeit? Vielleicht war es Sorge, andere könnten an dem Recycling-Versuch mehr verdienen als er. Vielleicht auch der fehlende Sinn für die Notwendigkeit eines Recyclings. Schließlich gab es genügend internationale Finanzhilfen für den vermüllten Jemen. Mir wurde klar, dass der Wink mit großen Geldschecks für das Umweltmanagement ein willkommener Anlass war, das Umweltproblem weiter zu erhalten als sich den Problemlösungen eines deutschen Beraters zu widmen.

Organisation einer Informationsreise nach Deutschland

Eine Informationsreise nach Deutschland soll dem Minister die Möglichkeit bieten, die administrativen Strukturen deutscher Regierungsarbeit kennenzulernen. Geplant sind Besuche des Frankfurter Regionalentwicklungsverbandes, des Heidelberger Stadtplanungs- und Bürgermeisteramtes, der Münchener Regierungskanzlei und schließlich der GTZ-Zentrale in Eschborn.

In der Regel werden offizielle Informationsreisen hochrangiger Entscheidungsträger vom zuständigen Besucherdienst der GTZ betreut. Dieser plant nach den Vorgaben des Besuchers die Termine vor Ort, organisiert Treffen mit offiziellen Dienststellen, bucht Hotels und Transport und versucht so, die Reise so informativ und reibungslos wie nur möglich abzuwickeln.

Um die Ministerreise vorzubereiten und die entsprechenden Informationen an den Besucherdienst weitergeben zu können, bitte ich ihn im Vorfeld, mir seinen genauen Reisezeitraum zu nennen. Der Zeitrahmen wird vereinbart und der Besucherdienst aktiviert. Das vollständige Reiseprogramm mit gebuchten Hotels und Transporten vor Ort wird mehrfarbig auf Glanzpapier gedruckt und diplomatisch formgerecht mit Einladungsschreiben an seine Exzellenz überreicht. Auf unsere Rückfrage, ob es denn so recht sei, lässt mich der Minister wissen, dass seine zahlreichen Verpflichtungen die geplante Reise nun doch nicht zuließen. Sein Präsident benötige ihn vorläufig für Wichtigeres. Für mich eine mächtige Panne und ärgerliche Mehrarbeit. Für einen jemenitischen Minister ein Klacks. Lass die anderen doch rotieren, ist alles nicht mein Problem. Anders kann man seine Einstellung nicht interpretieren.

Eine Woche später dann sein Anruf. Okay, es klappt wohl doch. Das Ganze kann laufen. Allerdings mit zweiwöchiger Verzögerung. „Musch mushkila", kein Problem! Der Besucherdienst weigert sich zunächst, bei den Querelen im Vorfeld noch einmal einen Termin einzufädeln. Nach wiederholtem Nachfassen ist er dann doch dazu bereit. Es folgt ein Ministerflug samt Sonderbegleiter in der ersten Klasse, die Holzklasse im Lufthansa-Nachflug gibt es für mich. Am 1. Mai 1995, dem Tag der Arbeit, an dem ganz Deutschland ruht, landen wir schließlich um 6 Uhr morgens in Frankfurt. Der „Sonderbegleiter" verabschiedet sich bereits nach der Ankunft am Flughafen. Vielleicht ist er doch eher auf Privatreise? Die Abwesenheit seines Begleiters scheint den Minister nicht zu stören. „Das ist ein Holzkopf", meint er.

Die erste Station unserer Deutschlandreise ist Heidelberg. Den Mietwagen, selbstverständlich ein Mercedes, darf ich selbst über die A5 steuern. Um dem Minister zwei Nächte in einem Kulturdenkmal zu ermöglichen, lasse ich das Renaissance-Hotel Ritter buchen. Schon bei seiner Ankunft fragt seine Exzellenz, ob Heidelberg nichts Besseres zu bieten hätte, als einen derart alten Schuppen. Ein Sheraton zum Beispiel. Das gäbe es schließlich selbst in Sana'a. An der Rezeption empfängt uns eine verschlafene Azubine, der Tanz in den Ersten Mai war wohl ausschweifend. Sie erklärt uns, man habe eine türkische Putzkolonne aus Speyer engagiert. Die sei allerdings wegen einer Autopanne verspätet. Wir möchten uns doch bitte gedulden. Gedulden? Ein Minister geduldet sich nicht!

Ich erkundige mich nach einem Alternativ-Zimmer, notfalls auch bescheidener als die gebuchte Suite. „Nein, nichts geputzt", heißt es. Ich wage es kaum, seiner Exzellenz das mitzuteilen. Er ist erzürnt, will eine Dusche, ein sauberes Bett. Vor allem aber ein deutsches Frühstück. Bei diesem Stichwort atme ich auf. Was darf es sein, Herr Minister? Ein kühles Pils und ein Bauern-Omelette mit Schinken. Das habe er schließlich lange entbehren müssen. Ich renne in die Küche, der Aushilfskoch ist bereit. Gekochte Kartoffeln, Eier und Schinken sind vorhanden. Ein Pils zum Frühstück ist unüblich, aber machbar. Ein paar Minuten später wird das Essen serviert und auch ich genehmige mir ein Pils. Während der Minister zufrieden sein dampfendes Bauern-Omelette verspeist, steige ich hoch ins gebuchte Zimmer, sehe das zerwühlte Bett, treibe ein Zimmermädchen auf, das zum Glück gleich tätig wird.

Ich begleite den Minister in seine frisch gemachte Suite unterm Dach, preise den Schlossblick an. Doch der interessiert ihn nicht. Es bleiben uns zwei Stunden bis zu unserem ersten Termin bei Beate Weber. Die erste weibliche Oberbürgermeisterin Baden-Württembergs ist bereit, uns im Rathaus zu empfangen. Ich frage den Minister, was wir der Dame als Gastgeschenk überreichen sollen. Er zieht ein paar Glasperlen-Kettchen aus der Reisetasche. Die könne er verschenken. Jetzt möchte er aber erstmal duschen. Ich verabschiede mich kurz, will meine Familie begrüßen und mich zuhause kurz vom Ministerstress erholen.

Aus Püppi's jemenitischer Silberkollektion suche ich ein weniger blamables Gastgeschenk für die Oberbürgermeisterin und finde einen alten, kunstvoll gearbeiteten Silberarmreif, der ihr sicher gefallen wird. Nach einer halben Stunde bin ich zurück im Ritter, um unseren Besucher auf die Begrüßung vorzubereiten. Ich öffne die Tür zum Hotelzimmer, vor mir steht der Minister in langen Unterhosen inmitten seiner umgekippten Koffer. Um ihn herum liegen Anzüge, Hemden, Krawatten und Unterwäsche auf dem Boden verstreut. Er weiß nicht, was er anziehen soll. Ich helfe beim Aufräumen und beim Anziehen, bis wir schließlich empfangsbereit sind.

Währenddessen wird auf dem Rathausplatz die Kundgebung zum 1. Mai vorbereitet: Bierzelte, Tische und Bänke werden aufgebaut, es duftet nach Wurstbrätereien, Menschenmassen strömen herbei, die Blasmusikanten üben sich ein. Kurz vor 11 Uhr durchschreiten wir schließlich die Rathaustür, gehen die Treppen hinauf und klopfen an der Tür von Beate Weber an. „Hereinspaziert!" Die Sekretärin empfängt uns, sogleich steht auch Frau Weber bereit und begrüßt freudig erregt den hohen Gast aus dem fernen Jemen. Ein paar freundliche Worte, es folgen Fragen zu unserem Heidelberg-Programm. Ich erwähne den morgigen Besuch im Stadtplanungsamt, wir überreichen das silberne Gastgeschenk, das ihr offensichtlich Freude bereitet. Schon muss sie sich entschuldigen, der Rathausbalkon wartet auf sie. Ihre Rede an die Bürgerschaft hat Vorrang.

Mit diesen Worten endet unser erstes Pflichtprogramm. An Pause ist nicht zu denken, nahtlos geht es weiter. Im Kurpfälzischen Museum treffen wir den Leiter des Stadtplanungsamtes zum Mittagessen, anschließend folgt ein kleiner Verdauungsspaziergang über die Alte Brücke und am Neckarufer entlang. Die Schönheit Heidelbergs lässt auch den Minister nicht unberührt. Zurück durch die belebte Fußgängerzone, dann ist endlich Freizeit für alle Beteiligten angesagt. Ein Referat über die Heidelberger Stadtentwicklungsplanung soll erst am nächsten Tag folgen.

Unser nächster Deutschland-Stopp ist München, bei dem auch Inge mit dabei ist. Unterwegs überkommt uns an der Raststätte Grundingen der Hunger und wir verlassen die Autobahn auf der Suche nach einem guten Restaurant. Ein leckeres Rindersteak will sich der Minister gönnen. Unser kulinarischer Zwischenstopp verläuft leider nicht ganz glücklich, wir können mal wieder die Mängel deutscher Gastronomie erkennen und entschuldigen uns beim Minister für die Unannehmlichkeiten.

In München buchen wir mit dem Interkonti unweit des Isartores endlich ein standesgemäßes Domizil, das auch dem Minister gefällt. Wir liefern ihn ab und verabschieden uns. Während wir die nächsten Tage bei meiner Schwester Gunde in Neubiberg entspannen, darf sich ein Beamter der Staatskanzlei um das Unterhaltungsprogramm kümmern. Nach den üblichen offiziellen Empfängen folgen noch zwei gemeinsame Reisetage nach Frankfurt und nach Eschborn. Kurz vor dem Rückflug nach Sana'a drückt er mir noch schnell eine Einkaufsliste für allerlei Mitbringsel in die Hand. Darauf war hemmungslos alles notiert, was er glaubte noch gebrauchen zu können. Darunter auch Viagra-Pillen und Büstenhalter.

Ministerielle Fußabdrücke

1995 rief der deutsche Bundeskanzler Helmut Kohl zur Teilnahme an der EXPO 2000 auf. Alle Regierungen der Entwicklungsländer erhielten hierfür eine Einladung. Fünf Jahre Vorbereitungszeit für Veranstalter und Aussteller - für Jemeniten eine Ewigkeit. Und länger, als ein jemenitischer Politiker mit seinem politischen Überleben rechnete. Um den Minister über die Teilnahme Jemens zu informieren, verabredete ich mich mit meinem Kollegen Ahmed Harazi zu einem gemeinsamen Termin im Ministerialbüro. Lange Wartezeiten im Vorzimmer waren üblich, Termine im deutschen Sinne inexistent. Wir waren umringt von mehr als zwanzig wartenden Scheichs, der Ministerschreibtisch war von Beratern und Antragstellern umlagert. Von Telefonen und Aktenbergen umgeben, schäumte seine Exzellenz vor Erregung und warf ärgerliche Blicke um sich. Wir ahnten Unangenehmes und wollten uns zurückziehen, um auf besseres Klima für unser Anliegen zu hoffen. „Nein, hierbleiben!", hieß es. „Was gibt's, worum geht's?" Vorsichtig überreichten wir dem Minister das Kuvert mit der Einladung, erklärten behutsam den Inhalt. „Was? 2000? Was soll der Unsinn!" Ein Minister habe schließlich Wichtigeres zu tun, als über die nächsten fünf Jahre nachzudenken. Und so schleuderte er die Einladung auf den Boden und trampelte wütend darauf herum. Wir waren geschockt. Was sollten wir nun der Botschafterin sagen? Das Kuvert war beschädigt, mit den ministeriellen Fußabdrücken sichtlich dekoriert. In diesem Zustand konnten wir es nicht einmal zurückgehen lassen. Eine Blamage für uns, den Minister und den Jemen.

1996

Abschied

Mittlerweile liegen vier Jahre Regierungsberatung und hunderte von Begegnungen mit unterschiedlichen Menschen hinter mir. Einfach gehen fällt da nicht leicht. Für meine Verabschiedung aus dem Team organisiert das MHUP ein Abschiedsessen in einem jemenitischen Restaurant. Nach den Dankesreden überreicht mir der stellvertretende Minister eine versilberte Djambia. Der GTZ-Büroleiter in Sana'a, Dr. Sawitzki, organisiert für mich derweilen in seinem Privathaus, in dem wir vor unserer Abreise noch eine Woche wohnen durften, eine Farewell-Party mit Catering vom Hotel Sheraton. Dabei sind auch die Botschafterin Helga von Strachwitz und El Menshawi aus der GTZ-Zentrale Eschborn.

Dem Abschied hätte eine entspannte Abreise folgen können, wäre da nicht noch die Teilnahme Jemens an einer Konferenz der UN-HABITAT in Istanbul, mit deren Organisation ich mir selbst noch eine letzten Stein in den Weg lege. Die Konferenz ist eine Art Gipfeltreffen und wird vom UN-HABITAT organisiert, einem Programm der Vereinten Nationen für menschliche Siedlungen. Im Juni 1996 steht sie ganz im Zeichen der steigenden Verstädterung und Verslumung. Die Konferenz soll den teilnehmenden Ländern eine Plattform bieten, auf der sie ihre Wohnungsbau- und Stadtentwicklungsprogramme vorstellen und Kontakte zu potentiellen Partnern knüpfen können.

Der wichtigste Teil des jemenitischen Ausstellungsstands ist ein 150 x 150 cm großes Holzmodell einer Stadt aus Lehmhochhäusern in Shibam. Die historische Hauptstadt im Hadramaut gilt als das Manhattan der Wüste. Der Schweizer Jaques Feiner, ein Hospitant in unserem Projekt, bringt das Modell zusammen mit 4.500 Postern zum Thema „Erhaltung historischer Städte im Jemen“ an den Flughafen in Istanbul. Die Poster sind mit erstklassigen Fotos jemenitischer Städte bedruckt und tragen die Aufschrift „Historische Städte im Jemen brauchen Ihre Hilfe“. Sie sind so schön, dass kein Konferenzbesucher weitergehen möchte, ohne davon mehrere Exemplare mitzunehmen.

Meine Aufgabe ist es, die wichtige Fracht durch die Zollabfertigung an unseren Stand zu bringen. Die Jemeniten hingegen sollen ihren Stand betreuen. Von den ausländischen Kollegen ist seit dem Augenblick ihrer Ankunft allerdings nur noch wenig zu sehen. Sie wollen nur schauen und genießen. Schließlich haben sie nicht so oft die Chance, in die weite Welt zu kommen und so stehen am Ende, wie war es anders zu erwarten, zwei weiße Berater den vielen Besuchern Rede und Antwort. Der Minister ist ebenfalls mitgekommen und will selbstverständlich im besten Hotel, dem 5-Sterne-Tempel Ceragan Palace an der Meeresfront, absteigen. Ich hingegen wohne mit Ahmed im historischen Pera Palace Hotel im Stadtzentrum. Er hat die ehrenvolle Aufgabe, dem Minister persönlich zu dienen: Zahnpasta und Familien-Mitbringsel kaufen, Bauchtanzlokale ausfindig machen, für saubere Schuhe und frische Hemden sorgen sowie Restaurantbesuche samt netter Damenbegleitung organisieren.

Abb. 2.99 Catering made by Sheraton

Abb. 2.100 Abschiedsparty im Hause Dr. Sawitzky

Abb. 2.101 Jaques Feiner auf der Habitat 2 Konferenz in Istanbul mit dem Projektmodell zu Shibam, Hadramaut

Abb. 2.102 Das Projektposter

Auf der Konferenz treffe ich viele Kollegen aus der weiten Welt, darunter auch alte Freunde: Hartmut Schmetzer, Babar Mumtaz und Patrick Wakely von der Development Planning Unit (DPU), Ursula Eigel und kenianische Kollegen aus Nairobi. Ansonsten bekomme ich nicht viel von der Konferenz mit, es sei denn, ich lasse den Jemen-Stand verwaisen. Ich erinnere die Jemeniten höflich daran, sich zumindest zeitweilig um ihren Stand zu kümmern. Mein Zeitplan für den Standdienst, den ich an die Wand hefte, führt schließlich zu Frust und Ärger. Wie ich es wagen könne, über die Zeit von Jemeniten zu verfügen. Das erinnert mich an die erste Begegnung in Heidelberg, als wir uns zum Abendessen verabredet hatten. Vier Jahre Zusammenarbeit haben scheinbar am Verhalten nichts geändert.

Ein unerwartetes Telegramm aus Hannover sorgt abschließend für einen Minister-Eklat. Mein Kollege Ahmed ist zu einem EXPO-Vorbereitungsseminar eingeladen, das während der HABITAT-Konferenz stattfindet. Ahmed spricht beim Minister vor, um sich die Reisegenehmigung einzuholen. Sein erster mündlicher Vorstoß endet mit schroffer Ablehnung. Was fiele ihm ein, solch einen Gedanken überhaupt in Erwägung zu ziehen? Schließlich werde er hier dringend gebraucht. Ahmed fliegt trotzdem nach Hannover. Entgegen der Anordnung des Ministers. Und so darf ich am nächsten Morgen den Zorn über Ahmeds Eigenwillen ausbaden. Um sieben Uhr erreicht mich ein Telefonanruf. Der schäumende Minister faucht mich an, was mir einfiele, gegen seinen Willen so etwas zu ermöglichen. Das werde böse Folgen für mich und Ahmed haben, droht er. Am nächsten Tag, wir treffen die Heidelberger Oberbürgermeisterin Beate Weber beim deutschen Botschafts-Empfang, zeigt er sich wieder versöhnlich. Vermutlich will er es sich nicht ganz verscherzen und noch Raum für Sonderwünsche offen lassen.

Ende Juni ist meine jemenitische Mission schließlich erfüllt und ich reise von Istanbul endgültig wieder nach Deutschland. Dabei versuche ich den Jemen und insbesondere den Herrn Minister endgültig zu vergessen.

Mein Resümee: Man sollte in der Entwicklungszusammenarbeit weder Geld noch Zeit in die Beratung von Politikern verschwenden, die ohnehin so schnell wechseln wie unsereins die Hemden und Hosen. Ahmed hat es richtig gemacht. Seine Abreise war ein schlauer Akt: Durch sie kam der Jemen zur EXPO 2000. Der Minister hingegen bestätigt die erste Information über jemenitische Gepflogenheiten, die ich ja bereits auf meinem ersten Flug nach Sana'a erhielt: Die Jemeniten sind Raubritter.

Ahmeds schlauer Schachzug

Mitte 2000, ich war mittlerweile wieder in Heidelberg, erreichte mich ein Anruf von Ahmed: „Mister Ast, keif halek, how are you, wie geht's?" Er rief aus Hannover an. Mit GTZ-Mitteln hatte er einen Jemen-Stand an der EXPO 2000 aufgebaut. Ich war überrascht, fragte ihn, wie er es geschafft habe, nachdem der Minister die Teilnahme abgelehnt hatte. Ahmed antwortete, der Minister habe ihm nichts mehr zu sagen. Er habe sich mittlerweile eine eigene Nische geschaffen. Auch verfüge er über gute Kontakte zu dem GTZ-Generalbeauftragten Peter Conze, der für die Betreuung sämtlicher in Hannover ausstellenden Entwicklungsländer zuständig ist.

Diesem habe er damals sein Leid über die Zitterpartie geklagt, die er durchstehen musste, damit der Jemen teilnehmen konnte. Die GTZ habe ihm daraufhin ein auskömmliches Betreuungsbudget bewilligt. Ahmed hatte es schon immer geschafft, sein Ziel zu erreichen, egal mit welchen Mitteln. Inzwischen wohnte er mit Frau und fünf Kindern in einem Reihenhaus in Hildesheim. An eine Rückkehr in den Jemen dachte er nicht mehr. Er beteuerte, mich unbedingt sehen zu wollen. Da ich ohnehin selbst in Hannover teilnehmen würde, legte ich auf dem Weg dorthin einen kurzen Stopp in Hildesheim ein und verabredete mich mit ihm am Marktplatz. Ich wollte mich noch umziehen, stand nur im Hemd vor meinem Auto, als Ahmed schon von hinten rief: „Hallo, ich bin hier, let's talk!"

Zwar war die Begegnung mit ihm nur kurz, aber doch beeindruckend. Ahmed hatte talentierte Architekten organisiert, die mit bescheidenem Aufwand den Charakter einer jemenitischen Samsara, einem historischen Kaufhaus, inszenierten. Das mehrgeschossige Gebäude, der Architektur von Sana'a Samsara recht gut nachempfunden, erinnerte an die alten Kaufmannshäuser. Im Eingangshof und in den Treppenaufgängen befanden sich viele kleine Stände und Quat-kauende Krämerseelen, die ihre Silberwaren anboten. Sein Jemen-Stand war in der Zwischenzeit in aller Munde und hatte großen Gefallen auf Besucherseite ausgelöst. Ahmeds Erfolg führte bei den Kollegen aus anderen Ministerien zu Neid und Eifersucht und sie versuchten ihm seinen Koordinationsjob streitig zu machen. Und so endet eine lange Jemen-Geschichte typisch jemenitisch. Wie es sich für Raubritter eben gehört.

KENIA II (1996 – 2006)

Projekte und berufliche Stationen

1996 – 2000	Programmleitung Small Town Development Project (STDP) im Auftrag der Deutschen Gesellschaft für Internationale Zusammenarbeit GmbH (GIZ) in Nairobi Entwicklungsprojekte in 16 kenianischen Kleinstädten, (u.a. Lamu, Marsabit, Voi, Kilifi und Ol Kalau). Mit den Schwerpunktbereichen Umweltschutz, Stadtreinigung, Abfallwirtschaft, Markterweiterung sowie Errichtung von Bus terminals und Organisation von Fortbildungen für Gemeinde ratsmitglieder.
1996 – 2002	German Speaking Evangelic Lutheran Church in Kenya (GSELCK) in Nairobi Neubau des Ludwig-Krapf-Hauses (ehrenamtlich)
2002 – 2004	Raumgestaltung German House Nairobi Künstlerische Oberleitung (ehrenamtlich)
2000	Evaluation zum Wiederaufbau von kurdischen Dörfern im Nordirak (im Auftrag von UN-HABITAT)
2004 – 2006	German Speaking Evangelic Lutheran Church in Kenya (GSELCK) in Nairobi Umbau der Gemeindehalle (ehrenamtlich)
2006	Teamleitung bei der Erarbeitung eines Gutachtens für städtische Slumschulen in Kisumu (im Auftrag der KfW)

Anekdoten

1996

Rückkehr nach 20 Jahren

1996 erreicht mich eine Stellenausschreibung der GTZ, in der ein Programmleiter für ein Vorhaben zur Entwicklung der öffentlichen Infrastruktur in kenianischen Kleinstädten (Small Town Development Project) gesucht wird. Die Vorgängerin, Ursula Eigel soll nach sieben Jahren abgelöst werden. Ich bewerbe mich und erhalte die Zusage. Während mein Vertrag vorbereitet wird, frage ich mich, ob es vielleicht doch nicht so gut sei, in ein Land zurückzukehren, das mir und meiner Familie bereits vor 20 Jahren eine zweite Heimat war und das sich vermutlich grundlegend verändert hat.

Im Februar 1996 reise ich erneut nach Nairobi. Ich will meinen zukünftigen Arbeitsplatz und auch die Wohnbedingungen vor Ort erkunden. In einem italienischen Restaurant treffe ich meine Vorgängerin Ursula Eigel zu einem geschäftlichen Mittagessen. Im Ministry of Local Government treffe ich auf meine kenianischen Teamkollegen. Das Ministerium liegt schräg gegenüber des City Market. Hier geht die Post ab: Verkehrschaos auf Schlaglöchern, Menschengewühl, nachts der Straßenstrich. Nairobis berüchtigter Disco-Tempel Florida Bar schwebt auf einer einzigen Betonstütze wie ein riesiger Pilz über einer Tankstelle. Hochexplosiv, lebensbedrohlich.

Am 10. Juli 1996 ziehe ich mit Inge wieder nach Kenia. Wir sehen viele bekannte Gesichter: Den Architekten Hans Neumann kenne ich noch aus meiner Berliner Studentenzeit. Er ist mittlerweile Leiter der GTZ-Bauabteilung. Die Chefin der Finanzverwaltung, Frau Fichtmüller, ist mir ebenfalls ein bekanntes Gesicht: Während unseres ersten Kenia-Aufenthalts ging ihre Tochter Sabine mit unserer Clio in eine Klasse.

Nach Ursula Eigels Ausscheiden sollen wir ihre Wohnung übernehmen. Bis es soweit ist, kommen wir übergangsweise bei einem Kollegen unter. Die Julinächte sind in Nairobi schrecklich kalt. Wir gehen mit Wollmütze, Handschuhe und Socken ins Bett. Weil die Bemühungen von Freunden, mir bei der Wohnungssuche behilflich zu sein, wenig ergiebig sind, suche ich schließlich auf eigene Faust und finde am Riverside Park eine Bleibe. Eines Abends klingelt das Telefon. Eine unbekannte Stimme spricht: „I'm Moi. Tonight I am coming to kill you!" Meine spontane Antwort soll Gelassenheit vortäuschen: „I am looking forward to it!" War der Anruf ein Partyscherz von Jugendlichen? Mit gemischten Gefühlen gehen wir zu Bett.

Und auch im Büro lässt der erste Vorfall nicht lange auf sich warten. Zwei Schecks über einen Betrag von insgesamt 50.000 DM wurden aus Ursulas hinterlassenem Scheckbuch für Projektmittel entwendet. Offensichtlich war die Projektübergabe ein idealer Zeitpunkt für hinterlistiges Treiben. Die GTZ besteht auf einer umfassenden Nachforschung, und so versucht die Scheckbetrugseinheit der Zentralbank Kenias die Langfinger aufzuspüren. Als niemand ausfindig gemacht werden kann, wird ein Privatdetektiv beauftragt. Auch seine Suche verläuft ergebnislos.

Die Stimmung ist gedrückt, das Vertrauen gestört. Und plötzlich ist auch noch die Stelle des kenianischen Direktors für Stadtentwicklung doppelt besetzt. Keiner weiß mehr, wer der richtige Ansprechpartner im Projekt ist. Ursula Eigel hat immer noch die Büroschlüssel und sitzt an einem Samstagvormittag wieder an ihrem alten Schreibtisch, der eigentlich längst meiner sein sollte. Ich bin sprachlos, muss mich beherrschen. Was soll der ganze Unsinn?

Abb. 2.103 Auch so kann man arbeiten - schön aber teuer im Riverside Park

Abb. 2.104 Farewell- und Welcome-Party für Ursula Eigel (2.v.l.) und mich

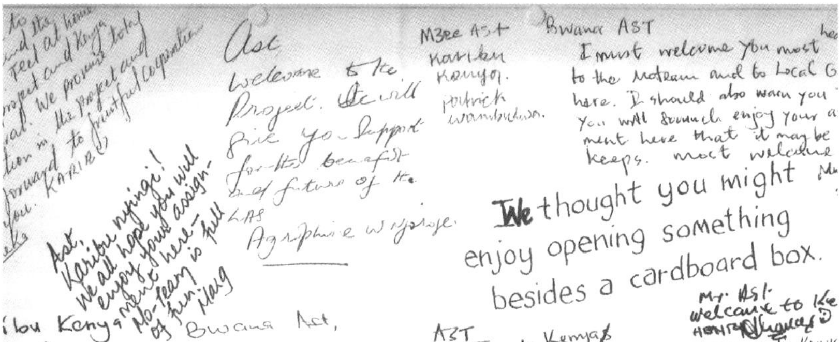

Abb. 2.105 Willkommen zurück, Bwana Ast

Abb. 2.106 Meine kenianischen Teamkollegen des STDP

Abb. 2.107 Unser Büro im 8. Stock des Cianda House

Verhaftung des Weltbank-Vertreters

Für meinen zweiten Einsatz in Kenia empfahl mir die GTZ die Zusammenarbeit mit einem Weltbank-finanzierten Gemeindereformprogramm. Gleich nach meiner Ankunft in Kenia versuchte ich daher umgehend den Weltbank-Vertreter Sengupta zu erreichen. Nach drei Abwehrversuchen durch seinen kenianischen Adlatus gelang es mir schließlich, ihn für ein Gespräch zu treffen.

Bei unserem Treffen war er very busy, musste Eiliges am PC erledigen und ohnehin war er auf dem Sprung zu einem wichtigen Termin. Was ich denn von ihm wolle, fragte er gelangweilt. Vorstellen natürlich, als der neue deutsche Teamleiter des Projekts. Vor allem aber wollte ich mit ihm über die Koordination unserer Zusammenarbeit reden. „Ach ja, Smalltalk. Vielleicht ein anderes Mal. Das hat Zeit.".

Ich ärgerte mich über die Unhöflichkeit und wagte ihn daran zu erinnern, dass Weltbank-Programme nicht unerheblich von Deutschland mitfinanziert werden. Er wurde zornig. Ob ich damit andeuten wolle, dass sein Gehalt von den Deutschen käme. Ich versuchte die Kurve zu kriegen, aber da war es schon zu spät. Ich werde über den GTZ-Büroleiter von ihm hören. Und damit Ende der Besprechung.

Wie angekündigt, wurde ich kurze Zeit später einbestellt. Detlef Mey machte ein ernstes Gesicht. Wie ich mich erdreisten könne, mich gleich mit dem Weltbank-Vertreter anzulegen. Das bedürfe der Klärung, er werde eine Aussprache zu dritt vereinbaren. Ein Arbeitslunch sei dafür der passende Rahmen. Einen Termin hierfür wolle er mir bald nennen. Drei Tage später sah ich Mey gemeinsam mit Sengupta im Bistro in der Eingangshalle unseres Bürogebäudes einkehren. Auf den Termin warte ich bis heute.

Ich bemühte mich weiterhin, eine Zusammenarbeit mit dem Weltbank-Programm zu initiieren. Allmählich zeigte sich aber: Die Repräsentanten waren alles andere als daran interessiert, mit uns zu kooperieren. Kühe melkt man besser getrennt voneinander. US-Dollars zählten scheinbar mehr als unsere Ideen und kleinen Erfolge in den Partnerstädten. Viele Jahre später erfuhr ich in den Medien von der Verhaftung Senguptas. Der ehemalige Weltbank-Vertreter wurde wegen korrupter Machenschaften zu vier Jahren Haft verurteilt.

1996 – 2000

Programmleitung Small Town Development Project (STDP) in Nairobi

Das Small Town Development Project (STDP) unterstützt rund 16 kenianische Kleinstädte dabei, die potentiellen Einnahmequellen zu erfassen und nachhaltig anzuwenden. Das Projekt ist an ein großes Netzwerk angegliedert, das aus internationalen, nationalen und lokalen Partnerorganisationen bis hin zu kleinen, örtlichen Gruppen besteht. Darüber hinaus ist es auch in die GTZ-Programme der ländlichen Regionalentwicklung eingebunden. Bei der Umsetzung des STDP verwende ich das von der GTZ entwickelte Kontrollsystem: Detaillierte Operationspläne und laufende Stippvisiten machen jederzeit transparent, ob alles nach Plan läuft oder ob das Projekt irgendwo stockt.

Mobile Berater unterstützen die Gemeinden, die sich keine festangestellten Fachkräfte wie Architekten, Stadtplaner, Ökonomen oder Soziologen leisten können. Zuerst werden Business-Studien angefertigt, um die Einnahmepotenziale der einzelnen Kleinstädte zu ermitteln. Sie bilden die Grundlage für so genannte Local Development Plans, also lokale Entwicklungskonzepte. Wir erstellen Studien zum Ausbau der Infrastruktur, evaluieren, inwieweit neue Marktplätze, Busparks, Wohnungen und Straßen die kommunale Entwicklung fördern können, und wie sich die Abfallwirtschaft und Gemeindefinanzverwaltung verbessern lassen.

Die kenianischen Ministerial-Mitarbeiter die in der Regel an solchen Projekten mitarbeiten, lieben diese Studien: Sie können dadurch Geschäftsreisen unternehmen, für die sie die Kosten nach dem GTZ-Spesensatz erstattet bekommen, der deutlich höher liegt als der üblich gewährte Regierungsstandard. Darüber hinaus erhalten sie die seltene Chance, abseits vom heimischen Herd ihr Land besser kennenzulernen und zumindest für eine kurze Zeit dem öden Bürostubendienst zu entfliehen.

Der Mitteleinsatz für Entwicklungsprojekte wird von den Kenianern stets argwöhnisch verfolgt. Wenn es um die Vergabe externer Gutachten geht, üben sie Druck aus. Sie wollen den Namen der Auftragnehmer wissen, damit diese von ihren Honoraren genügend Toa Kitu Kidogos abdrücken, also Provisionen, die an die Ministerialbeamten weiterfließen.

Die ersten Monate in Kenia verbringe ich hauptsächlich damit, die unzähligen Mitarbeiter der Partnerorganisationen kennenzulernen. Allein die Zusammenarbeit mit der Association of Local Government Authorities, ein kenianischer Gemeindeverband, beschert mir viele neue Gesichter. Das große Netzwerk an direkt oder indirekt involvierten Personen zu überblicken, erfordert nicht nur Neugier sondern auch Geschick. Da meine Vorgängerin die Messlatte bereits hochgelegt hat und man als neuer Programmleiter ohnehin zunächst kritisch beäugt wird, muss man sich erst einmal beweisen. Oder um es milde auszudrücken: Es ist ein Drahtseilakt, nirgendwo anzuecken. Wie man es dreht und wendet, als Programmleiter schafft man sich nicht nur Freunde, sondern auch Kontrahenten, insbesondere dann, wenn es um Finanzen geht.

Erinnerungen an Lamu

La mu ist eine kleine Sandinsel vor der Küste Kenias. Einmal begleitete ich meinen Freund und Sprachforscher Bernd Heine dorthin, der sich zu dieser Zeit gerade intensiv mit Kisuaheli beschäftigte, der am weitest verbreiteten Sprache Ostafrikas.

Während Bernd seine Sprachstudien bis tief in die Nacht vorantrieb, widmete ich mich eingehenden Stadtbesichtigungen und dem Aquarellieren. Unser wichtigster Ansprechpartner vor Ort war der Geschichtswissenschaftler James („Jim") Allen de Vere. Der Gründer eines Museums in Lamu hatte bereits zahlreiche Publikationen über die Insel und über die Kisuaheli-Kultur verfasst. Jim führte uns durch die eindrucksvoll restaurierten und für Lamu typischen Steinhäuser, die reich mit Stuckarbeiten dekoriert und mit Möbeln verschiedenster Stilrichtungen ausgestattet waren. Sein eigenes Haus war ein schönes Beispiel dafür.

Lamu war eine der ersten Gegenden, die ich 1976 während meines Kenia-Aufenthalts bereiste. Damals hatte Lamu gerade mal 20.000 Einwohner und 3.000 Esel, aufgrund des Autoverbots das wichtigste Verkehrsmittel. Nachdem die einst so idyllische Insel 2001 zum Weltkulturerbe ernannt wurde, veränderte sich vieles. Touristen, Erdölfunde und Überfälle somalischer Piraten trugen mit dazu bei, dass Lamu für mich seinen Zauber des unberührten Paradieses verlor.

Abb. 2.108 Ganz eigen: Lamu

Abb. 2.109 Friday Mosque Shela

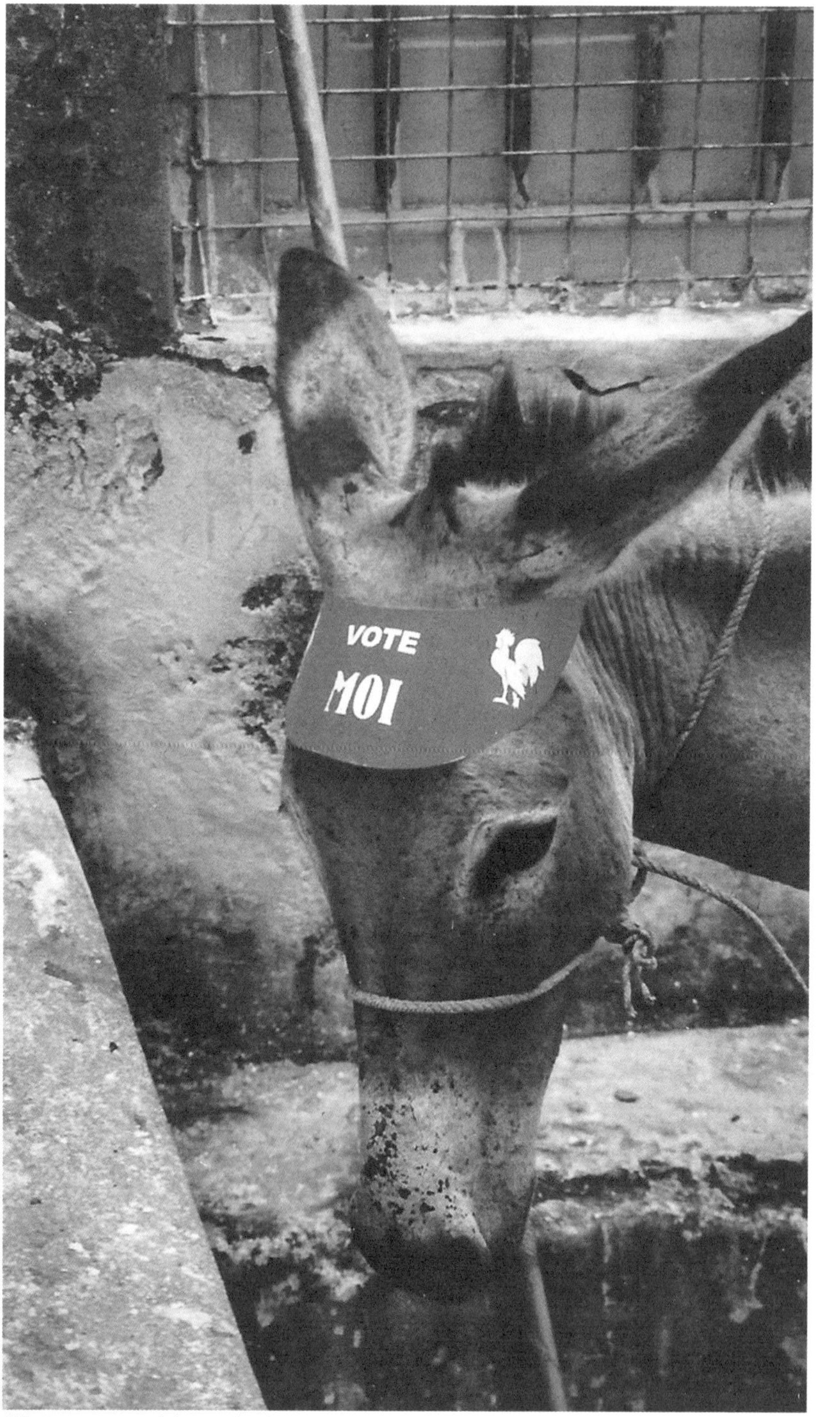

Abb. 2.110 Hauptverkehrsmittel und Werbeträger – auch Esel können Politik machen

Lamu: Umweltschutz, Stadtreinigung und Markterrichtung

1996 reise ich erneut nach Lamu. Die Insel benötigt dringend Unterstützung beim Umweltschutz und bei der Stadtreinigung. Zusammen mit dem Sozialplaner Waruinge Muhindi und dem Ingenieur Gilbert Githinj soll ich analysieren, inwieweit die STDP den Bedarf vor Ort am wirkungsvollsten angehen kann. Zum Auftakt veranstalten wir einen Workshop mit dem Bürgermeister, den Gemeinderäten, Vertretern von Verwaltung, Schulen, islamischer Gemeinden sowie Markthändlern und örtliche Selbsthilfegruppen. Gemeinsam wollen wir die Probleme vor Ort identifizieren und im Anschluss Ziele sowie konkrete Maßnahmen für ein Aktionsprogramms vereinbaren.

Das Kernproblem ist schnell gefunden: Ein uralter Traktor, das einzige Mülltransportmittel der Insel, hat den Geist aufgegeben und rostet als Schrott-Ruine vor sich hin. Eine Müllawine droht die Stadt zu ersticken. Dadurch ist nicht nur die Gesundheit der Einwohner, sondern sind auch die Umwelt, der Handel und der Tourismus bedroht. Wir versprechen, uns baldmöglichst um ein Ersatzfahrzeug zu kümmern. Das ist allerdings gar nicht so einfach. Anfragen bei deutschen Lieferanten ergeben, dass Traktoren dieser Art nicht mehr lieferbar seien. Vielleicht hätten wir bei den Engländern, Italienern oder Indern mehr Glück? Auf einer Agrarmesse werden wir schließlich fündig: ein Traktor der Marke Mahindra, ein indischer

Abb. 2.111 Die Schrott-Ruine in Form eines Traktors

Nachbau eines englischen Modells, das seit Jahrzehnten in Kenia weit verbreitet und obendrein preiswert und zuverlässig ist. Über die Beschaffungsabteilung der GTZ wird der Auftrag erteilt, in spätestens einem Monat soll die Lieferung von Mombasa nach Lamu erfolgen. Die Kollegen aus dem Ministerium finden die Sache überstürzt und befremdlich. Wieso ausgerechnet Lamu helfen? Andere Städte hätten ähnliche Probleme. Der Staatssekretär meldet gleich, dass sein Heimatort ebenfalls dringend Hilfe benötigt. Es mangelt an Feuerwehrfahrzeugen. Wir winden uns aus der Anfrage heraus. Schließlich hat die Presse erst kürzlich von der Zweckentfremdung derartiger Fahrzeuge für den privaten Wasserverkauf durch Gemeindeangestellte berichtet.

Im November 1996 findet die Übergabe des Traktors statt. Eine zeremonielle Veranstaltung folgt, es werden Reden gehalten und auch sonst wird allerlei Tamtam gemacht. Für die Bevölkerung Lamus ist die Anlieferung des Traktors in einem wackeligen Boot ein riesiges Spektakel, das gebührend gefeiert wird. Alle klatschen, als der neue Traktor losfährt und begleiten ihn begeistert bei seinen ersten Metern auf Lamus Boden.

Der Traktor ist nur ein Punkt auf Lamus Umweltagenda. Um ein ehemaliges Marktgelände ist eine wilde Mülldeponie entstanden. Sie stellt ein großes Gesundheitsrisiko für die Bewohner dar. Alle sind sich einig: Die Deponie muss weg! Stattdessen soll ein neuer Markt gebaut werden. Es liegen bereits sechs Projektplanungen vor. Sie reichen von dürftigen Notlösungen bis hin zu architektonischen Glanzleistungen. Sämtliche Entwürfe übersteigen jedoch das Budget und werden daher nicht bewilligt.

Wir planen eine siebte Variante, bei der sich auch die späteren Nutzer mit einbringen sollen. Ihre Mitarbeit ermöglicht uns erhebliche Kosteneinsparungen. Was auch notwendig ist, denn das Budget wurde in der Zwischenzeit um 15 Prozent gekürzt. Sehr zum Groll der Gemeinderatsmitglieder: Ein derart geschrumpftes Budget lässt kaum Spielraum für Provisionen und andere korrupte Machenschaften.

Das German Assisted Settlement Programme erklärt sich bereit, die Mülldeponie zu beseitigen sowie die Ausschreibung und Vergabe der Bauarbeiten zu übernehmen. Ein lokaler Unternehmer bietet an, unterhalb der Budgetgrenze zu arbeiten. In letzter Minute mischt sich auch noch ein lokale Kämmerer ein, der sich selbst ins Boot manövrieren will. Im Laufe des Projekts tauchen immer mehr Trittbrettfahrer aus der Zentralregierung, lokalen Verwaltung und Politik auf, die sich auf alle erdenklichen Arten am Projekt bereichern wollen.

Das Projekt macht trotz der ungünstigen Wetterverhältnisse und eines Tsunamis sehr gute Fortschritte. Als es schließlich um die geplante Einweihung geht, stellt sich der Director of Urban Planning, Joseph Mwaura quer. Die Einweihung eines Projekts dieser Größenordnung erfordere schließlich die Präsenz von hochrangigen deutschen und kenianischen Regierungsvertretern. Und ohne seine Zustimmung laufe ohnehin nichts. Die komplette Organisation soll fortan über die Botschaft laufen. Das allerdings läuft gehörig schief: Zur Markteröffnung mit Gesang, Getrommel und ausgiebigem Festmahl lässt sich kein hochrangiger kenianischer Regierungsvertreter finden.

Nach und nach lassen sich auf dem neuen Markt kleine Geschäfte nieder. Im Ministerium in Nairobi hingegen macht sich schon bald die Missbilligung jeglicher Erfolgsmeldung aus Lamu breit: Was gehen uns die verbesserten Lebensbedingungen der Swahili-Araber an? Für die Kenianer aus dem Hochland ist Lamu nicht mehr als eine vergessene Stadt im Vorhof von Arabien.

Abb. 2.112 Müll wohin man sieht

Abb. 2.113 Dies ist der Bauplatz der Markterweiterung

Abb. 2.114 Die Anlieferung des neuen Traktors

Abb. 2.115 Begeisterung bei der Übergabe des neuen Traktors

Abb. 2.116 Der neue rote Traktor bringt Bewegung in das Projekt

Abb. 2.117 In der Bauphase

Abb. 2.118 Der neue Markt nimmt Form an

Abb. 2.119 In den letzten Zügen der Bauarbeiten – das Dach ist so gut wie gedeckt

Abb. 2.120 Im Inneren des neuen Marktes

Abb. 2.121 Der Markt wird mit Botschafter Michael Gerdts offiziell eingeweiht und übergeben

Man nannte mich Bwana Soko

Die Errichtung des neuen Markts auf Lamu glich einer nicht enden wollenden Geschichte. Vor meiner Ankunft gab es bereits sechs Versuche, die allesamt fehlschlugen. Ich entschied mich daher für einen neuen Projektansatz, der möglichst viele Akteure mit ins Boot holte. Gemeinsam vereinbarten wir eine Agenda mit den wichtigsten Maßnahmen: die Beseitigung der größten Gesundheitsgefährdung, sichere und leicht zu reinigende Marktstände, verbesserte Absatzmöglichkeit für lokale Obst- und Gemüseerzeuger sowie die Versorgung der Bevölkerung mit frischen regionalen Produkten. Die Stadtreinigung sollte über Standgebühren finanziert, fliegende Händler vertrieben und Arbeitsplätze, vorwiegend für Frauen, geschaffen werden. Alle Ziele wurden erreicht.

Nach fünf Monaten Bauzeit und erfolgreich abgewehrten Korruptionsversuchen, wurde der Markt 1998 schließlich mit Trommeln und Gesang feierlich eröffnet. Als Zeichen ihrer Anerkennung verliehen mir die Bewohner Lamus schließlich den Ehrennamen Bwana Soko. Der Name ist Kisuaheli und bedeutet wörtlich übersetzt „Herr Markt". Im Anschluss habe ich Lamu noch einige Male besucht und freute mich immer wieder darüber, wenn die älteren Einwohner Lamus auf der Uferpromenade mich erkannten und mit meinem Ehrennamen begrüßten: „Habari gani miaka mingi, Bwana Soko? Was gibt's nach so vielen Jahren Neues, Herr Markt?"

Abb. 2.122 Das Lamu County Council

Abb. 2.123 Die „Comment Box" für Anregungen der Einwohner Lamus wird übergeben

Marsabit: Markterweiterung, Abfallwirtschaft und Organisation von Fortbildungen

Eine meiner ersten Reisen als Programmleiter führt mich in den Norden Kenias nach Marsabit. Die kleine Stadt liegt am Fuße einer hügeligen und von Regenfällen begünstigten Gegend und beherbergt rund 8.000 Menschen. Die rund 350 Kilometer Fahrt dürfen wir wegen der vielen Raubüberfälle nur im Schutz eines Konvois zurücklegen.

Das Gesamtbudget der örtlichen Verwaltung ist kläglich und kaum höher als das Gehalt eines deutschen Bürgermeisters. Deshalb arbeiten die Beschäftigten und Ratsmitglieder auch nur mit, um Zugang zu Pfründen zu erhalten. Was in unseren deutschen Augen als offensichtliche Korruption gilt, stört die kenianischen Kollegen hingegen wenig.

Unsere Maßnahmen in Marsabit betreffen die Fortbildung des Verwaltungspersonals, die Förderung der städtischen Abfallwirtschaft sowie die Erweiterung des städtischen Marktes. Ein weiterer Schwerpunkt ist die Verbesserung der Infrastruktur und Lebensbedingungen in den wilden Siedlungen. Dazu sollen die Grenzen der Parzellen festgelegt, ordentliche Straßen gebaut sowie eine funktionierende Wasserversorgung und Müllentsorgung eingerichtet werden. Das Vorhaben entpuppt sich als billige Umlegung von Wohnparzellen für Verwaltungsmitarbeiter und so kommen Zweifel auf, ob wir in diesem Fall tatsächlich STPD-Mittel einsetzen sollen. Es ist keine Seltenheit, dass Maßnahmen nur deshalb angestoßen werden, damit sich lokale kenianische Verwaltungsmitarbeiter Vorteile verschaffen können.

Nach meinem ersten Besuch in Marsabit komme ich noch zwei weitere Male in diesen abgelegenen Ort, um die Fortschritte der Projekte zu begutachten. Durch die schlechte Kommunikation zwischen den Beteiligten kommen die Maßnahmen nur schleppend voran. Und immer wieder erhalte ich regelmäßig Besuch vom Verwaltungschef aus Marsabit, der mit seinem Offenbarungseid zusätzliche Geldmittel erflehen will.

Voi: Markterweiterung und Organisation von Fortbildungen

Voi liegt zwischen Hügeln, den sogenannten Taita-Hills, rund 300 Kilometer von Nairobi entfernt, und bildet den Übergang vom Gebirge in die offene Savanne. Hier soll ich ein Gemeindeentwicklungsprogramm wiederbeleben: Auf einer ehemaligen Sisalplantage wurden Parzellen für Selbsthilfe-Baumaßnahmen ausgewiesen, mit dem Ergebnis, dass sich eine funktionierende Gemeindestruktur und Selbstverwaltung entwickelte. Das Vorhaben wurde mit dem Best Practice Award von UN-HABITAT gewürdigt, dem Wohn- und Siedlungsprogramm der Vereinten Nationen.

Abb. 2.124 Marsabit 1996 - „Baraza" mit den Ratsmitgliedern

Also versuche ich, wieder Schwung in das eingeschlafene Projekt zu bringen. Mit meinem Team identifiziere ich weitere Bebauungszonen, bereite die Markterweiterung im Stadtzentrum vor und eruiere zusätzliche Einnahmequellen für die Gemeinde. Für die Gemeinderatsmitglieder ermöglichen wir eine Fortbildungsmaßnahme in Malindi. Ziel ist es, sie für die konstruktive Mitarbeit rund um die lokale Gemeindeentwicklung fit zu machen. Dieses Vorgehen hat sich bereits in anderen Städten bewährt.

Bereits vor meiner Ankunft wurde Voi durch das STDP unterstützt. In die laufenden Prozesse mische ich mich nur wenig ein. Stattdessen fördere ich lieber die einheimischen Akteure. Nach der Abreise des Expertenteams ist es ohnehin Aufgabe der Gemeinde, das Projekt in Selbstverwaltung weiterzuführen. Dazu braucht es jemanden vor Ort, der das Vorhaben vorantreibt. Bereits während unseres Einsatzes hat sich gezeigt, wer das sein wird: Eine alte Frau, die einfach nur permanent anwesend war. Sie hat sich klammheimlich zur Mutter des Projekts entwickelt.

Lieber Klotzen statt Kleckern

Zu Beginn meiner Programmleitung für das STDP übernahm ich auch eine abgeschlossene Machbarkeitsstudie für 24 Kleinprojekte in sechs Partnerstädten. Die von der KfW finanzierte und rund 1,4 Millionen Mark teure Studie lief bereits mehrere Jahre. Sie umfasste Empfehlungen für zahlreiche Maßnahmen wie die Einrichtung von Märkten, Schlacht- und Handwerkerhöfen, Busparks, Abfalldeponien und Wasserversorgung sowie für den Straßenbau und die Slumsanierung. Alles mit einem konkreten Mehrwert für die Bevölkerung. Die GTZ hatte mir noch vor meiner Abreise nach Kenia nahegelegt, die Studie weiterzuverfolgen. Vor Ort wollte der Director of Urban Development die Studie allerdings nicht rausrücken, Informationen seien schließlich Handelsware. Man befürchtete, die Partnerstädte könnten auf die Idee kommen, die Projekte in Eigenregie ohne finanzielle KfW-Beteiligung zu realisieren. Die KfW allerdings wollte diese Kleinprojekte gar nicht mehr anpacken. Das sei arbeitsintensiver Kleinkram. Stattdessen wollte sie lieber einen Großmarkt in Nairobi finanzieren. Hierfür entsandte sie einige Experten, deren Bemühungen aber im Nichts endeten. Und so wurden am Ende weder die Kleinprojekte noch das Großprojekt realisiert. Die befolgte Devise, lieber Klotzen statt Kleckern, war ein Reinfall. Im Großen wie im Kleinen.

Kilifi: Vorplanungen für ein Bus-Terminal und Erstellung einer Studie für die Entwässerung eines Überschwemmungsgebiets

Kilifi gilt als touristisches Traumziel und hat sich als ruhige Seewasser-Lagune bei Seglern aus aller Welt, aber auch bei kenianischen Ruheständlern längst einen Namen gemacht. Auf den ersten Blick ist Kilifi also ein rundum attraktiver Küstenort. Nicht bekannt hingegen ist, dass die Region zu den ärmsten Teilen Kenias zählt. Im so genannten Poverty Ranking, der Armutsliste kenianischer Regionen, steht die Region neben Marsabit und Lamu ganz weit oben. Das Hinterland ist völlig verdorrt und schlecht erschlossen. Cashewnüsse sind die wichtigsten Früchte der Region. Nach der Schließung der weiterverarbeitenden Fabrik versiegte jedoch eine der Haupteinnahmequellen. Am sichtbarsten zeigt sich die Armut am Ortsbild. Den kolonialen Bauten von Rathaus und Landratsamt liegen planerische Fehlleistungen zugrunde. Weil tropisches Grün überall reichlich vorhanden ist, geraten diese angesichts der traumhaft schönen Natur leicht in Vergessenheit.

Der Bürgermeister von Kilifi ist ein tüchtiger Geschäftsmann jemenitischer Herkunft namens Hamid. Sein Town Clerk Ali Yousuf ist ein höchst charmanter rabenschwarzer Krauskopf und empfängt mich bei meiner Ankunft gleich mit einer langen Wunschliste. Die Euphorie des Stadtdirektors muss ich gleich zu Beginn dämpfen:

Die bereits laufenden Projekte haben Vorrang. Ähnlich wie in Voi soll ein Squatter Upgrading Programme wilde Siedlungen in legale Strukturen und ein funktionierendes Gemeinwesen überführen. Das Programm zeigt sich hier allerdings wenig erfolgreich. Die nicht enden wollenden Streitigkeiten um die Auszahlung der spärlichen Fördermittel und die Zuteilung der Parzellen sind ein wahrer Hemmschuh.

Ähnliche Scherereien trüben auch ein Marktprojekt. Das Verwaltungskomitee war in der Vergangenheit offensichtlich nicht in der Lage gewesen, eine nach Standort gestaffelte Gebührenordnung für die Marktstände zu erstellen. Um nichts zahlen zu müssen, gruppieren sich die schlauesten Händler regelmäßig links und rechts vom Markteingang. Eine neu angelegte Mülldeponie wird ebenfalls nicht in der geplanten Weise genutzt und die zugehörigen Traktoren werden für andere Zwecke missbraucht. Diese Probleme können selbst Außenstehende nicht lösen.

Zuletzt erarbeiten wir noch eine Vorplanung für ein neues Bus-Terminal und eine Studie für die Entwässerung eines Überschwemmungsgebiets innerhalb von

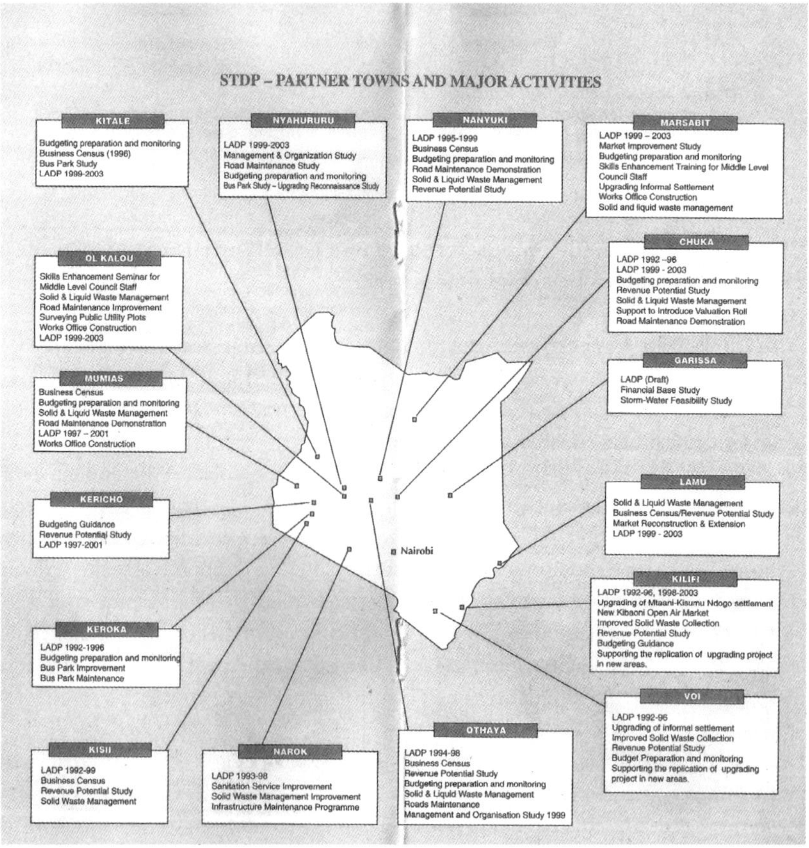

Abb. 2.125 Projektaktivitäten des STDP

Kisumu Ndogo, einem Stadtteil von Kilifi. Zusätzlich zu den laufenden Projekten werden die Forderungen nach weiterer Unterstützung immer lauter. So soll beispielsweise ein Ansiedlungsprogramm im Stadtinneren von Kisumu Ndogo plötzlich auf zwei nordwestliche Kernbereiche von Kilifi ausgedehnt werden. Wir stellen die Bedingung, dass zunächst die aktuellen Streitigkeiten beigelegt werden müssen, ehe wir uns mit dem weiteren Unterstützungsbedarf befassen.

Schutzengel

Die GTZ vergab in der Regel nur Arbeitsverträge, die auf zwei Jahre befristet waren. Das erhöhte einerseits den Druck, ständig gute Arbeit zu leisten. Andererseits war eine private Lebensplanung, die sich nur auf die nächsten zwei Jahre konzentrierte, auf Dauer schwierig. Ein Problem dabei war auch die Wohnungsfrage. Kaufen oder mieten? Eine Frage, die mich und meine Frau vor allem während unseres zweiten Kenia-Aufenthalts beschäftigte.

Die Mieten in Nairobi waren für gute Wohnobjekte teurer als in Deutschland. Schöne Eigentumswohnungen kosteten hingegen nur rund ein Drittel des deutschen Preises. Nachdem klar war, dass wir weitere zwei Jahre in Kenia bleiben würden, entschieden wir uns im März 1998 für den Kauf einer Rohbauwohnung. Neben unserem Haus in Heidelberg, in dem wir unsere Heimaturlaube verbrachten, sollte sie bald unser zweites Zuhause werden.

Kurz nach dem Kauf der Wohnung kam es allerdings zu zwei gruseligen Vorfällen, die uns fast zur Abreise gezwungen hätten. Der erste Vorfall ereignete sich am 7. August 1998. Ein Bombenanschlag auf die nahe gelegene Amerikanische Botschaft hatte rund 2.500 Menschen in den Tod gerissen, mehr als 5.000 wurden dabei verletzt. Wir wären zwei von ihnen gewesen, hätte uns in diesen Minuten kein Schutzengel behütet.

Wir hatten uns gerade erst von dem Vorfall erholt, da ereignete sich 14 Tage später schon der nächste. Während meiner Mittagspause wurde ich von einer Bande Chokoros, auf Deutsch Aasgeier, überfallen. Sie wollten mein Geld und drohten mir, mit einer Stahlschiene den Schädel einzuschlagen. Schließlich rissen sie mir von meinem Hemd die Brusttasche samt Portemonnaie herunter. Auch dieses Mal hatte ich Schutzengel: Zwei kenianische Marktweiber, die Fish'n'Chips essend herumstanden, und die Kriminellen mit ihrem lautem Gebrüll in die Flucht jagten.

Abb. 2.126 Bombenterror im August 1998 – völlige Verwüstung

Abb. 2.127 Unser Auto, wir hatten so viel Glück!

Ol Kalau: Bebauungsplanung eines Marktplatzes

Ol Kalau liegt im fruchtbaren Hochland von Kenia. Das rund 2.000 Hektar große Gebiet wurde bis zu Kenias Unabhängigkeit in 1963 von nur einem einzigen Farmer bewirtschaftet. Als er zu alt für den Betrieb seiner Riesenfarm geworden war, übereignete er sie an seine ehemaligen Farmarbeiter. Nach und nach entstand im Ortskern ein großer, zentraler Stadtplatz.

Als ich in Ol Kalau eintreffe, ist gerade ein Gemeindevermesser dabei, den Stadtplatz mit Stacheldraht zu umzäunen. Auf meine interessierte Nachfrage erklärt er mir, dass der Zaun den Markt abgrenzen soll, damit die im Inneren platzierten Markthändler Gebühren zahlen. Ich hake nach, ob es bereits einen konkreten Plan für ein Marktprojekt gibt. Er verneint.

Im Büro der Stadtverwaltung treffe ich auf den Verwaltungsleiter und versuche ihm eine strukturiertere Arbeitsweise nahe zu bringen. Dabei schlage ich auch vor, anstelle des hässlichen Stacheldrahtzauns, in dem sich über kurz oder lang ohnehin nur Lumpen und Plastikmüll festsetzen werden, eine gemauerte Außenwand zu errichten. Die Marktmauer kann dabei mit Natursteinen gebaut werden, die ohnehin in unmittelbarer Nähe zu Ol Kalau reichlich vorkommen. Während diese Natursteine bis nach Nairobi vermarktet werden, zeigen sich die örtlichen Behörden an deren Nutzung allerdings wenig interessiert.

Die wichtigsten Akteure im Marktprojekt sind in erster Linie die Händler sowie der Bürgermeister und der Stadtdirektor. Während der gesamten Phase der Projektvorbereitung bin ich davon überzeugt, dass wir alle an einem Strang ziehen und Hand in Hand arbeiten. Skeptisch werde ich, als ich Unregelmäßigkeiten bei der Auftragsvergabe für die Bauarbeiten feststelle. Auch verläuft die Anstellung eines Entwicklungshelfers ergebnislos, weil der vermittelte deutsche Architekt dem Projekt angeblich keine neuen Impulse geben kann. Das Marktprojekt liegt damit erst einmal brach.

Abb. 2.128 Markt-Neubau in Ol Kalau

Kurze Zeit später wird der Stadtdirektor in einen Autounfall mit Raubüberfall verwickelt, erleidet schwere Verletzungen und bleibt teilweise gelähmt. Obwohl es vereinbart war, für den Bau nur einen lokalen Unternehmer mit Kenntnissen über die örtlichen Baustoffe zu beauftragen, vermittelt er uns plötzlich einen seiner Freunde. Der Markt wird erst zwei Jahre nach meinem Ausscheiden fertig gestellt.

Ein Künstler und seine Geldsorgen

Mein Aufenthalt in Kenia bereicherte mich um viele berufliche Erfahrungen, brachte mir aber auch die Kunst Ostafrikas näher. Mit der Zeit begann ich, selbst Kunst zu sammeln und tat dies so lange, bis an unseren Wohnungswänden kein Platz mehr ohne Kunst blieb.

Das Hauptproblem aller Kunstschaffenden in Kenia war und ist heute noch der Marktzugang. Von allen Künstlern blieb mir Jak Katarikawe besonders in Erinnerung. Er hatte viel Potenzial. Der Charme seiner Arbeiten lag im Traumhaften. Standardthema seiner Bilder waren Kühe, die er teilweise in erotischen Beziehungen darstellte. Wie viele andere Künstler liebte Jak Wein, Weiber und Gesang, und mit seiner Gitarre verstand er es hervorragend, die Gäste seiner Vernissagen zu unterhalten. Auf der anderen Seite war Jak in manchen Bereichen sehr hilfsbedürftig. Er war Analphabet und konnte seinen Namen weder schreiben noch lesen. Ohnehin war er in seiner Ausdrucksweise ungeschickt. Manchmal hatte man fast den Eindruck, er wolle Hilflosigkeit vortäuschen.

Jak entwickelte sich schnell zu einem dauerhaften Hilfesucher. Regelmäßig besuchte er mich in meinem Büro und erbat finanzielle Unterstützung, die ich ihm meist gab. Ich half Jak auch bei der Kunstvermarktung und organisierte für ihn zwei Ausstellungen im französischen Kulturzentrum, von denen die erste ein großer Erfolg wurde. Fast die Hälfte seiner ausgestellten Arbeiten wurden verkauft und der Erlös hätte ihm gut und gerne für eine längere Durststrecke gereicht. Die Einnahmen verschleuderte er allerdings im Handumdrehen und so lag er mir schon bald wieder mit Geldsorgen in den Ohren. Der Umgang mit Geld zählte definitiv nicht zu seinen Stärken.

Ich griff ihm so lange unter die Arme, bis meine Frau wütend wurde und dem Ganzen ein Ende bereitete. Um ihren Groll zu „reparieren", schenkte Jak ihr eines Tages ein Bild mit dem Titel Love Repair, das wir noch heute besitzen.

Kenia brachte mich auch meiner eigenen künstlerischen Ader wieder näher. Bei einer Ausstellung „Art by Architects" im französischen Kulturzentrum in Nairobi stellte ich 1977 erstmals 20 eigene Aquarelle und Tusche-Zeichnungen aus. Es folgten weitere Ausstellungen, darunter im UN-HABITAT Zentrum in Nairobi, der Bundeskunsthalle in Bonn, sowie in Berlin, Eschborn, Heidelberg, Bad Urach, Dessau, Cuxhaven und Gelsenkirchen.

Abb. 2.129 Der Künstler Jak Katarikawe

Abb. 2.130 „Love Repair"

Abb. 2.131.1 Ausstellung 1998 bei der GTZ, mit Präsident Moi und Ministern

Abb. 2.131.2 Mit Jak Katerikawe bei der ersten Ausstellung im French Cultural Center, 1978

1996 – 2002

Neubau Ludwig Krapf-Haus in Nairobi

Seit unserem ersten Kenia-Aufenthalt in 1976 sind meine Frau und ich Gemeindemitglieder der German Speaking Evangelic Lutheran Church in Kenya (GSELCK). Die deutsche evangelisch-lutherische Gemeinde besteht seit den 60er Jahren und war ursprünglich in der ersten Kirche Nairobis beheimatet. Seit 1967 besaß sie ein Pfarrhaus auf einem großen Grundstück am Riverside Drive 113.

Die hintere Grundstückshälfte der Kirche lag jahrzehntelang brach, da riefen der damalige Pfarrer Feige und sein Freund Willi Strohtmann eine Idee ins Leben: Die Fläche sollte künftig wirtschaftlich genutzt werden. Sechs Wohnhäuser sollten entstehen, die einerseits Mietern eine preiswerte Unterkunft auf Lebenszeit bieten könnten, und andererseits der Gemeinde Einnahmen aus der Grundstücksnutzung ermöglichen würden. Diese Idee fand bei den Gemeindemitgliedern allerdings keinen Zuspruch. Sie befürchteten, dass private Interessen vorherrschten und sich das zum Nachteil der Gemeinde entwickeln könnte. Das Projekt lag erst einmal brach.

1999 wird das Baukonzept schließlich geändert. Die Idee einer Bebauung mit einem Bürogebäude auf rund 2.000 Quadratmeter Nutzfläche findet auch innerhalb der Gemeinde Zustimmung. Die Idee wird der Evangelischen Kirche Deutschlands vorgelegt und führt zu einer Kreditzusage von 1,8 Millionen DM.

Ich übernehme im Bauausschuss ehrenamtlich die Schriftführung. Mit im Boot sind auch Willi Strohtmann und ein ehemaliger Architekten-Kollege von mir, Simon Woods. Mit Simon konzipiere ich ein Bürogebäude, das auch im Bauausschuss Anklang findet. Als wir anschließend eine Bauvoranfrage ans Stadtplanungsamt Nairobi einreichen, bekommen wir Gegenwind: Eine gewerbliche Büronutzung ist innerhalb eines reinen Wohngebiets unzulässig. Auch melden sich Vertreter eines Nachbarschaftsvereins. Sie fordern Wohnbauten und torpedieren unser Vorhaben mit einer Demonstration. Damit sitzt das Projekt erneut fest.

Voraussetzung für die Bewilligung eines derartigen Projekts ist eine so genannte Change of User Procedure. Die Änderung zur Flächennutzung darf dabei ausschließlich von einem Stadtplaner beantragt werden und wird im Anschluss beim Stadtrat eingereicht. In den folgenden zwei Jahren weiten wir unsere Projektidee immer weiter aus. Als der lutherische Weltbund als ursprünglicher Nutzer des Gebäudes wegfällt, ziehen wir ein deutsches Haus für die Entwicklungszusammenarbeit in Betracht. Wir weihen umgehend die GTZ, die KfW, den Deutschen Entwicklungsdienst sowie politische Stiftungen in unsere Pläne ein. Sie zeigen allesamt großes Interesse, und so finden wir uns nach langwierigen Bürokratie-Exerzitien Anfang 2001 schließlich zum ersten Spatenstich auf dem Baugelände zusammen. Der Benennung Ludwig-Krapf-Haus folgt rund zwei Jahre später auf Anregung des Pastoren Ingo Koll und seiner Frau Almut.

Das Projekt sorgt nicht nur für Arbeit, sondern erzeugt auch Widerstand. Die heftigste Gegnerin ist eine französische Nachbarin. Sie will unser Projekt stoppen, was ihr dank ihres Vermieters, einem höchst einflussreichen und wohlhabenden Kenianer, auch gelingt. Zwei Baustopps zwischen 2001 und 2002 lassen das Projekt fast zur Bauruine werden. Wir setzen alles in Bewegung, um die Widerstände auszuräumen, und als der Bau wieder fortgeführt wird, folgen auch schon die ersten bautechnischen Hindernisse. Nach sintflutartigen Regengüssen ist die Baugrube komplett mit Regenwasser gefüllt. Im vorderen Bereich der Grube stoßen wir auf felsigen Untergrund, der erst mühsam weggesprengt werden muss. Bei der Verlegung des Hauptentwässerungskanals bereitet das stellenweise geringe Gefälle Probleme, die erst vier Jahre später durch den Einbau einer Hebeanlage endgültig gelöst werden können.

Mit der Fertigstellung des Rohbaus Mitte 2002, stellt sich die Frage der Innenausgestaltung des Gebäudes. Sie muss die Erfordernisse der künftigen Mieter berücksichtigen. An der Begehung des Gebäudes nehme ich mit dem italienischen Botschafter teil. Seit dem ersten Spatenstich hatte sich ein reger Wechsel sämtlicher Akteure ereignet. Die deutschen Organisationen verloren daher nach und nach ihr Interesse am Projekt. So war die Gemeinde nun auch bereit, an andere Nationen zu vermieten, getreu dem Motto first come, first served.

Der Bau des Ludwig-Krapf-Hauses kostet mich über sechs Jahre Zeit und ist in über hundert Tagebucheinträgen dokumentiert. Unterm Strich ist das Projekt einer meiner wichtigsten Beiträge zur deutsch-kenianischen Zusammenarbeit in Nairobi.

Abb. 2.132 Willi Strothmann (l.) und die Mitglieder des Bauausschusses bei der Besichtigung der Baustelle des Ludwig-Krapf-Hauses

Abb. 2.133 Baustellenbesichtigung mit Simon Woods, Ingo Koll und Bauunternehmer Wadia (v.l.n.r.)

Abb. 2.134 Baustelle des Ludwig-Krapf-Hauses

Abb. 2.135 Unsere Pastoren und Bauherren Almut & Ingo Koll

2002 – 2004

Künstlerische Oberleitung bei der Raumausgestaltung im German House in Nairobi

Schon 1998 beauftragt mich die GTZ, Alternativen zu unseren Büros an der Lenana Road zu finden. Die Büros befinden sich in zwölf kleinen Wohnapartments. Sie wurden ursprünglich als Notlösung bezogen, weil ein für die GTZ errichtetes Bürogebäude kurzerhand für Militärzwecke enteignet wurde. Zwar hat die Bauabteilung bereits viele Jahre zuvor mit den Planungen für ein eigenes Büro begonnen. Die Initiativen scheiterten jedoch letztendlich am mangelnden Geld.

Ich erarbeite sieben Vorschläge, bis sich schließlich Simon Woods meldet. In seiner E-Mail schreibt er, dass in seinem Bürogebäude am Riverside genügend Flächen verfügbar seien, um darin die Büros der GTZ einzurichten. Die Nachricht von den freien Büros leite ich sofort an den Büroleiter Klaus von Mitzlaff weiter, der sich umgehend mit Simon Woods trifft und plant, wie sich die rund 1.500 Quadratmeter große Fläche aufteilen und in Büros umgestalten lässt.

Ich unterstütze die beiden bei der Ausgestaltung der Räume und übernehme die künstlerische Oberleitung. Mehr als hundert Fahrten zu Besprechungen und zur Baustelle sind nötig, bis sich das Gebäude vorzeigbar einrichten lässt. Ich konzentriere mich insbesondere auf die Gestaltung des Empfangsbereiches. Dort lasse ich einen gläsernen Schalter aufstellen, der von der deutschen Glaskünstlerin Nani Croze entworfen wurde. In den Seminarräumen sollen Kunstobjekte ausgestellt werden, die über ein Art-for-Rent-Programme mit der kenianischen Galerie RAMOMA immer wieder wechseln.

Ein weltweiter Trend der Länder, ein deutsches Haus für die Entwicklungsarbeit zu haben, das auch als Anlaufstelle für Partner aller Art fungiert, brachte dem Bürogebäude schließlich den Namen German House ein. Mittlerweile haben die wichtigsten deutschen Entwicklungsorganisationen ihre Büros dort, darunter die GIZ und die KfW.

Abb. 2.136 Altes GTZ Gebäude an der Lenana Road

Abb. 2.137 Ehemalige Büros der GTZ

Abb. 2.138 Das neue „German House" am Riverside Drive

Abb. 2.139 Einweihung des Ludwig-Krapf-Hauses,
v.l.n.r.: Inge und ich, EKD Vertreter, Barbara Sharma, Hannelore Mwaila, EKD Vertreter, Willi & Tulli Strothmann

Ruheständler im Unruhestand

Als Programmleiter und Regierungsberater hatte ich stets eine Auftragsverantwortung. Sowohl auf deutscher als auch kenianischer Seite durften mir jedoch unzählige Parteien auf internationaler, nationaler und regionaler Ebene reinreden. Unzählige Verbindungen, zwischen denen ich mich teilweise wie ein Drahtseilartist fühlte. Mich von derlei Hyperaktivität endgültig zu verabschieden, das war sowohl eine tiefe Sehnsucht als auch ein dunkles Loch, in das ich zu fallen befürchtete.

Nach dem Bombenattentat auf die amerikanische Botschaft am 7. August 1998, bei dem meine Frau und ich nur knapp entkamen, bot mir der GTZ-Büroleiter einen verfrühten Vertragsabbruch an. Eine Woche lang haderte ich mit der Entscheidung. Hatten meine Frau und ich doch gerade erst im März 1998 eine Wohnung gekauft und sie mit viel Liebe zum Detail eingerichtet. Sie war uns schon nach kurzer Zeit sehr ans Herz gewachsen. Allein der Gedanke daran, all dies so schnell wieder aufzugeben, lag schwer im Magen. Wir entschieden uns fürs Weitermachen.

Und so vergingen zwei weitere Jahre, bis Mitte 2000 mein Vertrag offiziell auslief. Da meine Mutter zuhause mittlerweile pflegebedürftig war und bis dato allein von meiner Schwester betreut wurde, teilte ich der GTZ mit, dass ich meinen Vertrag aus familiären Gründen nicht verlängern möchte. Bei dieser Entscheidung blieb es dann auch. Der Ruhestand war eingeläutet.

Meine Zusammenarbeit im STDP beendete ich schließlich mit einer Millennium-Party im Hotel Boulevard in Nairobi. Meine Nachfolge übernahm der Kenianer David Mshila, ein passiver Anhänger des Rugby-Sports, der sich vor allem durch ein low activity auszeichnete. Bei Konferenzen und Workshops schlummerte er stets sanft ein. Auf die Frage, warum er sich denn kaum äußerte, erklärte er: „Don't you feel the heat?"

Nach meinem Ruhestand folgten Jahre, die alles andere als ruhig waren. Bis 2009 pendelten Inge und ich stets zwischen Deutschland und Kenia. In der Regel waren wir über die Weihnachtszeit immer in Deutschland. Dann ging es wieder für drei Monate nach Kenia. Zur Sommerzeit kehrten wir für rund fünf Monate zurück nach Deutschland, bevor wir dann zum Herbst wieder nach Kenia flogen. Zwischendurch nahm ich an nationalen und internationalen Konferenzen zur Stadtentwicklung teil, übernahm hier und da ehrenamtliche Kurzeinsätze für allerlei Organisationen, darunter auch wieder die altbekannten GTZ und KfW. Ein Ruhestand im Unruhestand.

Abb. 2.140 David Mshila, (Mitte)

Abb. 2.141 Haus, Garten und Pool unserer Wohnung in Nairobi

Abb. 2.142 mit viel Liebe eingerichtet: unserer Wohnung in Nairobi

Abb. 2.143 der Garten war ein besonderes Kleinod, gehegt und gepflegt

Abb. 2.144 Das ISS Projektteam

2000

Evaluation zum Wiederaufbau von kurdischen Dörfern im Nordirak

Viele Jahre bemühe ich mich um eine Zusammenarbeit mit UN-HABITAT und arbeite an unterschiedlichen Projekten. Mein letzter Einsatz führt mich 2000 schließlich in den Irak. Ich bin Teil einer Gutachten-Mission, die sich innerhalb eines Wiederaufbau-Programms dem Wohnungsbau in den drei Gouvernements Erbil, Dohuk und Suleymania widmet.

Das Team besteht neben mir aus fünf holländischen Experten des Institute for Social Studies (ISS). Mein Aufgabenbereich konzentriert sich auf den Bau von Wohnungen und Schulen. Die Kollegen hingegen müssen ein Gutachten vorlegen, in dem sie nachweisen, dass das Vorhaben zum Wiederaufbau vertragsgemäß umgesetzt wird.

Finanzieller Hintergrund des Programms ist ein größeres Projekt von UN-HABITAT, das mit Geldern in Höhe von rund 150 Millionen US-Dollar monatlich finanziert wird. Die Mittel stammen dabei aus den Einnahmen kontrollierter Ölverkäufe, die die irakische Regierung einsetzen darf.

Die Reisen zu den betreffenden Dörfern nehmen schnell unerwartete Ausmaße an und die Fahrten sind mit viel Strapazen behaftet. Mehr als 1.000 Kilometer Fahrt zu rund 60 ausgewählten Ortschaften über kurvige Gebirgsstraßen verbringe ich auf den Rücksitzen alter Land-Rover. Zusätzlich zu den weiten Strecken kommt die klirrende Kälte und die krankmachende Luft. Zu der kalten Jahreszeit werden die meisten Unterkünfte mit Kerosin-Öfen beheizt und die stinkenden Dinger verpesten nicht nur die Schlafzimmer, sondern rauben auch jeglichen Schlaf. Die Laune im Team ist mäßig, was auch den Zusammenhalt nicht sonderlich fördert. Zum Glück haben wir alle einen fest abgegrenzten Aufgabenbereich und einen kompetenten Teamleiter, den so schnell nichts aus der Ruhe bringen kann.

Nach dem Einsatz im Irak lässt mein Honorar für diesen Sonder-Crash-Einsatz mal wieder UN-üblich monatelang auf sich warten. So euphorisch ich zu Beginn des Projekts auch war, so ernüchtert bin ich am Ende. Zwar war der Auftrag eine interessante Erfahrung, aber ein zweites Mal würde ich mich dem nicht aussetzen wollen.

2004 – 2006

Umbau der Gemeindehalle in Nairobi

Aus dem Budget für den Neubau des Ludwig-Krapf-Hauses sind noch 36.000 Euro übrig, die umgehend weiter investiert werden sollen. Damit kommt 2004 ein weiteres ehrenamtliches Bauprojekt auf mich zu. Die Gemeindehalle der German Speaking Evangelic Lutheran Church in Kenya (GSELCK) ist undicht und muss umgebaut werden. Regenwasser dringt entlang der Giebelwände und über ein Zwischendach ein. Nach jedem größeren Regenguss quillt das Parkett und beginnt aufgrund der ständigen Feuchte sogar zu faulen. Nach vielen Reparaturen macht sich in der Gemeinde allmählich der Wunsch breit, die Halle flächenmäßig zu vergrößern und sie um zwei Gruppenräume zu erweitern.

Ich schlage vor, das ohnehin schäbig wirkende Zwischendach herauszureißen, um dort die beiden Gruppenräume mittels einer neuen Balkenlage und einem überstehenden Dach einzuhängen. Die eigentliche Haupthalle lässt sich durch einen verglasten Vorbau, ähnlich einem Wintergarten, erweitern. Das schafft 30 Quadratmeter zusätzlichen Platz und die völlig verzogenen Holzflügeltüren können weichen.

Meine Ideen-Skizzen werden in mehreren Sitzungen mit dem Bauausschuss beraten und schließlich verabschiedet. Für die Zeichnungen der Werksplanungen wird Simon Woods und ein Statiker hinzugezogen. Die Dächer werden abgerissen und es entsteht nach und nach ein neuer Rohbau. Bei der Realisierung eines neuen Farbkonzeptes übernehme ich die Oberleitung. Die kalt wirkenden blau-weißen Anstriche sollen durch farbenfrohe Elemente ersetzt werden.

Natürlich will dabei auch die Pastorin Almut Koll ein Wörtchen mitreden. Um sich beraten zu lassen, stellt sich die Feministin ihr weibliches Komitee zur Seite. Die Frauen diskutieren die Farbskala und entscheiden sich schließlich für Pastelltöne: Milchgelb, Himmelblau, Babyrosa und Veilchenlila.

Ich weigere mich. Ein Gebäude muss architektonische Farben tragen. Drei Farben maximal. Ich schlage intensives Strohgelb für die Wände vor, Feuerrot für die Stahlelemente und ein sattes Grün für die Fensterelemente. Der farbige Kulturschock bringt mir zunächst Kritik seitens des Komitees ein. In der Folge wird die Halle unter den Nutzern jedoch immer beliebter und es finden regelmäßig 14-tägige Gottesdienste statt. Insbesondere die Kinder scheinen sich von der warmen und sonnig-fröhlichen Farbumgebung angezogen zu fühlen.

Abb. 2.145 Vor der erneuerten Gemeindehalle der GSELCK in Nairobi

2006

Erarbeitung eines Gutachtens für städtische Slumschulen in Kisumu

Im Juni 2006, ich bin gerade wieder in Heidelberg, fragt mich die KfW für die Teamleitung eines Projekts an. Das Programm zum Schulbau war bereits mit einem Finanzvolumen von rund zehn Millionen Euro in Slums von Nairobi angelaufen. Nun soll es mit zusätzlichen zehn Millionen in einer weiteren Region fortgeführt werden. Wo genau, ist noch offen. Die betreffende Region soll ich vom heimischen Schreibtisch aus festlegen. Ohne einen einzigen Vor-Ort-Besuch?

Während die Frage um die Region weiter im Raume steht, schlägt der KfW-Chef Kisumu vor. Die Hafenstadt ist die drittgrößte Stadt Kenias und liegt nordöstlich des Victoriasees. Ihre Schattenseiten sind die höchste HIV-Rate des Landes und die zahlreichen städtischen Slums. Er habe ohnehin dort zu tun und ist nicht gewillt, eine weitere Station in sein schon überbordendes Reiseprogramm aufzunehmen. Die kenianischen Kollegen hingegen plädieren für Eldoret. Vermutlich weil ein leitender Mitarbeiter von dort herstammt und Kenianer grundsätzlich ihre Heimatstädte begünstigen wollen, frei nach dem Motto Charity begins at home.

Der KfW-Chef sitzt am längeren Hebel. Kisumu macht das Rennen, und so übernehme ich die Aufgabe zusammen mit Dr. Dieter Klein, einem GTZ-Kollegen aus Nairobi. Schon nach den ersten Gesprächen mit der KfW wird uns bestätigt, dass wir das absolute Dreamteam für das anstehende Projekt seien. Ein Architekt und ein Erziehungswissenschaftler, beide mit langjährigen Erfahrungen in Kenia. Was kann da noch schief gehen?

Ich werfe meine Pläne über den Haufen, den kühlen Sommer Kenias in Heidelberg zu verbringen, und ziehe zusammen mit Dieter in meine Wohnung nach Nairobi. Der dreiwöchige Einsatz in Kenia ist gespickt von unzähligen Terminen mit deutschen und kenianischen Projektpartnern. Ein dreitägiger Aufenthalt in Kisumu versetzt uns in die Realität dieser brodelnden, vormalig idyllischen Stadt. Allein in den letzten vier Jahren ist die Bevölkerungszahl von 250.000 auf 375.000 hochgeschossen, wobei der Zuwachs vorwiegend in den zahlreichen Slums gelandet ist.

Die Straßen zum Rathaus, wo die meisten unserer kenianischen Projektpartner arbeiten, gleichen Ameisenrennbahnen. Zwischen all den Einkaufsbuden und hupenden Fahrzeugen ist kaum ein Vorwärtskommen möglich. Da wir wenig Zeit haben, versuchen wir, im lokalen DED-Büro unsere logistische Basisstation einzurichten, um von dort aus zu arbeiten. Als das glückt, telefonieren wir umgehend alle Projektpartner ab und vereinbaren Termine für die folgenden Tage. Im Zweigbüro des Erziehungsministeriums erwartet uns eine Schar weiblicher Beamtinnen, die uns äußerst hilfsbereit unterstützen. Und so schaffen wir es, innerhalb von drei Tagen eine Befragung zu vorhandenen Slumschulen durchzuführen und ein Programmkonzept zu erarbeiten. Unterstützung bekommen wir auch von zwei

Abb. 2.146 v.l.n.r.: Dieter Klein, Inge, Barbara Klein

ehemaligen Studenten von Dieter. Sie helfen uns nicht nur bei den Recherchearbeiten, sondern befreien uns auch noch aus den Fängen der Taxifahrer, indem sie uns treue Fahrdienste im klapprigen Auto leisten.

Nach diesen drei produktiven Tagen geht es wieder zurück nach Nairobi. Dort beginnt mit der Ausarbeitung eines Gutachtens die eigentliche Hauptarbeit. Hierfür werden uns umfangreiche Dokumente zugesagt. Nach mehrfachem Nachhaken werden diese allerdings nur teilweise geliefert. Dieter konzentriert sich auf den pädagogischen Teil des Gutachtens, ich hingegen beschäftige mich mit der Baukonzeption der Slumschulen samt Terminplanung und Kostenermittlung. Während ich mich mit dem Ausfüllen der von der KfW vorgegebenen Druckvorlagen herumschlage, erweist sich Dieter als unermüdliches Arbeitstier. Mit 16 Stunden täglich erledigt er seinen Arbeitsteil im Handumdrehen.

Drei Tage vor Abgabeschluss geht das Gutachten fristgerecht an die KfW. Statt der vereinbarten 14 Tage bekommen wir erst nach fünf Wochen Rückmeldung. Die Experten der KfW wünschen sich plötzlich umfangreiche Änderungen. Der Grund: Das genehmigte Projektbudget habe sich angeblich verdoppelt. Damit sollen wir nun alle Kosten- und Bauplanungen erneut bearbeiten sowie das pädagogische Konzept erweitern. Ich weigere mich und verweise auf unseren Vertrag, der keine derartige Mehrarbeit vorsieht. Schon gar nicht kostenlos. Glücklicherweise sind die Schlusszahlungen unserer Honorare bereits über die Bühne gegangen. Und die Arbeit? Für mich ist sie jedenfalls beendet.

2010

Abschied

Gesundheitlich zeichnen sich bei mir schon seit Längerem größere Herzprobleme ab. Die Folge sind zwei Operationen, bei denen mich vor allem die letzte so massiv beeinträchtigt, dass ich ab 2010 vorerst nicht mehr nach Kenia reisen kann.

Vorausschauend sorgen wir dafür, dass unsere Wohnung in guten Händen ist und vermieten sie an einen italienischen Kinderarzt. Im Sommer bekomme ich überraschend Besuch aus Nairobi. Christian Toemmler, ebenfalls ein ehemaliger Wohnungsnachbar, will uns dabei helfen, unsere kenianische Wohnung zu verkaufen.

Meine gesundheitliche Situation erreicht gegen Ende des Jahres ein absolutes Tief. Im Dezember 2010 führt schließlich kein Weg mehr dran vorbei und wir fliegen zur Wohnungsauflösung nach Nairobi. Der Abschied fällt uns schwer, viele Freunde sind in dieser Zeit für uns da und machen uns Mut. Thomas Gehrmann unterstützt uns dabei, unsere beiden Autos zu verkaufen. Mit finanziellen Verlusten ist alles machbar. Die schönen Möbel und die Kunstobjekte verkaufe ich im Inventar gleich mit. Es ist eine Zerreißprobe zu entscheiden, was mit nach Deutschland wandern soll und was letztendlich in Kenia zurückbleibt. Vieles verschenken wir an Freunde. Püppi verzweifelt fast. An jedem Gegenstand hängen viele Erinnerungen. Ich hingegen liege deprimiert auf der Liege und bin nicht ansprechbar.

Als dann die Abreise kurz bevorsteht, kommt noch einmal unser Hausmeister Dominik zu uns. Er will für uns beten. Er ist dankbar für alles, was wir getan haben, um ihm und seiner Familie eine sichere Bleibe und ein kleines Gehalt zu verschaffen. Dominik betet eine halbe Stunde lang so innbrünstig und so laut, dass es uns zu Tränen rührt.

Mit unseren letzten vier Gepäckstücken reisen wir zum Flughafen. Christian Toemmler begleitet uns und wartet mit uns fast zwei Stunden lang bis zum Abflug. Zu diesem Zeitpunkt ahnen wir noch nicht, dass wir uns nie mehr wiedersehen werden. Wenige Monate später stirbt Christian an Herzversagen.

Zurück in Heidelberg bricht nun auch über mir alles ein: Das befürchtete emotionale Loch hat sich aufgetan und ich bin erst einmal einige Monate damit beschäftigt, mich selbst wieder in die richtigen Bahnen zu bringen. Das Leben in Kenia gehört zu unseren intensivsten Erfahrungen. Wir hätten uns sehnlichst einen schöneren Abschied aus dem Land gewünscht, das im Zeitraum von 1976 bis 2010 zu unserer zweiten Heimat wurde.

FRAGEN ZUR ENTWICKLUNGSZUSAMMENARBEIT MIT AFRIKA

Mehr Geld für Afrika?

Entwicklungszusammenarbeit (EZ) nach bisherigen Mustern braucht nicht zwingend mehr Geld. Woher sollte es auch kommen? Die Regierungskassen der reichsten Nationen wurden durch die Welt-Finanzkrise geplündert. Vor Jahrzehnten wurden Abkommen unterzeichnet, durch die sich die Industrieländer dazu verpflichteten, mindestens 0,7 Prozent des Bruttosozialprodukts der Entwicklungshilfe zufließen zu lassen. Weil die Haushalte defizitär blieben, haben nur wenige das Versprechen eingelöst. Die Rechtfertigung der EZ bei Steuerzahlern und Spendern wird zunehmend schwieriger. Hochverschuldete Regierungen können nur Geliehenes verleihen. Durch sogenannte Umschuldung wird danach das meiste verschenkt. Wer kann sich das schon leisten? Bis zum Eingeständnis der Zahlungsunfähigkeit der Industrieländer gegenüber den Entwicklungsländern dürften Jahre vergehen.

Die folgenden Thesen basieren auf meinen persönlichen Erkenntnissen der Entwicklungszusammenarbeit mit kenianischen Regierungsbediensteten.

01. Besser klotzen oder kleckern?
02. Wie wichtig ist Zielgruppen-Nähe?
03. Was verbirgt sich hinter der Ownership-Euphorie?
04. In welchem Verhältnis stehen Regierungspartner und NRO's?
05. Wie wichtig sind Partner-(vor)-leistungen?
06. Wie sichern wir die Projektübernahme?
07. Tun wir, was wir können?
08. Feldarbeit vs. Bürokratenseminare - was bringt mehr?
09. Warum technische Zusammenarbeit?
10. Win-Win-Situationen oder Geber-Nehmer-Mentalität?

01. Besser klotzen oder kleckern?

Klotzen wird von Organisationen und Institutionen bevorzugt, die mit einem möglichst geringen Eigenaufwand maximale Umsätze erzielen wollen. Klotzen ist in der Regel korruptionsfördernd, weil es die Gier der gehobenen Nehmerkreise erhöht. Kleckern hingegen kann armutsmindernd sein. Kleinere Einzelbeiträge erregen weniger Gier. Viele kleine Klecker-Projekte können mehr Menschen erreichen, als wenige große Klotz-Projekte.

02. Wie wichtig ist Zielgruppen-Nähe?

Muss die Bedeutung eines Projektes oder Programms am Finanzvolumen gemessen werden? Können wir die Wirkung für die Zielgruppe zum Erfolgsmesser machen? Die enge Zusammenarbeit mit ärmeren Zielgruppen, die direkte Erfahrungsweitergabe und das Involvieren der Beteiligten vor Ort ermöglicht meist schon mit geringen Mitteln spürbare Wirkung.

03. Was verbirgt sich hinter der Ownership-Euphorie?

Beim Ownership-Verfahren werden Gebermittel ohne Zwischenkontrollen an Zahlungsempfänger, z.B. afrikanische Regierungen, überwiesen. Dadurch soll die Eigenverantwortung gestärkt werden. Eine Aussage, bei der man annehmen darf, sie sei in Bürokratenstuben erfunden worden. Zweifelsohne ist der Verzicht auf Geberkontrollen bequem und verringert den eigenen Arbeitsaufwand. Noch einfacher wäre es, die Hilfsmittel direkt aus dem Fenster zu werfen. Unkontrollierter Mittelabfluss auf Projektsteuerungsebene führt häufig zu frühen Erfolgsmeldungen, die bei genauerer Betrachtung nicht standhalten. Das Argument der Mitteleinsparung für angeblich zu teure externe Kontrollen ist in der Regel ein Vorwand. Die Frage ist doch, ob von einer Zusammenarbeit im Sinne von Wissenstransfer und gegenseitiger Erfolgskontrolle noch die Rede sein kann. Auch hier wiederum gilt es zu fragen: Was kommt bei der Zielgruppe an?

04. In welchem Verhältnis stehen Regierungspartner und NRO's?

Das Bestehen auf externen und landesinternen Kontrollen unter Beteiligung nationaler Nichtregierungsorganisationen kann die Erfolgsaussichten der EZ erhöhen. Die Empfängerregierung eigenmächtig über den Mitteleinsatz entscheiden zu lassen, ist bestenfalls blauäugig, in der Regel aber weltfremd und verfehlt. Afrikanische Regierungen helfen sich gerne selbst, während die Zielgruppe häufig mit leeren Versprechen abgespeist wird. Landesinterne Kontrollen sind produktiver als externe Gutachtereinsätze, die eingefleischte Korruptionspraktiken schon aus Eigeninteressen übergehen.

05. Wie wichtig sind Partner-(vor)-leistungen?

Die EZ sollte erst dann beginnen, wenn der Partner sein Interesse durch Eigenleistungen zu erkennen gibt. Sind die Eigenbeiträge budgetiert und auf dem gemeinsamen Projektkonto eingezahlt? Wurden die Projektabkommen unterzeichnet? Ehe eine Entsendung der Experten erfolgt, sollte die Ernsthaftigkeit auf Partnerseite geprüft werden. Das beginnt bereits bei den Counterparts, der Logistik und den Arbeitsplätzen vor Ort, die fest benannt, verpflichtet und gesichert sein sollten. Doch häufig haben es die Geldgeber eiliger als die Empfänger, sind zum vereinbarten Projektbeginn gar nicht in der Lage, ihren Beitrag zu erbringen. Verzögerungen sind die Folge, die nicht nur dem Projektstart im Wege stehen, sondern auch die Notwendigkeit der Partnerleistungen in Vergessenheit geraten lassen.

06. Wie sichern wir die Projektübernahme?

Die EZ sollte enden, wenn die vereinbarten Ergebnisse erreicht und die Partner in der Lage sind, mit den erlernten Fähigkeiten und Mitteln das Projekt zu institutionalisieren und fortzuführen. Wenn die Partner allerdings keine Beiträge erbringen oder aufhören mitzuarbeiten, sollte ebenfalls über ein Ende der Zusammenarbeit entschieden werden. Wird das Projektziel vom Partner noch verfolgt? Partnerschaft endet dort, wo Beiträge nicht oder nicht mehr erbracht werden. Sind Projektpartner bereit, Projekte alleine zu übernehmen, sollten sie sich an internationale Banken oder andere Partner wenden, die ihr erfolgsversprechendes Vorhaben weiter finanzieren.

07. Tun wir, was wir können?

Land- und Forstwirtschaft, ökologisches Bauen, Umwelttechnik, erneuerbare Energien, Management, Wirtschaft, berufliche Fortbildung und Stadtentwicklungspolitik sind interessante Bereiche, in denen wir nicht nur Wissen und Erfahrungen, sondern auch geeignete Fachkräfte anbieten können. Auch viele Partner suchen diese Stärken. Doch immer häufiger übernehmen wir Arbeitsbereiche, für die wir angeblich in Deutschland keine geeigneten Fachkräfte finden. Weshalb reden wir dann noch von bilateraler Zusammenarbeit, wenn wir internationale Kräfte einsetzen müssen, während viele eigene Fachleute arbeitslos sind? Überlassen wir doch die schwer zu besetzenden Arbeitsbereiche denjenigen, die in diesen Sektoren nachgewiesene Stärken besitzen. Und konzentrieren uns darauf, was wir können!

08. Feldarbeit vs. Bürokratenseminare - was bringt mehr?

Die Schule, das Krankenhaus und der Erzeugermarkt, die mit Hilfe der EZ errichtet wurden, bleiben bestehen und werden von immer mehr Menschen dringend benötig. Die Studie, das Gutachten, der Forschungsbeitrag, der Workshop, das Symposium sind allerdings vergessen, noch ehe das Jahr verflossen ist. Die EZ zeigt ein ständig abnehmendes Interesse für das Einfache und Brauchbare, sie verlagert sich immer mehr in Worte und Papier. Die Ausgaben für endlose Serien von Workshops, Konferenzen, Symposien für höher gestellte Hilfetheoretiker sollten moderater budgetiert werden. Betragen derlei Kosten mehr als die Hälfte der Projektmittel, wird an materiellen Projektvoraussetzungen gespart.

09. Warum technische Zusammenarbeit?

Koalitionen, Trennungen und der Wechsel politischer Fähnchen sind gang und gäbe. Umso mehr wir politisch beraten und in Personal investieren, das bereits morgen out sein kann oder in eine neue Liaison verstrickt ist, umso mehr Zeit verschwenden wir. Wir nähren den Verdacht, verstärkt eigene politische Überzeugungen und Interessen einbringen zu wollen. Das riecht für unsere Partner nach postkolonialer Einmischung in politische Gestaltungsfreiheit, die als höchstes Gut der errungenen Unabhängigkeit gilt. Eine konkrete technische Zusammenarbeit schafft die notwendigen Rahmenbedingungen und Verbesserungen materieller Art für die Zielgruppe. Hilfe wird greifbarer und messbarer. Wer den Namen Deutsche Gesellschaft für Technische Zusammenarbeit (GTZ) liest, erwartet genau das. Nicht nur die ausländischen Partner, sondern auch die deutschen Steuerzahler und Spender.

10. Win-Win-Situationen oder Geber-Nehmer-Mentalität?

Aufrichtige Partnerschaften zwischen Gebern und Nehmern, und eine direkt erkennbare Win-Win-Situation sind wichtige Voraussetzungen für eine nachhaltige EZ. Wenn wir Zusammenarbeit zum gegenseitigen Vorteil gestalten und sowohl für uns als auch unsere Partner Arbeitsplätze schaffen und Mehrwert generieren, können wir mit gutem Gewissen unsere Steuermittel dafür einsetzen. Damit die vereinbarten, gemeinnützigen Ziele konsequent verfolgt werden und Notleidenden zugutekommen, müssen unsere Partner hinter der Zusammenarbeit stehen und diese auch vor ihren Zielgruppen vertreten können.

PARTNERPROJEKTE

Gute Absicht, nüchterne Realität?

Wir unterstützen Projekte unserer Partner! Dies ist der selbstlos klingende Grundsatz der EZ. Realität, Absichtserklärung oder Lippenbekenntnis? Was bewegt Partner dazu, Projekte und Programme anzufassen und welches Gewicht haben Anträge, Handlungszwänge, Länderprogramme, Sektorprioritäten, Trendthemen und vielleicht auch persönliche Interessen? Wie werden Projekte und Programme erdacht und vereinbart? Zunächst an Konferenztischen in Washington, New York, Berlin und anschließend in Nairobi abgesegnet? Schon hier können die Dinge aus dem Ruder laufen.
Rituale, wie die alljährlichen Regierungskonsultationen und Verhandlungen, führten zu länderspezifischen Konzeptionen. Da sind Nord-Süd-Bedienstete in periodischen Beratungen tätig; einmal in Berlin, dann in Nairobi. Es wurden Ideen geschmiedet und langfristige Partnerschaften erdacht, deren spätere Akteure die Ausgangsidee entweder nicht kannten oder sich nicht mehr erinnerten. Zeit spielt in Bürokratien, insbesondere in Afrika, eine unerhebliche Rolle. Projekte können überstürzt starten, vielleicht aber auch erst Jahre später, nachdem die Erfinder versetzt, entlassen, pensioniert oder gar verstorben sind. Die Zielgruppen im Land werden selten gehört. Wussten sie davon, was ihnen helfen soll, und hatten sie Gelegenheit, mit zu planen, geschweige denn mit zu arbeiten?

Um den Geldhahn erst einmal zu öffnen, passen sich afrikanische Partner häufig zunächst den Wünschen ihrer Geber und Helfer an. Was später getan wird, kann schließlich immer noch überlegt werden. Für neu eintreffende Helfer ist dies nicht immer erkennbar. Wer davon ausgeht, dass Regierungspartner die Interessen und Nöte der Zielgruppen vertreten, liegt in der Regel falsch. Während wir von Partnerschaften reden, haben wir es selten mit den eigentlichen Partnern im Lande zu tun.

01. Eine Frage der Verantwortung
02. Bedingte Präsenz
03. Lippenbekenntnisse
04. „Window-Dressing“ - eine Frage der Außendarstellung
05. The hidden agenda
06. Kleine Geschenke helfen weiter
07. Selbstbedienung
08. Gemach, gemach oder Eile mit Weile?
09. Die Suche nach dem Schuldigen
10. Mitnehmen und Vergessen

01. Eine Frage der Verantwortung

Der Weg aus der eigenen Verantwortung führt ins Ungewisse. Selbst weiß man nicht genau, was zu tun ist. Besser nicht alles wissen, kennen, sollen oder dürfen - das hilft stets aus misslichen Lagen. So stiehlt man sich selbst aus der Verpflichtung, etwas beizutragen und überlässt den Helfern den Vortritt, die erst einmal zeigen sollen, wie es geht. Vorgetäuschte Unkenntnis und Hilflosigkeit, Zugeständnisse von Mängeln und Schwächen, aber auch Delegation nach unten sind probate Mittel, sich aus der eigenen Verpflichtung und Verantwortung temporär zu befreien. Die Häufigkeit von unkooperativer Zusammenarbeit steigt mit der Höhe der Regierungsebene.

02. Bedingte Präsenz

Die Büros afrikanischer Partnerbehörden sehen häufig kläglich aus. Die Ausstattungen sind veraltet, unter Aktenstapeln finden sich verlassene Schreibtische, insbesondere bei den höheren Chargen, die nicht selten dringend weg mussten. Von 8 bis 17 Uhr mag die reguläre Dienstzeit öffentlicher Bediensteter sein. Dafür gibt es ein bescheidenes Salär, das häufig nicht für Familienverpflichtungen und Konsumverlockungen ausreicht. Auch im öffentlichen Dienst eines Entwicklungslandes kann sich keiner der Frage entziehen, wie er über die Runden kommt. Erwartet werden Zulagen oder Topping-ups der Partner.

Wenn beides nicht winkt, hängt die Jacke über dem Stuhl, täuscht Anwesenheit vor, während vermeintlich Wichtigeres erledigt wird als im Partnerprojekt mitzuarbeiten. Wenn die Mitarbeit in einem Partnerprojekt schon nichts zusätzlich abwirft, sind Nebeneinkünfte, Stammes-, Clan- und Familiennetzwerke wichtiger.

Wenn Anfragen wegen versäumter Termine kommen, wissen die Kollegen Bescheid: „She or he should be around!“ Das hört man oft. Wissen was läuft? Gerne. Aber dabei sein? Nicht wichtig. Vielleicht gibt es ja im Nachbarprojekt eine Fortbildung, einen Workshop mit Anwesenheitszulage und Zertifikat? Nur fürs Dabeisein zahlen manchmal internationale Geldgeber lokalen Partnern stattliche Zulagen. Zuhören reicht! An manchen Regierungsbehörden läuft gleichzeitig ein Dutzend Hilfsprogramme in ähnlichen Problemfeldern. Da ist es klug, gleich zu wählen, wo man dabei sein möchte.

03. Lippenbekenntnisse

Helfer und lokale Partner hoffen zunächst, Positives zu leisten und ihren Beitrag zu Reformen und Entwicklung beizutragen. Läuft die Zusammenarbeit zu langsam an, lassen Erfolge auf sich warten. Die anfängliche Euphorie weicht der Ernüchterung, es folgt Frustration oder gar Resignation. Ärger kommt hinzu, sobald sich die vorgenommenen Beiträge als Lippenbekenntnisse entpuppen. Es wird gemahnt, mit Abbruch gedroht. Vereinbarungen oder Projektabkommen verpflichten allerdings dazu, fortzufahren und die Sache auszustehen. Doch mit der Freude geht auch der Wille langsam aber sicher verloren.

04. „Window-Dressing" - Eine Frage der Außendarstellung

Häufig wird der Anschein von Projektfortschritten gewahrt, selbst wenn wenig Positives zu den Ergebnissen berichtet werden kann. Für die Außendarstellung wird nicht selten großer Aufwand betrieben und es finden, fernab der eigentlichen Zielgruppe, Veranstaltungen an kostspieligen Orten statt. Bei der Außendarstellung kommt es darauf an, gut auszusehen. Mal teuer gekleidet, mal cool, mal easy-going. Die Akteure verlieren sich in kleinen Aktivitäten, endlosen Meetings, schreiben geschönte Fortschrittsberichte. Den Anschein wahren, es ginge einiges voran, auch wenn an den Kernproblemen wenig Veränderung zu vermelden ist, rücken die vereinbarten Ziele in immer weitere Ferne.

05. The hidden agenda

Häufig bleibt es bei Versprechen von Änderungen, während Altes bestehen bleibt. Projektpartner sind daran interessiert, selbst etwas mitnehmen zu können: eine weitere Fortbildung, größere Fahrzeuge für mehr Mobilität, eine bessere IT-Ausstattung oder eine interessante Reise - selbstverständlich alles nur zum Erfahrungsaustausch. Wenn schon nicht die Armut und Probleme der Zielgruppen erkennbar beseitigt werden, dann soll sich zumindest die eigene Lebenslage verbessern. So scheint die Zusammenarbeit nach außen verpflichtend, während im Inneren vorrangig die eigenen Ziele verfolgt werden.

06. Kleine Geschenke helfen weiter

Toa Kitu Kidogo - oder abgekürzt auch TKK - bedeutet „Bring was Kleines mit". Mit diesem Kürzel beweist man zwar Verständnis für so manche kenianische Gepflogenheit. Als Ausländer oder Helfer sollte man es allerdings tunlichst vermeiden, dieses Wort in öffentlichen Sitzungen in den Mund zu nehmen. TKK ist eine unverblümte Aufforderung zum Leisten von Korruptionsgeld. Dafür vergisst der schlecht bezahlte Polizist schon mal die Parksünde, findet der Angestellte die verlegte Akte oder erteilt der Beamte die Baugenehmigung.

Wenn das Geschenk „etwas" größer ausfällt, beispielsweise als Kick-Back in Millionenhöhe zur Auftragsvergabe eines Großmarktes, einer neuen Straße, eines Wasserwerkes oder Liefervertrages…so what? Man wird nichts dagegen haben. Dafür wird auch ein Auge zugedrückt, wenn der Großmarkt am Ende eine Bauruine ist, die Straße schludrig zusammen gehauen, das Wasserwerk nicht funktioniert oder nur die halbe Liefermenge ankommt.

Kleine, mittlere und große Korruptionen - die Justiz ist meist fußlahm, dazu auch noch käuflich. Recht hat, wer mehr zahlen kann. Ungestraft bleibt, wer sich frei kaufen kann. Warum soll der eine büßen, wenn andere sich noch bedienen können? Wie viel mitgenommen werden kann, hängt von der Position des Gebers und Nehmers ab. Den Partnern ist groß lieber als klein. Das bringt bessere Schlagzeilen, unterstreicht die eigene Bedeutung und Kreditwürdigkeit, lässt seinereins vor dem Wahlvolk gut aussehen. So bleibt zumindest auch einiges auf den eigenen Konten hängen. Wer sich dumm anstellt, kommt in die Schlagzeilen und ins Visier von Untersuchungskommissionen, die in der Regel irgendwann im Sande verlaufen.

07. Selbstbedienung

Dieses Prinzip ist auch in sozialistischen Verteilungssystemen üblich. Sie fordern zwar Gleiches für alle, ermöglichen aber eine frühzeitige Selbstbedienung der Bestplatzierten. Für die zu spät Zugreifenden bleibt nichts übrig, verwandt dem deutschen Spruch: den Letzten beißen die Hunde! Oder auf Kisuahili: Chukua chako mapema, zu Deutsch: Bediene dich rechtzeitig selbst.

08. Gemach, gemach oder Eile mit Weile?

Das Engagement ist festgeschrieben, das Personal unter Vertrag und vor Ort, Ausrüstungen und Fahrzeuge wurden geliefert, der Mittelabfluss ist in vollem Gange und der Operationsplan wurde mühevoll erarbeitet - die Zeit läuft. Die Projektfortschrittskontrolle steht kurz bevor. Eile in Form von Arbeitseifer ist gut und schön, meist ist sie aber schlecht für die Erfolgsbilanz einer wirksamen und nachhaltigen EZ. „Eile, Eile bringt keinen Segen“ besagt ein Kisuahili-Spruch Haraka, haraka, haina baraka oder in anderen Worten: Haina haraka kwa africa. In Afrika gibt es keine Eile.

Wenn das Hinauszögern von Partnerbeiträgen allerdings von der Gewohnheit zur Strategie wird, Fortschritte kaum erkennbar sind, dann ist auch die Flucht aus der einst ernst gemeinten Partnerschaft nicht mehr fern. Bei Projekten, die sich mehr als zehn Jahre lang dahin schleppen, dadurch Initiatoren versetzt, entlassen oder verstorben sind, können nachrückende Kollegen nur vage an den Unterlagen erkennen, was zugesagt wurde. Auch mit Mühe lässt sich nur wenig Positives vermelden. Nicht selten greift dann das Prinzip: außer Spesen, nichts gewesen. Solche Projekte zu beenden, fällt besonders schwer.

09. Die Suche nach dem Schuldigen

Befindet sich das Projekt oder Programm im Stillstand? Gibt es Misserfolge? Löst es bei der Zielgruppe gar Proteste aus? Dann waren oft die Helfer schuld. Man vermutet ungeeignete Berater, vielleicht unerfahren, fachlich unqualifiziert, unmotiviert oder mit den lokalen Gepflogenheiten nicht vertraut. Die einheimischen Partner haben ja nur mitgemacht, auf Anregung gewartet und auf Rat gehört. Wer arbeitet, macht Fehler. Wer zuschaut, weiß was falsch war. Die Suche nach dem Schuldigen beginnt dann, wenn anfängliche Euphorie der Ernüchterung weicht, Frust einsetzt und Versagensängste auftauchen. Danach folgt Belobigung der Unbeteiligten, Entlastung der Mitläufer, Beschuldigung der Geber und Helfer.

Es mag auch Projekte geben, wo ein kollektives Eingeständnis von Fehlleistungen und Versagen die Situation retten kann. Besser ist, wenn alle schuldig sind. Dann hat im Grunde keiner Schuld. Regierungen und Organisationen bevorzugen diese Schuldvariante. Dadurch braucht niemand Konsequenzen zu ziehen oder gar seine Tätigkeit als beendet anzusehen. Oder aber man versucht, die Fehlleistungen jenen Randbedingungen zuzuschreiben, die nicht beeinflusst werden können und außerhalb der Verantwortungsbereiche stehen. Dann braucht keiner zur Rechenschaft gezogen zu werden, alles bleibt beim Alten, Pfründe bleiben erhalten. Friede, Freude, Eierkuchen?

10. Mitnehmen und vergessen

Die Erinnerung an eine vereinbarte Partnerschaft weicht dann aktivem Vergessen, wenn attraktivere Hilfsangebote winken. Gewiss, man hatte Interesse, etwas auf den Weg zu bringen und hierfür eigene Mitarbeit zugesagt. Inzwischen ist aber ein besseres Angebot aufgetaucht. Mehr Geld, großzügigere Geber, attraktivere Bedingungen. Das anfängliche Partnerinteresse verschwindet nach und nach. Das ist sehr ärgerlich für die noch tätigen Helfer, deren weiteres Engagement dann ins Leere läuft. Wurde Dankbarkeit erwartet? Das Fallenlassen von Partnern soll neue Pfründe öffnen. Was man schon mal hatte, ist schnell vergessen. Interessanter ist, was noch kommen mag.

Schlussgedanke

Kann man afrikanische Verhaltensweisen ändern? Gewiss nicht über Nacht. Oft entsteht der Eindruck, dass Entwicklungszusammenarbeit eine Recycling-Mühle ist. Alte Schwerpunkte werden neu zum Leben erweckt, vergessene Ideen kehren wieder und werden in neue Worthülsen verpackt. Nachrückende Helfer trauen „alten Hasen" häufig nicht. Sie wollen neu erkunden und eigene Erfahrungen machen. Das ist auch gut so. Wir brauchen Optimismus und Mut, um neue Wege zu gehen. Veränderung bedarf eines Überdenkens. Was aber sollten wir lernen? Weder in alten Fettnäpfchen zu verweilen, noch auf abgetretenen Bananenschalen auszurutschen. Aus gemachten Fehlern lernen.

HEIDELBERG (SEIT 1946)

Projekte und berufliche Stationen

1982 – 1985	Architekt in eigener Sache Renovierungsarbeiten und Neubau in Heidelberg-Ziegelhausen
1987 – 1988	Ein Jugendtraum wird wahr Sanierung des Heidelberger Kulturdenkmals Weinloch
1989 – 1992	AIC Anlauf Ingenieur-Consulting GmbH Abteilungsleiter Hochbau und Technische Gebäudeausrüstung

Anekdoten

Gentrification auf Heidelberger Art
„Banane, Zitrone, hast'ne Mark, für 'ne alte Kanone?"
Ein Skiausflug lähmt AIC
Verwandtschaft in Amerika
Der Praktikant Tim

1946

Ankunft in der Heimat

Seit ich denken kann, ist Heidelberg etwas Besonders für mich. Ich bin gerade mal vier Jahre alt, als meine Mutter mit mir und meiner Schwester am Hauptbahnhof München zwischen Massen von Umsiedlern, Flüchtlingen und Vertriebenen steht und auf den alles entscheidenden Zug wartet. Wir machen uns auf in ein neues Zuhause. Und landen schließlich Heidelberg.

Seither ist mir die Stadt am Neckar zur Heimat geworden. Aber auch Zwischendomizil und ein Ort der Zuflucht, wenn außer Lande nichts mehr ging. Algerien, Haiti, Dominikanische Republik, Jemen und Kenia: 30 Umzüge rund um den Globus und 35 Jahre Leben zwischen den Welten bringen viele Wahlheimaten mit sich. Aber ein Schritt zurück auf Heidelbergs Boden reicht aus, um mich wieder zu erden.

Heidelbergs Einmaligkeit braucht man nicht mehr rühmen. Rund 3,5 Millionen Besucher kommen jährlich in die malerische Stadt am Neckar. Den ursprünglichen Charakter und Charme Heidelbergs bewahren vor allem die historisch gewachsenen Kernbereiche Altstadt, Weststadt, Neuenheim und Handschuhsheim. Dennoch scheint Heidelberg permanent bedroht zu sein und verliert, wie viele andere Städte auf der Welt, durch die Schuhkartonarchitektur allmählich sein historisches

Abb. 4.1 Heidelberg, Blick von der Theodor-Heuss-Brücke gen Osten zur Alten Brücke

Gesicht. Die noch weitgehend intakten Stadtteile werden zunehmend eingekreist von gesichtslosen Neubauten und aus dem Boden gestampften Komplettsiedlungen wie Emmertsgrund, Boxberg oder Bahnstadt.

Die soziale Gliederung der Stadt ist vielschichtig. Der Anteil der in Heidelberg Geborenen ist dabei gering. Den Kurpfälzer Dialekt beherrschen nur wenige der Einwohner. Durch die rund 40.000 Studenten wirkt die Stadt zweifelsohne jung und lebendig. Allerdings fragt man sich, ob die jungen Menschen überhaupt daran interessiert sind, ihre (Wahl-)Heimat und deren Menschen auch tiefer gehend wahrzunehmen. Ob im Stehen, beim Gehen, in der Straßenbahn, im Café oder in der Bar: Der Blick ist meist gesenkt, in der Hand das Smartphone oder Tablet. Immer erreichbar sein, überall mit dabei sein, gedanklich schon beim nächsten sein. Wie definiert sich hier wohl Heimat?

1982 – 1985

Renovierungsarbeiten und Neubau in Heidelberg-Ziegelhausen

Nach sechs Jahren Nairobi geht es erst einmal wieder zurück nach Heidelberg. So richtig trennen können wir uns noch nicht von Kenia. Wir hoffen auf baldige Rückkehr und so geben wir unseren Hausrat, Hund Sidi und Kater Max zunächst bei einem Kollegen auf einer kenianischen Kaffee-Farm in Obhut. Ich bemühe mich in der Zwischenzeit um eine Anschlusstätigkeit bei UN-HABITAT in Nairobi. Konkrete Zusagen gibt es keine, alles ist in der Schwebe. Vor mir liegt eine ungewisse Zukunft, wie es beruflich weitergeht.

Mitte 1982 beginne ich mit der Renovierung unseres Hauses in Heidelberg-Ziegelhausen. Das Haus in der Hirtenaue 17 gehört uns seit 1971 und war während unserer Auslandsaufenthalte stets vermietet. Falls ich doch arbeitslos werden sollte, haben wir hier immerhin eine Bleibe. Die Spießer-Idylle von Ziegelhausen ist ein wahres Kontrastprogramm zu Nairobi. Sobald jemand die Straße entlang läuft, zucken auch schon die Vorhänge der neugierigen Nachbarn. An unser altes Haus bauen wir einen Carport und erweitern die Einfahrt. Einer der Nachbarn schaut kritisch zu: „Und Sie wollen Architekt sein?".

Im Herbst richten wir unser Haus in einer Mischung aus Biedermeier und IKEA ein, bauen einen freistehenden Kamin ins Wohnzimmer und erfreuen uns am ersten Fernseher, den uns mein Vater zum besseren Eingewöhnen schenkt. Clio kommt ins Hölderlin-Gymnasium, wo bereits meine Schwester Gunde Abitur machte. Am ersten Elternabend werden wir mit Disziplinproblemen der Schüler konfrontiert. In der Klasse haben sich Cliquen gebildet, die nicht nur gegeneinander kämpfen, sondern auch gegen die Lehrer Krieg führen. Nach dem harmonischen Nairobi sind das nicht nur für Clio bislang unbekannte Zustände. Zu ihrem 16. Geburtstag steigt in unserem Haus die Mega-Party. Im Hausflur und Treppenaufgang türmen sich die Mopedhelme der jugendlichen Gäste. Bis in die Nacht ertönt laute Musik, aus den Boxen schallt es „We don't need no education!". So lange, bis die Nachbarn mit der Polizei drohen.

Zur Renovierung unseres Hauses kommt noch der Neubau eines Hauses auf dem Nachbargrundstück hinzu. Den Bauantrag für die Hirtenaue 19 hatte ich bereits in Nairobi vorbereitet. Für die Bauantragsstellung muss ich mich in die Architektenkammer eintragen lassen und der Heidelberger Stadtverwaltung einen Nachweis meiner Bauvorlageberechtigung erbringen. Dann heißt es geduldig sein. Während die Baugenehmigung auf sich warten lässt, nehme ich an einem Segeltörn über das Mittelmeer teil. Zur Crew gehören unter anderem Kapitän Harry, Admiral Niels und die Französin Jacqueline. Auf der Rückfahrt von Korsika schlagen uns fast haushohe Wellen ins Boot.

Am 1. November 1989 wird es schließlich ernst. Die Baugenehmigung liegt vor. Das erste Mal Architekt in eigener Sache! Die Ausschreibungen übernehme ich selbst und finde einen günstigen Rohbau-Unternehmer aus dem hinteren Odenwald. Der Unternehmer Wolbert rückt mit seinen sieben Handwerkern an. Unter ihnen ist auch Herr Förster. Der Polier und Baustellenchef ist Vater zweier Fußball-Nationalspieler. Unter den fleißigen Helfern steht eine Frage stets im Raum: „Alpirsbacher Freibier, gewärmt oder kalt?"

Kurz vor dem Wintereinbruch wird der Keller betoniert. Bei den Arbeiten lassen wir einen Backstein aus und mauern ein kleines Männchen aus Bolivien ein. Der Talisman soll Reichtum und Glückseligkeit bringen. Der Zimmerer Losdorfer organisiert das Richtfest im Januar. Die Dachisolierung aus Hartschaum verlege ich selbst, die Dachdeckung aus Römerpfannen empfiehlt Wolbert. Verblendklinker, Piniendecken aus handverlesenen Brettern, Fußbodenheizung aus Styropor, Alu, Kupfer und Tonverbundplatten. Die Versiegelung wird ein Alptraum. Ein drohender Kupferrohr-Fraß bereitet mir schlaflose Nächte.

Der Kanalanschluss entfacht schließlich noch einen Streit mit der Stadtverwaltung. Die Anschlusskosten und der elektrische Pumpbetrieb für die Hebeanlagen sind unverschämt hoch. Ganz abgesehen von der Geräuschbelästigung im Haus. Ich plane daher einen Hangkanal, damit zumindest das talseitige Regenwasser in unserem Grundstück versickern kann. Die Versickerungsanlage mit Dachentwässerung und kiesgefüllten Versickerungsschächten könnte dabei auch zwei umliegenden Häusern zugutekommen. Der Vorschlag wird jedoch abgelehnt. Der Einbau der teuren Hebeanlage ist unvermeidlich. Ein Déjà-vu? Mit Hebeanlagen habe ich bereits böse Erfahrungen gemacht. Der Käufer unseres ersten Hauses wurde von der Stadtverwaltung zum Einbau einer Hebeanlage verpflichtet. Die Kosten von 25.000 Mark klagte er bei uns ein. Wir mussten zahlen.

Abb. 4.2 Im Hafen von St. Tropez

Abb. 4.3 Die beiden Häuser in der Hirtenaue 17 und 19 von der Talseite aus gesehen

Abb. 4.4 Das Bestandsgebäude aus den 70er Jahren in der Hirtenaue 17 vor dem Umbau

Abb. 4.5 Richtfest in der Hirtenaue 19

1987 – 1988

Sanierung des Heidelberger Kulturdenkmals Weinloch

Das Weinloch in der Unteren Straße gehört vermutlich zu den bekanntesten Kneipen in Heidelberg und ist seit 1950 im Besitz meiner Familie. Meine ersten Entwürfe 1968 für den Dachausbau der Kneipe wurden wegen fehlender Zustimmung meiner Eltern schnell ad acta gelegt. Ihnen widerstrebte die Vorstellung, dass ich mit Frau und Kind in die Bruchbude inmitten der damaligen Drogenszene einziehe.

1987 wird mein Jugendtraum schließlich wahr. Das Weinloch wird auf Drängen des Stadterneuerungsamtes saniert. Die Planung ist aufwendig und erfordert akribische Detailarbeit. Vieles ist baufällig, manches vielleicht sogar sanierungsunfähig. Die geplanten Änderungen der Dach- und Gaubenform münden in unendlichen Verhandlungen mit dem Amt für Baurecht und Denkmalschutz. Wir warten gespannt auf die Bewilligung. Die Baugenehmigung enthält zweiunddreißig Auflagen.

Gentrification auf Heidelberger Art

Sanierungsprojekte haben immer einen Rattenschwanz: Sie ziehen eine Umsiedlung der bisherigen Mieter nach sich, die mal besser und mal schlechter von Statten geht. Im Jargon der Stadtplaner wird dieser soziale „Verdrängungsprozess" Gentrification genannt.

Was das Weinloch betraf, war das gesamte Haus an eine Brauerei vermietet, die wiederum die einzelnen Zimmer untervermietet hatte. Der Pächter hatte allerdings längst den Überblick über die Belegung verloren. Zum Start der Sanierung musste deshalb zunächst die Frage aller Fragen geklärt werden: Wer wohnte im Haus? Ein Aushang im Hausflur sollte die Mieter über die bevorstehenden Arbeiten informieren. Bei der Gelegenheit bat ich auch um baldigen Auszug. Die städtische Wohnungsverwaltung würde bei der Suche nach einer alternativen Unterkunft behilflich sein.

Jutta zählte zu den kooperativen Mietern. Die langjährige Kellnerin im Café Journal wohnte in einem schwarz-weiß gestrichenen und mit Silberfolien dekorierten Zimmerchen. Bei ihrem Auszug verabschiedete sie sich im alemannischen Heimatdialekt: „Was si sisch do vorgnomme hawe, däs isch ä Läbenswerg."

Schwieriger hingegen wurde es mit den anderen Mietern. Die Tür des Zimmers im ersten Obergeschoss blieb stets verschlossen. Der Mieter des

Hofzimmers war unbekannt. Die Nachbarn meinten zu wissen, dass eine weitere Mieterin bereits gepackt hatte und mit ihrem Lebensabschnittsgefährten in die Dordogne auswandern wollte.

Der Mieter eines Zimmers im Dachgeschoss war seit Monaten mit der Miete im Rückstand. Ab und an schlief er bei den Damen im zweiten Obergeschoss, angeblich im Schlafsack, und lebte von der Untervermietung seines Zimmers. An der Wand stand gekritzelt: „The world was a very innocent planet, except for those great big, big brains!"

Richtige Auszugsprobleme bereitete ein schwarzgekleideter Punk. Er lebte meist in seiner Wohnung in Frankfurt oder bei seinen wohlhabenden Eltern in der Weststadt. Das Altstadtdomizil schien er nur gelegentlich zu nutzen. Nachdem er sich nicht meldete, brachte eine gewaltsame Türöffnung schließlich Licht ins Dunkel. Vor dem zerwühlten Bett prangte ein massiver Grabstein. Die „Installation" war umzäunt von einer weihnachtlichen Lichtleiste. An der gegenüberliegenden Wand hingen drei Kleiderbügel mit schwarzen Kellnerjacken. Aufgeknöpft gaben sie ihr Innenleben preis: Schwarz-Weiß-Fotos seiner Gespielinnen. Als ich ihn schließlich irgendwann doch noch zu greifen bekam, pochte er auf Mieterschutz. Drei Monatsmieten Abfindung folgten.

Ein deutsch-amerikanisches Schwulenpaar wollte bei Baubeginn einziehen. Ich fragte, ob sie den Räumungsaushang gelesen hätten. „Nö. Was interessiert uns das? Wir haben bereits die Miete im Voraus bezahlt." An wen, wollte ich wissen. „So'n Typ halt. Keine Ahnung, wie der heißt". Der angebliche Typ sollte ich sein. Von den beiden hatte ich nie gehört.

Abb. 4.6 Das Weinloch vor dem Umbau

Abb. 4.7 Das Weinloch vor dem Umbau

„Das bleibt hier drin!"

Als die Mieter endlich ausziehen, geht es an die Entrümpelung des Gebäudes. Unzählige Kippmulden voller Sperrmüll werden abtransportiert, verrottete Balkenlagen und Terrassen-Ökotope der Mieter müssen entsorgt werden. Sieben gusseiserne Kanonenöfen samt Bodenplatten und Ofenrohren werden die engen Treppen hinunter geschleppt. Um die Substanz des Gebäudes zu prüfen, werden die Wände abgeklopft. Das verursacht atemraubende Staubschwaden. Die Giebelwände bestehen aus altem Fachwerk und sind wenig tragfähig. Die Gebäuderückwand lässt sich an manchen Stellen mit der bloßen Hand zerbröseln. Sie muss komplett erneuert werden. Ein Wunder, wie das bisher alles zusammenhält und stehenbleibt!

Für die Stabilisierung des Gebäudes brauchen wir ein komplettes Innenkorsett aus Holzstützen. Mein Freund und Statiker Jürgen Winkler bringt die „frohe" Botschaft: Der Dachstuhl braucht tonnenschwere Stahlträger, die das Gebäude aussteifen sollen. Eine feuerfeste Verkleidung dient dem Brandschutz.

Die vorhandenen Sanitär-Installationen für das gesamte Haus beschränken sich auf ein einziges Außenklo im ersten Obergeschoss. Ein paar schräg hängende Waschtische sind undicht angeschlossen und haben die Deckenbalken verrotten lassen. Zur Hausmitte hin sackt das Gebäude ab. Die Fußböden sind aus schrägen Leimdielen und haben teilweise ein Diagonalgefälle von bis zu 15 Zentimetern. Tische, Stühle und Schränke stehen windschief, nichts ist gerade oder rechtwinklig. Wie sollen wir das alles je wieder ins Lot bringen?

Die Denkmalschützerin Frau Zitzlaff ist eine gefürchtete Beamtin, wenn es um Altstadt-Sanierungen geht. Sie überwacht unsere Arbeiten mit Argusaugen. Bei der Erhaltung der historischen Details ist sie unerbittlich: „Das bleibt hier drin! Das muss eben aufgearbeitet werden."

Die verwitterten Fenster, echt Eiche, sind undicht und verzogen. Nach langem Suchen finden wir einen Schreiner, der in der Lage ist, wärme- und lärmdämmende Verbundfenster mit alten Sprossenteilungen nachzubauen. Aber auch da gibt es Ärger. Die Straßenfenster werden zu schmal angeliefert. Mit Dichtungsschaumstoff will der Schreiner die Gewände ausspritzen. Ich protestiere und verweigere die Abnahme. Die Fenster gehen zurück und müssen nachgefertigt werden. Diskussionen gibt es auch wegen des zerlöcherten Terrazzo-Bodenbelags im Hausgang. Er sei angeblich denkmalgeschützt, dabei ist er erst in den 50er Jahren verlegt worden. Den Beweis liefert eine alte Rechnung des italienischen Bodenverlegers Fiorentini aus Heidelberg. Frau Zitzlaff gibt schließlich nach. Der Türbogen, den sie für Naturstein hält, wird mit einem Fingerklopfen enttarnt. So hohl kann nur Hartfaser klingen.

Dann beginnt der Abriss des alten Dachstuhles. Er besteht mittlerweile nur noch aus Trümmerholz. Offensichtlich war er mal einem Brand ausgesetzt. Das gesamte

Gesims ist morsch. Damit ein Motorkran das neue Material hochhieven kann, wird an einem Abend die Untere Straße gesperrt. Kräftige Balken und Stahlträger von bis zu 2,5 Tonnen Einzelgewicht schweben über unseren Köpfen und werden an ihren Montageplatz dirigiert.

Um zur Toilette im Hof zu gelangen, müssen die Kneipengäste den Hausflur durchqueren. Ein Mauerdurchbruch soll den direkten Weg ermöglichen. Die Arbeiten führen zum Eklat mit den Wirtsleuten Inge und Manfred. Die Kneipe muss vorübergehend dicht gemacht werden. Die Folge ist eine dreimonatige Entschädigungszahlung für den Ertragsausfall. Die Stammgäste sind sauer, leiden unter dem Alkoholentzug.

Dann geht es an die Entrümpelung des Kellers, der für die spätere Kneipennutzung ausgebaut werden soll. Es werden Sperrmüll und Kohlenvorräte entsorgt, Einzelverschläge herausgerissen, die alte Sickergrube entleert. Eine neue Hofüberdachung schafft zusätzliche Terrassenfläche und dient als Schallschutz für die oberen Geschosse. Wir kaufen einen Quadratmeter Straße an und richten eine Klappe für einen kleinen Lift ein, der den Transport von Fässern und Flaschen ermöglicht.

Die Gewerbeaufsicht fordert schließlich noch einen kleinen Eingangsbereich vor der Kneipentür. Der Grund: Wenn die Betrunkenen zur späten Abendstunde nach Hause aufbrechen und stolpern, sollen sie nicht direkt auf der Unteren Straße landen. Einer der Gäste kritzelt wenig später auf die neue Kneipentür: „Der Ast, der ist in Kenia und lässt uns diese Türe da. Dein FH-Kollege (H.-H. Danneberg)."

„Banane, Zitrone, hast'ne Mark, für 'ne alte Kanone?"

Während der Entrümpelung des Gebäudes lief der Kneipenbetrieb normal weiter. Erich gehörte zu den treuen Stammgästen, auch wenn er nie wirklich Geld im Weinloch ließ. Er saß tagein tagaus auf dem Schaufensterplatz vor dem Lokal und trank sein billiges Bier, das er im Lebensmittelladen „Thoma" nebenan gekauft hatte. Sein Spruch war stadtbekannt: „Banane, Zitrone, hast'ne Mark, für 'ne alte Kanone?" Er blieb hartnäckig sitzen, auch als der Bauschutt bereits vom Gerüst herab rieselte. Seinen Lieblingsplatz verteidigte er seit zehn Jahren deshalb so vehement, weil er dadurch das Zimmer auf der gegenüber liegenden Straßenseite stets im Blick hatte. Das Domizil hatte er einst mit seiner Lebensgefährtin geteilt, die ihm jedoch davongelaufen war. Die Erinnerung an den Ort seines letzten Glücks wollte er sich auf diese Weise wahren.

Abb. 4.8 Ein Terrassen-Ökotop der besonderen Art

Abb. 4.9 Der alte Dachstuhl

Abb. 4.10 Die Stahlträger schweben ein

Abb. 4.11 Der alte Dachstuhl ist nur noch ein Gerippe

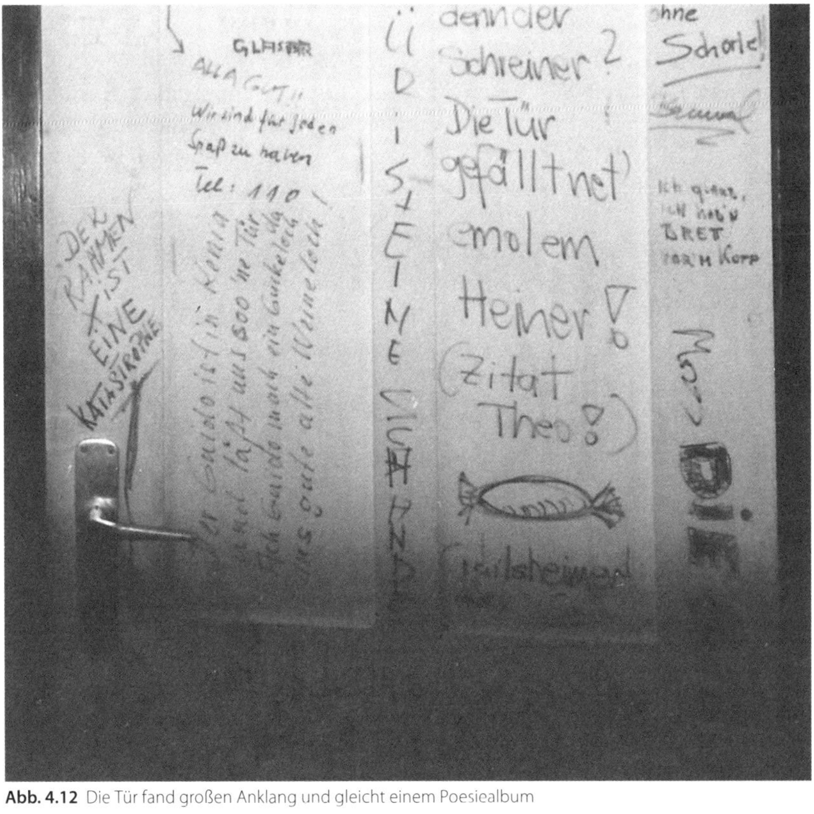

Abb. 4.12 Die Tür fand großen Anklang und gleicht einem Poesiealbum

Handwerkerfreuden

Während der Sanierungsarbeiten wimmelt das Haus nur so vor Handwerkern, die mal mehr mal weniger Freuden mit sich bringen. Einer davon ist Holger. Der junge Schlosser durchläuft gerade eine berufliche Wiedereingliederungsmaßnahme. Wenn er zur Arbeit erscheint, dann entweder zu spät oder ohne Werkzeug. Am laufenden Band entfernt er sich von der Baustelle, vermutlich um noch einmal eine Allerletzte zu rauchen.

Nachdem die Heizung der oberen Wohnung eingebaut ist, will mir der Installateur höchstpersönlich beweisen, dass sie funktioniert. Routiniert dreht er die Leitung für den Wasserzulauf auf; ich stehe gespannt auf der Holztreppe und warte, was sich tut. Erst beginnt es leise zu plätschern; dann kommt mir eine ganze Wasserkaskade entgegen. Der Installateur ist peinlich berührt. Oben sehe ich dann die Schlamperei: Nichts ist dicht. Sämtliche Heizkörper sind nur vormontiert.

Ähnlich schief verläuft die Verlegung der Bodendielen. In den schönen Eichenbretter werden vernickelte Kreuzschlitzschrauben gut sichtbar versenkt. Die Anschlüsse von Treppenwangen und Türschwellen sind hingepfuscht. Überall gibt es Auseinandersetzungen mit den Handwerkern sowie jede Menge Nacharbeiten.

Eine Ausnahme ist der Elektriker Norbert Brecht aus dem Odenwald. Er macht mir echte Freude. Unermüdlich bespricht er alle Leitungsführungen, Beleuchtungskörper und Schalteranordnungen bis ins kleinste Detail. Der Sicherungskasten im Hausgang wird in das Bruchstein-Mauerwerk versenkt, die Küche drei Geschosse hochgewuchtet und in die schiefen Ecken und Wände eingebaut.

Der stadtbekannte Dachdecker Karl-Heinz Winterbauer reist mit jungen, tüchtigen Handwerkern an. Der Blechner Kerber aus der Haspelgasse übernimmt die Zinkblecharbeiten auf den Terrassen, an der Rauchgas-Entlüftung, den Dachrinnen und Fallrohren. Die Anschlüsse unserer Dachflächen an die Nachbardächer nehme ich genau unter die Lupe. Undichte Stellen werden sofort beseitigt. In Folge bewahrt uns das rund zwanzig Jahre vor Dachwasserschäden.

Durch die Gipserarbeiten weicht der krumme Charme des Altbestandes nach und nach einer neuen, glatten Oberfläche. Genau jetzt kommt der Trümmer-Look von freigeschlagenen Altbauwänden in Mode. Kneipen und Boutiquen pflegen plötzlich den Charme des Zerfalls und wir fragen uns, ob wir die Sanierung nicht zu weit getrieben haben?

Abb. 4.13 Richtfest

Abb. 4.14 Richtfest

Abb. 4.15 Richtfest

Abb. 4.16 Richtfest

Abb. 4.17 Plan...

Abb. 4.18 ..und Wirklichkeit: Unsere schöne, neue Terrasse über den Dächern Heidelbergs

Abb. 4.19 Sehr viel spannender als in der Hirtenaue: der Heidelberger Herbst von der Loge aus gesehen

Ein Jugendtraum wird wahr

Im Winter 1988 feiern wir die Einweihung des neuen Weinlochs. Zur Anerkennung überreicht uns der Stadtkämmerer Wolfgang Wagner die Kurpfälzer Skizzenmappe mit einem Dankeswort des Bürgermeisters Reinhold Zundel. Der Leiter des Stadtplanungsamtes Bokemaier gratuliert persönlich. Die Rhein-Neckar-Zeitung und das Heidelberger Amtsblatt bringen Artikel, Freunde und Gäste kommen, und erfreuen sich wie wir an unserem Lebenswerk.

Kurz vor Weihnachten erfüllt sich dann endlich unser Jugendtraum: Wir ziehen ins Weinloch. Clio studiert zu dieser Zeit schon, bezieht im ersten Obergeschoss eine eigene 3-Zimmerwohnung und gründet mit Freundin Susanne eine WG. Darüber erstreckt sich unsere Wohnung auf drei Ebenen. Alles wird bis aufs letzte Eckchen bestens genutzt. Fortan heißt es für uns: Treppauf und treppab, unzählige Male täglich. Daran gewöhnen wir uns schnell. Das Leben in der Altstadt ist spannender als in der Hirtenaue, zweifellos aber auch gewöhnungsbedürftig. Für unser Auto brauchen wir dringend einen Tiefgaragenplatz. In Heidelberg kann man darauf auch schon mal zwei Jahre warten.

1989 – 1992

Abteilungsleiter Hochbau und Technische Gebäudeausrüstung bei AIC Heidelberg

Nachdem die Sanierung des Weinlochs abgeschlossen ist, ergibt sich 1989 für mich die Möglichkeit, bei Anlauf Ingenieur-Consulting (AIC) einzusteigen. Das Beratungsbüro in der Heidelberger Akademiestraße ist auf Ingenieurleistungen im Hoch- und Tiefbau spezialisiert . Mein Freund Jürgen Winkler stellt den Kontakt zwischen mir und den beiden Geschäftsführer Ferner und Berghausen her. Die beiden hatten zuvor aus der Presse von der erfolgreichen Sanierung des Weinlochs erfahren und stellen mir die Leitung der Abteilung Hochbau und Technische Gebäudeausrüstung in Aussicht. Für einen Quereinsteiger kann sich das Gehalt durchaus sehen lassen. Der kurze Weg von meiner Altstadt-Wohnung zum Büro ist ein weiteres Argument: Mittags kann ich mit dem Rad zum Essen nach Hause fahren.

Auf einen Schlag bin ich verantwortlich für den Einsatz von einem Dutzend Mitarbeiter und Azubis. Die staatliche Hochbauverwaltung und das Universitätsbauamt Heidelberg sind unsere wichtigsten Auftraggeber. Meine Hauptaufgabe ist die Akquisition von Aufträgen. Diese sind auch dringend nötig: Die Hochbauabteilung schreibt seit Langem rote Zahlen.

Aufträge für die US-Army bringen endlich wieder gutes Honorar ein. In der Siedlung Patrick-Henry-Village in Heidelberg statten wir ein Wohnhaus mit einem Behindertenfahrstuhl aus, verstärken die Zäune der Kasernen und entwerfen ein neues Einkaufszentrum für die Army in Mannheim-Käfertal. Zusätzlich gewinnt AIC neue Auftraggeber, die meist aus der regionalen Industrie kommen, darunter die alteingesessene Steinzeugfabrik Friedrichsfeld AG. Dank der vielen Neuaufträge und Honoraranzahlungen schreibt unsere Abteilung endlich schwarze Zahlen, und doch steht es um AIC nicht gut. Die Büromiete in der Akademiestraße ist astronomisch hoch. Die 50.000 Mark monatlich bedrohen die Firmenrentabilität. Warum kein eigenes Bürogebäude für die rund 100 Mitarbeiter errichten? Ich handle mit der katholischen Kirchenschaffnei einen Erbpachtvertrag für ein Wohnbaugelände aus. Die Entwürfe werden wenig später genehmigt.

Der Umbau der Neurologischen Anstalt im Heidelberger Altklinikum gehört zu den schwierigsten Projekte im Rahmen meiner Tätigkeit bei AIC. Unser Auftrag ist es, eines der Gebäudeteile in eine Resozialisierungsstation für drogenabhängige Jugendliche umzubauen. Wir investieren viel Zeit in die Planung, als uns völlig unerwartet der Beschluss überrascht: Das bereits eingerüstete Sanierungsobjekt soll albanischen Asylanten als Unterkunft dienen. Nur vorübergehend, heißt es. Die Albaner hausen wie wild auf der Baustelle, versuchen ihre Einkünfte durch organisierten Diebstahl im angrenzenden Stadtteil Bergheim aufzubessern. Sie klauen Radios, Fernseher und Recorder, aber auch Fahrzeuge, und schicken das Diebesgut in ihre Heimat. Bis zu ihrem Auszug lassen sie das Gebäude komplett verwahrlosen. So hängt eines Tages ein Moped im Sanierungsgerüst, das kurz zuvor jemand aus dem Fenster geworfen hat. Der Eichenparkett trägt sichtbare Zeichen eines Wasserschadens. Während wir uns erneut an die Bestandsaufnahme setzen und die Mehrkosten ermitteln, herrscht beim Bauamt erstaunlich entspannte Stimmung: „Alles halb so schlimm!".

Ein Ski-Ausflug lähmt AIC

Im Winter 1991 veranstaltete AIC eine Ski-Reise in die Schweizer Alpen nach Champéry. Der Betriebsausflug sollte die Stimmung der Belegschaft heben. Am Abend vor der Abfahrt knallten die Sektkorken. Wir waren voller Vorfreude auf die feuchtfröhliche Fahrt. Am nächsten Morgen, ich kannte die Gegend bereits, wollte ich die Kollegen kurz über die Tücken der Piste informieren. „Brauchen wir nicht. Wir treffen uns unten." Und dann ging es auch schon los. Die beiden Geschäftsführer wollten zeigen, welche Ski-Kanonen sie sind. Eine halbe Stunde später flog auch schon der Rettungshubschrauber an.

In der Herberge wusste man bereits: Bergi, wie wir Berghausen nannten, hatte sich das Bein gebrochen. Ferner war ebenfalls gestürzt und hatte sich den Knöchel verdreht. Sie hatten ihrem Übermut Tribut gezollt. Beim Betreten des Krankenzimmers musste ich mich beherrschen, um nicht loszulachen. Vom Krankenbett aus schaute er bedrückt drein, das Bein war dick eingegipst. „Ast, Sie müssen mir mit Französisch helfen. Ich komme hier nicht klar!"

Während seine Mitarbeiter in den nächsten Tagen noch fröhlich auf der Piste wedelten, musste Bergi das Krankenbett hüten. Auf den Ski-Unfall folgten sechs Wochen Krankmeldung. Der geplante frohe Ski-Ausflug endete in einer geschäftsschädigenden Unternehmung. Für das ohnehin schlechte Betriebsergebnis katastrophal.

Verwandtschaft in Amerika

Ein Sommerurlaub führte mich und Inge 1990 für rund zwei Wochen in die USA. Dort wollten wir an einem Treffen der Bukowina Society, einem Verein der Buchenländer in Amerika, teilnehmen. Auslöser des Besuchs war ein Artikel in Der Ostdeutsche, den meine Mutter entdeckt hatte. Darin war ein Foto unseres Hauses in Illischestie abgedruckt, das mein Großvater Simon einst für meine Eltern baute. In der Zeitung war auch ein Bericht über die Pastorenfrau Irmgard Ellington, die an der Universität von Fort Hays im Bundesstaat Kansas eine Arbeit über die Buchenland-Deutschen verfasst hatte. Meine Mutter bat mich, eine Kopie anzufordern.

Und so flogen wir über New York nach Kansas City, und fuhren von dort mit dem Mietwagen weiter nach Fort Hays. Wir waren wir spät dran, das Gründungstreffen war bereits in vollem Gange. Wir öffneten leise die Tür zum Versammlungssaal und wollten unentdeckt eintreten. Irmgard Ellington hielt gerade ihre Rede. Als sie uns erblickte, hielt sie inne und vermutete richtig: Die Beiden in der Eingangstür sind die „Äste" aus Germany. „Welcome, kommen Sie auf das Podium. Wer sonst noch im Saal heißt Ast oder ist mit den Ästen verwandt?". Auf diese Frage erhob sich fast der halbe Saal von den Stühlen. Einige der Aufgestandenen trugen blaue Farmer-Overalls. Neues Wissen über meine Verwandtschaft, und das auch noch in Amerika? Ich staunte.

Das Auditorium war neugierig, wollte wissen, was uns hierher brachte und was uns mit der Bukowina Society verband. Ich hielt eine spontane Rede, wurde im regionalen Fernsehen interviewt. Die Aufzeichnung auf VHS-Kassette haben wir noch heute. Mehr Erkenntnisse über unsere Abstammung brachte uns später der Ahnenforscher Roy Aust Kerth. Mit wenigen Handgriffen zauberte er aus seinem Computer einen Stammbaum, der bis ins 17. Jahrhundert zurückreichte.

Der Praktikant Tim

Nach dem Treffen mit der Bukowina Society fuhren wir weiter, besuchten Farmen, darunter auch jene von Arnold Homburg. Sein Sohn Tim studierte Architektur an der Universität von Kansas. Ein paar Monate später, ich dachte kaum mehr an die USA, meldete sich Tim völlig unerwartet bei mir. Sein obligatorisches Praktikum wollte er unbedingt in Heidelberg absolvieren. Ich bot ihm eines bei AIC an. Als Tim kurz vor Weihnachten eintraf, erkannte ich ihn kaum wieder. Der 20-Jährige mit rosa Pausbäckchen, der seine mittlerweile gut und gerne 110 Kilo Körpergewicht in eine 501 Levis Bluejeans gezwängt hatte, strahlte mich bis über beide Ohren an. Mutti hatte ihm offensichtlich zum Schutz vor kargen Zeiten in Germany ein ordentliches Fettpolster angefüttert.

First time in Europe, first time away from home! Im Weinloch schwang er sich sogleich auf unsere Lieblingscouch und rief seinen Dad in den USA an. Nach einer Stunde Dauerstrippe erinnerten wir ihn behutsam daran, dass Kansas rund 10.000 Kilometer entfernt liege. Kein Ortstarif. „Ah okay, alright!". Er legte auf.

Kaum hatte ich Tim im Büro vorgestellt, wollte er auch schon richtige Arbeit. Dass er arbeiten konnte, bewies er am Zeichentisch. Schweiß rann ihm von der Stirn. Egal was man von ihm verlangte, er war stets vergnügt. Sein Praktikum verlängerte er kurzerhand von zwei auf sieben Monate. Er wurde Stammgast in Jacky's Aerobic und Bodybuilding-Studio, trainierte mit neuen Freunden und wurde zusehends immer schlanker. Nach sieben Monaten und um 20 Kilo leichter reiste Tim schließlich wieder zurück nach Kansas.

1992

Abschied

Mittlerweile liegen drei Jahre AIC hinter mir. Gesundheitlich fühle ich mich gestresst. Ich habe erste Herzklappenprobleme. Diagnose: Insuffizienz der Aortenklappen ersten Grades. Eine weitere Beobachtung ist erforderlich. Ich brauche eine Auszeit von AIC. Da kommt ein Jobangebot gerade zur richtigen Zeit. Im Jemen wird ein Leiter für ein Stadtentwicklungsprojekt gesucht. Die Stelle ist auf zwei Jahre befristet. Ich kündige bei AIC und verspreche, nach meiner Auszeit wieder in die Firma einzusteigen. Ich bekomme ein schönes Zwischenzeugnis mit guten Wünschen.

Heidelberg, in wie vielen Jahren sehen wir uns wieder?

VORGESCHICHTEN (1609 – 1960)

Stationen

1609	Ursprung im schwäbischen Pfeffingen/Albstadt
1942	Geburt im polnischen Alwernia
1943 – 1944	Der erste eigene Familienbetrieb in Trzebinia
1944 – 1946	Zuflucht in Moosbach (Oberösterreich)
1946 – 1948	Notunterkunft in Neckargemünd
1948 – 1955	Ankunft in der Heimat Heidelberg
1955 – 1961	Vom lieb gewonnenen Heidelberg in die graue Arbeiterstadt Mannheim

Anekdoten

Kleiner Fauxpas mit fatalen Folgen
Kindliche Berufswünsche
On the road

1609

Ursprung im schwäbischen Pfeffingen/Albstadt

13 Generationen in über 400 Jahren: Der Stammbaum meiner Familie reicht bis 1609 zurück und hat seinen Ursprung im schwäbischen Pfeffingen/Albstadt. 1787 zog es den ersten Aussiedler Friedrich Jakob Ast als 17-jährigen Jüngling über Sereth nach Illischestie. Dort heiratete er die zwei Jahre jüngere Rheinhessin Katharina Armbrüster. Zu dieser Zeit wurden Boten ins Land geschickt. Sie sollten einen Teil der Bevölkerung aus übersiedelten Gebieten in Baden-Württemberg, Rheinhessen und der Pfalz in den siedlungsarmen Nordosten (Moldawien und Rumänien) des österreichisch-ungarischen K&K-Reiches bringen. Damit die Aussiedler im zukünftigen Siedlungsgebiet auch Fuß fassen konnten, wurde ihnen Unterstützung zugesichert. Dabei sollten sie die nötigsten Mittel erhalten, mit denen sie sich einen landwirtschaftlichen Betrieb aufbauen können. Voraussetzung hierfür war, dass sie sich in Wien registrierten.

Der Volksmund klagte: „Die ersten deutschen Siedler fanden den Tod, die zweiten kannten die Not, erst die dritten hatten ihr Brot.“ Vor Friedrich Jakob hatten sich bereits zwölf deutsche Familien an der nach ihnen benannten Zwölfergasse angesiedelt und einen Friedhof angelegt. Er und seine Familie sowie alle nachfolgenden Angehörigen der Ast-Sippe wurden dort beerdigt. Etliche Grabsteine ruhen noch heute unter dem Gestrüpp des verlassenen deutschen Friedhofs. Bis zur

Abb. 5.1 Der Ort Illischestie

Umsiedlung lebten nach Friedrich Jakob noch vier nachfolgende Generationen in Illischestie: Urgroßvater Johannes, Urgroßvater Ludwig, Großvater Simon und mein Vater Maximilian. Sie brachten es zu bescheidenem Wohlstand. „Lieber eigenes Stroh tragen, als Gold für andere“, hörte ich meinen Großvater sagen. Auch die Worte meines Vaters klangen nach: „Und ist der Handel noch so klein, er bringt doch mehr als Arbeit ein“. Die Familie hatte einen Grundbesitz von rund 120 Hektar erworben. Das entsprach fast einem Drittel der deutschen Anbauflächen dort.

Mutter erinnerte sich noch gut an die Geschichten aus ihrer Jugendzeit in Illischestie. Ihr Vater Jakob Knieling war Rittmeister und trug bis zu seinem frühen Kriegstod stolze österreichisch-ungarische Uniformen. Seine Reitburschen nutzte er häufig als Familienhelfer, die ihm das Haus und die Schuhe putzen mussten. Seine Frau Anna trug gerne eine Straußenboa und eleganten Schmuck der vorletzten Jahrhundertwende. 1915 fiel Jakob im Krieg. Tot vom Pferde gefallen, erschossen? Keiner wusste es. Mit den drei Töchtern Martha, Mathilde und der jüngsten, meiner Mutter Ernestine, musste Anna fortan ohne männliche Unterstützung überleben. Weil sie Ziegen hielt, wurde sie in der Nachbarschaft als „Geisen-Nantsche“ verspottet.

Näharbeiten gehörten zu den wenigen Einnahmequellen der Familie. Dabei mussten auch die drei Töchter mit anpacken. Meine Mutter war für das Ausliefern der Näharbeiten verantwortlich. Einer der Kunden war Simon Ast, der meine Mutter gelegentlich auch für eigene Botendienste verpflichtete. Er war starker Raucher, schickte meine Mutter eines Tages zum Tabak kaufen. Dabei traf sie auf seinen Sohn Maximilian

Abb. 5.2 Die ehemalige Zwölfergasse – später Reichsstraße und heute Europastraße

und verliebte sich in ihn. Die beiden heirateten 1935. Als Hochzeitsgeschenk baute ihnen Simon noch mit 65 Jahren ein Haus an der Zwölfergasse. Mit einem kleinen Lebensmittelladen begannen die beiden, sich eine gemeinsame Existenz aufzubauen. 1937 kam dann auch schon das erste Kind: Meine Schwester Gunde.

Drei weitere Jahre blieben sie in Illischestie, bevor sie im Jahr der Umsiedlungskommission 1940 alles auflösten. Das hart Erarbeitete, der noch rauchende Herd und der geliebte Hund Srouliou blieben zurück. Damit gehörten meine Eltern zu den rund 2.500 Deutschen, die ihr altes Leben hinter sich ließen. Sie glaubten den Versprechungen, dass man ihnen das mühevoll Erschaffene anderenorts wieder ersetzen würde. Auch sollte die Siedlung als geschlossene Einheit wieder aufgebaut werden. Um das „Privileg" einer Umsiedlung genießen zu dürfen, mussten mein Großvater und meine Eltern einen sogenannten kleinen Abstammungsausweis vorlegen. Mit dem Dokument wurde bestätigt, dass die Inhaber arisch sind und somit nachweislich geeignet, ihre Siedlererfahrung von mindestens vier Generationen ins wiedergewonnene Deutsche Reich nach Oberschlesien zu bringen.

Im winterlichen Schneetreiben führte ihr Weg ab Bahnstation zunächst ins Ungewisse. Die vermeintlich durchdachte Umsiedlung verlief ohne genauen Plan, dauerte insgesamt ein ganzes Jahr. Zwischendurch wurden die Umsiedler in dem kleinen Örtchen Fronleiten nahe Bruck an der Mur untergebracht. Dort hausten sie in Barracken, die ursprünglich für russische Kriegsgefangene errichtet worden waren und mussten Zwangsarbeiten verrichten.

Meine Eltern plagten erhebliche Zukunftsängste. Wie würde es weitergehen? Würden sie ewig unterwegs sein, geborene Nomaden, „born to live on the road"? Im Dezember 1941 wurden sie schließlich an die tschechisch-polnische Grenze transportiert und nach Teschen gebracht. Dort verstarb kurze Zeit später mein Großvater Simon. Die Familie musste weiter nach Alwernia ziehen, wo ihnen schließlich ein Ladengeschäft mit Wohnung zugewiesen wurde.

Kindliche Berufswünsche

Martha war die älteste Tochter von Anna und Jakob, und wurde als 16-Jährige dem doppelt so alten Forstmeister Karl Nowak verheiratet. Angeblich war er zunächst an der verwitweten Mutter interessiert. Beim Anblick ihrer Tochter änderte er jedoch seine Meinung. Martha und Karl zogen nach Offenbach und bekamen vier Kinder: Otto, Waldi, Rudi und Traudi. Meine Schulferien verbrachte ich meist bei der Verwandtschaft. Onkel Karl war ein wahrer Geschichtenerzähler und als junger Bub liebte ich es, seinen Erzählungen zu lauschen. Immer wieder nahm er mich zu seinen Waldspaziergängen mit. Dabei entstand auch mein erster Berufswunsch: Förster.

Abb. 5.3 Mein Ururgroßvater mütterlicherseits – Jakob Knieling, Rittmeister mit Adjudanten

Abb. 5.4 Mutter Ernestine Ast beim Gang zur Arbeit, ca. 1930

Abb. 5.5 Die Hochzeit meiner Eltern 1935 in Illischestie

Abb. 5.6 Meine Großeltern und meine früh verstorbenen Tanten Eli und Maria

Abb. 5.7 Das Haus in Illischestie

Abb. 5.8 Als Säugling mit Mutter und Schwester Gunde in Alwernia – das früheste Bild meiner Jugend

Abb. 5.9 Das Geburtshaus in Alwernia

1942 - 1943

Geburt im polnischen Alwernia

Am 3. Mai des dritten Kriegsjahres komme ich als Sonntagskind im polnischen Alwernia zur Welt. Die Auswirkungen infamer Nazi-Propaganda sind omnipräsent: Hinter den 60 Millionen Kriegsopfern verbergen sich Tote, Vermisste, Versehrte, Umsiedler und unzählige Vertriebene. Anstelle der angeordneten NS-Jugendweihe taufen mich meine Eltern christlich. Um sie weniger anstößig erscheinen zu lassen, wird der „Unheilsführer" Namensgeber: Guido Adolf Ast.

1943 - 1944

Der erste eigene Familienbetrieb in Trzebinia

Wenige Monate nach meiner Geburt ziehen wir in das 30 Kilometer entfernte Trzebinia. Dort übernimmt mein Vater zunächst das Lebensmittelgeschäft seines Cousins Waldi Kerth, bevor er schon bald ein eigenes eröffnet. Mit der Zeit wächst es zu einem erfolgreichen kleinen Familienbetrieb heran. Der Laden hat mittlerweile rund 3.000 Kunden aus allen sozialen Schichten. Bei der Arbeit helfen alle mit: Mutter, Cousine Erwine, die beiden Cousins Waldi und Erhard. Es werden polnische Mitarbeiter eingestellt, darunter auch die beiden Kindermädchen Wanda und Olga.

Abb. 5.10 Die Familie mit Personal in Trzebinia, 1943

Kleiner Fauxpas mit fatalen Folgen

Im Laden stand meine Mutter meist an der Theke und bediente die Kundschaft. Ein kleiner Fauxpas änderte unsere Lebenslage von jetzt auf nachher. Anstatt die Frau eines SS-Gauleiters zuerst zu bedienen, widmete sie sich zunächst den Wünschen einer polnischen Mutter mit Kind, der sie ein Brötchen reicht. Die Frau des Gauleiters war entrüstet und drohte meiner Mutter mit baldigen Konsequenzen. Am nächsten Tag wurde mein Vater zum Militärdienst nach Russland einberufen. Für die Familie fatal. Wer sollte das Geschäft nun führen? Die unermüdlichen Entschuldigungen stießen auf taube Ohren. Ein Geschenkkorb für die Frau des Gauleiters, der mit den exklusivsten Waren des Ladens gefüllt war, konnte die Einberufung zumindest abmildern und führte dazu, dass mein Vater nach Frankreich geschickt wurde. Eineinhalb Jahre mussten wir ohne Vater auskommen. Mutter übernahm die Geschäftsführung und arbeitete Tag und Nacht. Wir Kinder bekamen sie kaum zu Gesicht.

1944 - 1946

Zuflucht in Moosbach (Oberösterreich)

Mit den schlechten Kriegsnachrichten 1944 müssen wir uns erneut auf die Straße begeben. Meine Mutter schließt das Geschäft, packt das Nötigste ein und verfrachtet uns Kinder in einen Leiterwagen. Sigmund, der Bruder meines Vaters, begleitet uns bis zur österreichischen Grenze. Zwei Pferde werden vor einen Wagen gespannt, eines der Tiere beginnt bereits nach den ersten Kilometern zu lahmen. Der Fuchs wird hinter den Wagen angeleint und trottet den Rest des Weges hinterher. Unterwegs scheuen die Pferde, der Wagen wird mehrfach umgeworfen.

Auf einem Bauernhof in Moosbach bei Braunau (Oberösterreich) finden wir Zuflucht. Dort treffe ich auch zum ersten Mal bewusst auf meinen Vater. Der unbekannte Mann in schwarzem Anzug und Hut kehrt aus der französischen Gefangenschaft zurück. Seine Geschichten erzählen von Zwangsarbeiten im Bergwerk von Toulouse. Aber auch von Zuständen am Rande des Wahnsinns, bei denen er versucht habe, in der Toilette Kartoffeln zu kochen.

Das Leben auf dem Bauernhof beschert uns Kindern eine kurze glückliche Zeit. Ich verbringe die meiste Zeit draußen, angle im Bach und beobachte die Frauen bei ihren Kaffeekränzchen im Garten. Mit dem Kriegsende zieht die Familie erneut ins Ungewisse. An einem kalten Wintertag stehen wir mit unseren Koffern am Bahnhof von Braunau. Auf dem Bahnsteig schenken amerikanische Soldaten Kindern bunte Lifesaver Bonbons und Chewing Gum. Dann rollt ein Güterwaggon an, bleibt vor uns stehen. Als sich das Schiebetor öffnet, drängen die Menschen ins Innere. Wo unsere Reise wohl dieses Mal hinführt? Wir wissen es nicht. Am Hauptbahnhof München angekommen, studiert meine Mutter die Waggonschilder und erkennt einen berühmten Ortsnamen: Heidelberg. „Da gehen wir hin!"

1946 - 1948

Notunterkunft in Neckargemünd

In der Turnhalle der Heidelberger Wilkens-Schule finden wir unsere erste Notunterkunft. Wir schlafen in Doppelstockbetten und sind mit hängenden Wolldecken von anderen Flüchtlingen abgetrennt. Dann beginnt die Einweisung durch das Wohnungsamt. In einer leerstehenden Villa in Neckargemünd werden wir gemeinsam mit anderen Flüchtlingsfamilien aus aller Herren Länder untergebracht. Vom Waldarbeiter bis zum Schulprofessor - unter Flüchtlingen gibt es keine Klassenunterschiede.

Mein bis dato arbeitsloser Vater ergattert einen Gewerbeschein und geht im Odenwald mit Hüten und Kurzwaren hausieren. In früher Kindheit üben wir einfaches

Überleben. Wir sammeln Kastanien, Bucheckern, Pilze, Fallobst und Beeren, kochen im Wäschezuber rote Marmelade und keltern Wein. Unsere geliebten Hühner und Hasen schlachtet der Vater selbst. Bei jedem getöteten Tier fließen bei uns Kindern dicke Tränen.

Im Vergleich zu den anderen Kindern bin ich meist der Kleinste und Schwächste. Im Kindergarten verulkt man mich aufgrund meines ungeläufigen Namens. Guido Ast wird kurzerhand zu Bulldog Aff. Ich bin häufig krank, habe Migräne und Angina. Fast jede Nacht werde ich von Albträumen heimgesucht. Vielleicht ein krankhafter Träumer?

Abb. 5.11 Die Villa in Neckargemünd

Mit der Zeit werden meine Schwester und ich Teil einer glücklichen Kinderschar. Mit Oskar von nebenan rutschen wir die Treppengeländer hinab. Am Marktplatz holen wir uns in einer Limonadenfabrik abwechselnd rote Himbeer- und grüne Waldmeister-Limonade, verbringen den Badesommer im Schwimmbad und rodeln im Winter bei Vollmond den verschneiten Garten hinab. Die Nachbarskinder Evelyne und Monika bekommen zum Geburtstag eine erste Banane. Ich darf die Innenschale beschnuppern und daran schlecken.

In der Grundschule gibt es amerikanische Schülerspeisung: eine gelb-grünliche Nudelsuppe mit Dosengeschmack. Unsere Kinderspiele brauchen kein Spielzeug. Wir zupfen Wolle vom Pullover der Klassenkameraden, sammeln sie in Streichholzschachteln und vergleichen: Wer hat mehr Farben? Wir bewaffnen uns mit Papierkrampen und Gummiringen, und schießen damit durchs Schulzimmer. Ich bin ein unverdrossener Versucher. Habe ich etwas angestellt, ziehe ich meinen Kopf oft mit Witz und Tücke aus der Schlinge. Wir sammeln bunte Bilder aus Sanella-Packungen und tauschen sie anschließend untereinander aus. Für unsere Hasen, Meerschweinchen und Hamster graben wir im Garten einen Tunnel und jagen sie hindurch. Wessen Tier rennt schneller?

Zu Weihnachten spielt Onkel Karl den Weihnachtsmann. Mit dem roten Umhang und dem weißen Bart flößt er uns Kindern Angst ein. Die Geschenke holt er aus einem großen Jutesack. Für mich soll es ein himmelblaues Aufziehauto geben. Bevor ich es bekomme, soll ich eine Scheibe Wurst essen. Beim ersten Zungenkontakt packt mich der Ekel, ich muss die Scheibe ausspucken. Um der Peinlichkeit ein Ende zu bereiten, wird eiligst das Auto an mich übergeben. Schon der Anblick von Fleisch und Wurst erregt meinen Ekel. „Aus dir wird nie was" zürnt mein Vater bei meiner chronischen Essensunlust.

1948 - 1955

Ankunft in der Heimat Heidelberg

Im Jahr der Währungsreform ziehen wir schließlich in die Heidelberger Altstadt. Schon bald werde ich Neckar-Sume. So nennen die Heidelberger ihre Lausbuben. Die Schlossruine, die Friesenwiese, die Gassen und die Uferweiden sind tolle Spielplätze. Mein Lieblingsziel ist die italienische Eisdiele Livio, in der ich für zehn Pfennig eine Kugel Eis kaufe. Das Samstagsbad verbringen meine Schwester und ich in einer winzigen Zinkwanne. In der Hauptstraße lausche ich gerne einem Straßenmusiker mit Saxophon, der mit rauchiger Stimme und Heidelberger Dialekt den Altstadt-Boogie der Nachkriegsszene besingt: „Babbe guck, do vonne liegt än Kibbe. Sterz disch druff, un heb'en uff. Babbe guck, des isch en Lucky Strike, ene von de besch'de sort."

An der Heiliggeistkirche entdeckt mein Vater schon bald ein kleines Krämerlädchen und mietet es für 15 Mark monatlich an. Mit Brettern und Regalen wird es kurzerhand zu einem Obst- und Gemüseladen ausgebaut. Jeden Morgen um fünf Uhr wird die Ware mit einem Fahrradanhänger vom nahgelegenen Gemüsegroßmarkt herangeschafft. Die Heidelberger vom Millionärsbuckel auf der nördlichen Brückenseite kommen oft vorbei und schwatzen mit uns an der kalten und windigen Kirchenecke.

Es dauert nicht lange, da eröffnen meine Eltern zwei weitere Lebensmittelläden am Heumarkt und am Römerkreis. Bei der Mitarbeit ist die ganze Familie gefordert. Meine Schwester und ich müssen unser Taschengeld selbst verdienen. Kartoffeln wiegen, Geld zählen und den Laden hüten - schon als Knirpse lernen wir verkaufen und handeln. Ein paar zusätzliche Groschen gibt es auf dem Schwarzmarkt, der ringsum die Kirche im Verborgenen floriert. Während die amerikanischen Soldaten ihre extra Rationen von Luxusgütern loswerden wollen, erfreut sich die Heidelberger Schickeria an den Waren aus dem fernen Amerika. Wir verkaufen Lucky Strike, Camel, Pall Mall und Chesterfields, Chewing Gum, Lollipops, Hershey's-Chocolates, Kaffee, Tee und Nylon-Strümpfe.

Unsere Wohnung befindet sich im 1. OG eines Eckhauses am Fischmarkt und hat sechs geräumige Zimmer. Um unsere Einkünfte zu verbessern, nehmen wir Studentinnen der Kosmetikschule Pitrulla als Untermieter auf. Die Firma Lamy mietet ein Zimmer als Lager an.

Im Erdgeschoss befindet sich die Gaststätte Weiße Rose, das heutige Eckstein. Jeden Sonntag gehe ich hinab und hole für meinen von der harten Arbeitswoche erschöpften Vater ein Belohnungsbier. Unsere Familie lebt sehr sparsam, jeder Pfennig wird zweimal herum gedreht. Das hart Ersparte wird im Keller unter schweren Kohlensäcken gelagert. Einmal wird meine Mutter an unserer Wohnungstür überfallen. Die Diebe zerren sie die Haustreppe hinab. Wir Kinder sind geschockt, fürchten um unsere Sicherheit.

1950 kauft mein Vater mit dem Ersparten ein Haus. Das kleine Altstadthäuschen befindet sich in der Unteren Straße und stand kurzfristig zum Verkauf, nachdem sich die Frau des Besitzers im Haus selbst vergast hatte. Aus der ehemaligen Pferde-Metzgerei im Erdgeschoss entsteht schon bald ein Weinlokal, das heutige Weinloch. Der Dossenheimer Künstler Karl Ledermann bemalt 1955 die Kneipenwände mit Pfälzer Weinszenen und frohen Zecher-Sprüchen. Während der Kneipenbetrieb im Erdgeschoss feucht-fröhlich von Statten geht, gibt es in den oberen Mietwohnungen häufig Zank. Zwei der Mieter zahlen nicht und mein Vater muss die Mietschulden jeden Monat persönlich eintreiben. Dabei wird er mit dem Hackebeil bedroht.

Während sich meine Eltern die ersten Wohnmöbel in Eschelbronn fertigen lassen, erfreuen wir Kinder uns an den Haustieren. Ich bekomme ein Aquarium mit

Guppys, Neon- und Zebrafischen. Wir haben eine Katze namens Mauki und viele Hamster, die ständig Nachwuchs kriegen. Bei einem ihrer Freigänge durch die Wohnung höre ich im Bücherregal ein leises Rascheln. Einer der Hamster hat sich durch die vielen, kleinen aneinandergereihten Reclam-Hefte gefressen.

Nach der Friedrich-Ebert-Schule wechsle ich ans Helmholtz- Gymnasium. Den Klassenkameraden macht es Spaß, den Schwächsten zu verdreschen. Nach dem Unterricht heißt es für mich meist „nichts wie weg“. Ich renne die Kettengasse hinunter, versuche den Verfolgern zu entkommen oder verstecke mich hinter einer Hausecke. Alle Schüler haben in ihrem Schulranzen Donald Duck, Tarzan und Prinz Eisenherz Schulhefte. Wir können auch im Unterricht nicht von ihnen lassen und lesen sie unter der Schulbank. Bei einer kleinen Klasse von 15 Schülern fällt das dem Lehrer allerdings schnell auf. Eines Tages zitiert er einen meiner Klassenkameraden auf sein Podest vor der Tafel, packt ihn am Ohr und spricht: „Hier strotzt die Backe voller Saft. Und hier die Hand gefüllt mit Kraft. Die Hand in Folge von Bewegung, verwandelt sich in Schmerzerregung.“ Anschließend schmettert er ihm so gewaltig eine, dass sein Nasenbein bricht und das Blut nur so aus der Nase schießt.

Goldi, Pietsch, Olaf und Stisi sind meine Freunde. Wir sammeln Molche, Salamander und Frösche. Stisi füttert seinen Laubfrosch „Kagi“ mit Fliegen. Bevor er ihm das lebendige Futter ins Terrarium wirft, versucht er ihn her zu locken: „Kagi, äsen, brumm brumm, gern.“ An der Neckarwiese lassen wir Drachen fliegen, springen in den Neckar und lernen mit Hilfe von Autoschläuchen schwimmen. Wir Buben lieben es, unsere Comic-Helden Tarzan, Prinz Eisenherz und Robin Hood nach zu spielen. Nach der langweiligen Sonntagsbeichte in der Jesuitenkirche braucht Goldi stets Action und balgt mit mir auf dem Sofa. Wir wollen wilde Abenteurer sein. Dazu gehören natürlich auch Kippen. Manchmal rauchen wir „Raachholz“, ein stinkendes langes Lianen-Gewächs voller Insektenkot und Eiern. Zündet man es an der einen Seite an, beginnt es am anderen Ende zu qualmen. Es schmeckt scheußlich, aber immerhin, wir rauchen wie die Großen.

Mein Cousin Rudi arbeitet in der Lederindustrie und näht mir eines Tages eine Lederhose. Als ich sie zum ersten Mal trage, möchte ich sein Motorrad genauer betrachten. Ich schaue mir jedes Detail an. Als ich mich dagegen lehne, fällt es mit Karacho um. Motoröl sickert auf den Boden, ich rutsche aus und falle mit dem Hintern in die dunkle Lache. Die nagelneue Lederhose ist ruiniert. Zur Strafe will mein Vater seinen roten Wasserschlauch schwingen. Ich will Schutz suchen, renne zu meiner Mutter, die mich in die Küche einsperrt. Glück gehabt, dieses Mal bleibe ich verschont. Als ich kurze Zeit später eine fünf in Latein nach Hause bringe, komme ich nicht mehr so leicht davon. Mein Hintern bleibt drei Wochen lang blau-violett. Ich kann vor Schmerzen kaum sitzen.

Abb. 5.12 Die Heilig-Geist-Kirche Ecke Fischmarkt

Abb. 5.13 Wohnung im 1. OG am Fischmarkt 3, 1949 – 1956

Abb. 5.14 Das Haus in der Unteren Straße 19 – das Weinloch

Abb. 5.14.1 Karl Ledermann's Weisheiten an der Kneipenwand „Es strebt die Welt nach Geld und Gut, mir will nur eins behagen, im Lebensdrang, bei Sang und Klang, mich froh hindurch zu schlagen." „Schnell verrinnen die Stunden des irdischen Lebens, fröhlich genieße darum, wenn es sich zeiget, das Glück.

Abb. 5.14.2 „Sorgen bringt das liebe Leben, Sorgenbrecher sind die Reben."

Abb. 5.14.3 Das Weinloch, Untere Straße 19

Abb. 5.15 Sexta im Helmholtz-Gymnasium, 1952

1955 - 1961

Vom lieb gewonnenen Heidelberg in die graue Arbeiterstadt Mannheim

Ein zweiter Hauskauf führt unsere Familie 1955 schließlich nach Mannheim. Das Haus mit zwölf Parteien ist eine goldene Gelegenheit: die Witwe des Erbauers will das Haus auf Rentenbasis veräußern. Nach einer Anzahlung von 50.000 DM soll mein Vater ihr eine monatliche Rente auf Lebenszeit in Höhe von 500 Mark zahlen. Mit Oma Anna beziehen wir eine der Etagen und bauen das Hinterhaus und die dazugehörige Werkstatt um. Die Nachbarschaft hat ein kritisches Auge auf uns, meidet die neureichen Flüchtlinge.

1961 flüchtet Onkel Sigmund mit seiner Frau Erna und den drei Kindern Irene, Gerald und Eckbert aus der DDR. Sie ziehen alle bei uns ein. Mein Vater vermittelt ihm einen Lebensmittelladen in der Unteren Straße (die heutige Destille), der für unsere Familie ein neuer Anlaufpunkt wird. Um unsere alten Kontakte aufrecht zu erhalten, pendeln wir mehrmals wöchentlich mit der OEG nach Heidelberg. Mit der Zeit wächst mir auch Mannheim ans Herz. Ich liebe das Künstler-Café Wiener Espresso am Wasserturm, in dem sich die Freigeister Mannheims treffen. Bei dem bekannten Jazz-Gitarristen Werner Pöhlert nehme ich fast ein Jahr lang Unterricht. 1956 wird er zum besten deutschen Jazz-Gitarristen gewählt. Im Herzogenried-Park bekomme ich mit 14 meinen ersten Kuss. Meine Freundin ist älter als ich und hat einen mütterlichen Instinkt. Sie braucht jemanden zum betüdeln, nennt mich Marcelino.

1958 feiert mein Freund Goldi seinen 16. Geburtstag. In einem Partykeller in Heidelberg-Rohrbach verliebe ich mich in meine zukünftige Ehefrau Inge. Ich nenne sie Püppi; so nennt auch Werner Pöhlert seine Frau. Als Sechzehnjährige tanzen wir wilden Rock 'n' Roll, besuchen regelmäßig das CAVE 54, den Handschuhsheimer Jazz-Tunnel oder gehen im Odenwald wandern. 1961 zieht es uns beide erst einmal weg. Ich beginne mein Studium in Karlsruhe, während Püppi zum Arbeiten nach Köln zieht. Die Wochenenden in Heidelberg gehören uns.

On the road

Die kleinen Reisen zur Verwandtschaft und zu Freunden waren eine schöne Abwechslung vom Alltag. Ein Schüleraustausch nach Paris brachte mich erstmals weiter weg von Zuhause. Der Eifelturm, das Louvre, das erste Glas Champagner - ich begriff zum ersten Mal, dass das Lernen einer Fremdsprache auch Zugang zu einer fremden Kultur bedeutet. Und so folgte fortan eine Reise nach der anderen. Ich fand Gefallen daran, on the road zu sein. Mit der Jugendgruppe der Mannheimer Lutherkirche reiste ich mit 14 Jahren zum ersten Mal nach Italien. Einen Teil der Strecke fuhren wir mit dem Fahrrad. An der italienischen Riviera aß ich für eine Mark meine ersten Spaghetti. Mein Freund Pudding und ich waren so fasziniert vom Mittelmeer, dass wir gleich im Folgesommer per Auto-Stopp erneut an die gleichen Plätze reisten. Auf der Rückreise übernachteten wir in einem Straßengraben am Brennerpass. Es war eisig kalt, in der Nacht stritten wir uns um den einzigen Schlafsack. Wir einigten uns darauf, dass jeder eine Stunde darin schlafen darf. Danach wurde gewechselt. So ging das bis zum nächsten Morgen.

Im August 1958 stiegen Pudding und ich in den 60-Stunden-Zug nach Athen. Am heißesten Tag des Jahres kamen wir bei 40 Grad Celsius am überfüllten Hauptbahnhof an. Unsere Reisekasse gab für den Kurztrip nicht mehr als 100 Mark her. Eine Blutspende beim Roten Kreuz sollte hier Abhilfe schaffen. Für einen halben Liter Blut bekäme man dort angeblich 50 Mark. Ich ließ Pudding den Vortritt. Kaum floss sein Lebenssaft in die Kanüle, wurde er blass und fiel ohnmächtig vom Stuhl. Ich verzichtete und kämpfte damit, den schwachen Pudding in unsere Unterkunft zu schleppen. Es dauerte einige Tage, bis er wieder zu Kräften kam und wir unsere geplanten Streifzüge durch die kulturellen Highlights fortsetzen konnten. Den berühmten griechischen Reeder Aristoteles Onassis konnten wir auf unserer Weiterreise gleich drei mal sehen: Auf seiner Luxusyacht vor der Insel Spetses, schlendernd am Navplion-Hafenrand und im antiken Epidaurus-Theater inmitten einer Schar von Mannequins. Zur Opernpremiere von Norma sang die berühmte Sopranistin Maria Callas.

Abb. 5.16 Nach Gitarrenstunden bei Werner Pöhlert – Üben mit der Schülerband 1960

Abb. 5.17 Baupraktikum als Zulassungsvoraussetzung zum Architekturstudium 1962

Abb. 5.18 Zum Schüleraustausch nach Paris – hier mit Jaques und Michelle Gerard 1957

Abb. 5.19 Zeichnen on the road – Venedig 1961

EIN BLICK ZURÜCK

Das Erinnerte vor dem eigenen Vergessen retten und reflektieren, solange Demenz und Co. noch nicht zuschlagen. Ist das Torschlusspanik? Vielleicht. Die unzähligen Tagebücher, Skizzen, Berichte, Akten und Alben - sie alle sind Zeitzeugen von Drahtseilakten aus über drei Jahrzehnten Entwicklungszusammenarbeit.

30 Umzüge rund um den Globus brachten zweifelsohne viele Freuden und Horizonterweiterungen mit sich, aber auch unzählige Zwiespälte und Berge von Arbeit. Abreisen und Verlassen, Ankommen und Einleben - wo auch immer wir landeten, musste erst ein neues Arbeits- und Lebensumfeld geschaffen werden, alte Freunde und Kollegen wurden verabschiedet, um andernorts neue zu finden. Der Start und das Leben in einem fremden Land war häufig mit Stapeln von Dokumenten, Sicherheitsproblemen, Konflikten, politischen Spannungslagen und Familiensorgen gespickt. Umgeben von vielen Fragen der Ungewissheit: Schaffen wir das? Wie kommen wir durch? Wie wird es weitergehen?

In Momenten der Entscheidung wählten wir meist den richtigen Weg. Ob nun links oder rechts, war dabei häufig eine Frage des Instinkts. Ein starkes Bauchgefühl, welches das Abwägen von Für und Wider im Kopf übertönte. Erfahrungen aus dem einen Land, wurden ins nächste mitgenommen. Zumindest privat. Erkenntnisse aus vorherigen Entwicklungsländern auf folgende übertragen zu wollen, barg hingegen Konfliktpotential und musste behutsam von Statten gehen.

Mit einer Vielfalt an Erfahrungen kehrten wir 2010 schließlich wieder zurück nach Heidelberg. Bis heute bleibt ein Grundgefühl: Es war eine aufregende, spannende Zeit, zwischen Zweifeln und Hoffen, dabei oft kein Ruhekissen. Neben mir eine tolerante Frau, die mich immer wieder auf den richtigen Weg brachte und bis zum Schluss mit reiste. Eine Tochter, die begeisterungsfähig und kulturell offen war, und mit 16 Jahren schließlich ihre eigenen Wege ging. Wer dich begleitet entscheidet maßgeblich darüber, was du erreichst.

Vieles konnte begonnen werden, einiges wurde erfolgreich vollbracht. Manches Erträumte und Ehrgeizigere blieb dabei auf der Strecke. Keine Entschuldigung, nein - ein Erkennen der eigenen Grenzen.

Mein Dank gilt einer liebevollen und fürsorglichen Familie, insbesondere meiner Frau Inge, Tochter Clio und Schwester Gunde, für ein Leben voll von interessanten Begegnungen und Herausforderungen. Ich bin dankbar für meine künstlerische Begabung und mein Sprachtalent, was mir Zugang zu Menschen verschaffte und viele Türen öffnete. Für das Glück von überlebten Unfällen, Flugzeugpannen, Raubüberfällen und Bombenterror. Trauer hingegen erfüllt mich beim Gedanken an viel zu früh verstorbene Freunde und Weggefährten, insbesondere Waldi, Jürgen Dräger, Hartmut Kirstein, Christian Kleefeld, Enno Bloem, Hartmut Schmetzer, Christian Toemmler, Anne Töpfer und Willi Strothmann.

All jene, die mir begegneten und mich begleiteten, waren Antriebskraft für das Schreiben dieser biografischen Notizen. Im letzten Lebensabschnitt bleibt mir der Wunsch, weiter offen zu sein für alles, was noch kommen mag. Darauf freue ich mich.

Liebeserklärung an das Heidelberger Weinloch:

„Darum genießet beständig, denn wir sind länger tot, als lebendig."